Stadtverwaltung Altenberg
Stadt- und Schulbibliothek
Platz des Bergmanns 2
01773 ALTENBERG
Tel. 03 50 56 / 333-37, -39

Heinrich IV.

RUDOLPH WAHL

Heinrich IV.
Der Gang nach Canossa

Eine Historie

BECHTERMÜNZ VERLAG

Genehmigte Lizenzausgabe
für Weltbild Verlag GmbH, Augsburg 2000
Copyright © by Verlag F. Bruckmann KG, München
Umschlaggestaltung: Georg Lehmacher, Friedberg (Bay.)
Umschlagmotiv: Bildarchiv Preußischer Kulturbesitz, Berlin
Gesamtherstellung: Friedrich Pustet GmbH, Regensburg
Printed in Germany
ISBN 3-8289-0365-7

BRUDER ERWIN GEWIDMET

INHALTSVERZEICHNIS

Seite

Geschichtliche Vorbemerkung 11

I. Das Reich 21
Des Kaisers Sohn (23) — Heinrich III. (26) — Leo IX. (31) — Hildebrand (36) — Die Kaiserin (40) — Aktivität in Rom (47) — Hildebrand ergreift die Macht (52) — Die Reaktion (58) — Der Staatsstreich (65)

II. Der Königshof 69
Anno, Erzbischof von Köln (71) — Adalbert von Bremen (77) — Die Vormünder (84) — Die sächsischen Krongüter (89) — Der kleine König (93) — Adalberts Sturz (98) — Rom (106) — Das Wunder des Heiligen Remaclus (111)

III. Die Neue Zeit 115
Zwei Neuerer (117) — Der neue Kurs in Deutschland (120) — Der Hof (123) — Otto von Nordheim (128) — Schwankende Politik (132) — Gregor VII. (137) — Der Stellvertreter Gottes (143) — Tyrannendämmerung (154)

IV. Der Sieg des Königs 159
Die Vorgänge in Deutschland (161) — Gregor greift ein (167) — Der sächsische Krieg (175) — Römische Fanfaren (182) — „Dictatus papae" (187)

V. Canossa 193
Notenwechsel (195) — Der Bruch (201) — Gregors Antwort (207) — Der König gebannt! (212) — Der Abfall (215) — Der Fürstentag (219) — Heinrichs Geniestreich (223)

VI. Gregors Ende 235
Der Gegenkönig (237) — Bruderkampf (244) — Der „Schiedsrichter" (248) — Ein kalter Schlag (257) — Die Wirkung (261) — Römische Ideologien (264) — Heinrichs Aufbruch (268) — Der Marsch auf Rom (270) — Das Hoflager von Albano (275) — Der Endkampf (278) — Gregors Tod (285)

VII. „Das Neue ist da!" 289
Das Chaos (291) — Der Kaiser (296) — Heinrich IV. (300) — Urban II. (309) — Der lebende Leichnam (318) — „Gott will es!" (325)

VIII. Inferno 331
Der Gottesfrieden (333) — Der Sohn (341) — Der Vater (344) — Das Ende (350) — Das Tribunal (354) — Heinrichs Tod (358)

IX. Das Ende des Streites 365
Die englische Lösung (367) — Die Kaiserkrönung (372) — Das Konkordat (378)

Anhang 385
Zeittafel (385) — Quellennachweise (386) — Übersicht über die maßgebende Fachliteratur (389) — Benutzte Literatur (391) — Namen-, Orts- und Sachregister (395)

Die in „*Kursivschrift*" wiedergegebenen Zitate sind zeitgenössischen Quellen entnommen

ABBILDUNGSVERZEICHNIS

1 Kaiser Heinrich IV. Nach einer Miniatur in der Kaiserchronik des Mönches Ekkehard von Aurach, 1113. Cambridge
Signum Heinrichs IV. Auf einer Urkunde, datiert »Leodio« (Lüttich) 15. April 1064. Berlin, Geheimes Staatsarchiv. Stiftung Preuß. Kulturbesitz

2 Investitur eines Bischofs durch den König. Nach einer Miniatur aus einer Handschrift des 10. Jahrhunderts. St. Omer, Bibliothek

3 Papst Gregor VII. Nach einer Miniatur aus einer Handschrift des Sachsenspiegels, dem ältesten deutschen Rechtsbuch, entstanden zwischen 1220-1235

4 Burgruine Canossa bei Reggio Emilia. Erbaut im 10. Jahrhundert, zerstört 1255 und wieder 1537, seit dem 18. Jahrhundert als Steinbruch benutzt, seit 1878 Nationaldenkmal. Foto Vajani, Reggio E.

5 Kaiser Heinrich IV. kniet vor der Markgräfin Mathilde von Canossa. Inschrift: »Der König bittet den Abt! Und fleht Mathilde an.« Nach einer Miniatur in der Pergamenthandschrift »Leben der Mathildis« des Mönches Donizo, 1114. Rom, Vatikanische Bibliothek

6 Grabmal König Rudolfs von Schwaben. Bronzeguß, bald nach 1081. Merseburg, Dom

Konrad, Sohn Heinrichs IV. Nach einer Miniatur in der Handschrift »Leben der Mathildis« von Donizo, 1114. Rom, Vatikanische Bibliothek

Kampf Heinrichs IV. gegen seinen Sohn Heinrich V. am Fluß Regen bei Regensburg.
Umschrift: »Das Unrecht der Menschen und die Begierde nach Herrschaft hört niemals auf. Der Sohn wütet gegen den Vater, der Vater gegen sein eigenes Fleisch und Blut.« Nach einer Miniatur in der Weltchronik des Bischofs Otto von Freising, 12. Jhdt.

7 Der Dom zu Speyer von Osten. Baubeginn 1030, Weihe 1061, Umbau und Einwölbung durch Kaiser Heinrich IV. von 1080-1106. Seit 1111 Grablege des Kaisers in der Krypta. Foto H. Busch, Frankfurt

8 Kruzifixus, um 1060. Das aus dem Liudger-Kloster in Helmstedt stammende Bronzekruzifix ist ein bedeutendes Gußwerk romanischer Zeit. Es wird heute in der Propsteikirche in Essen-Werden aufbewahrt.

GESCHICHTLICHE VORBEMERKUNG

Mit Karls des Großen Tod endet die Geschichte der Germanen; dreißig Jahre später beginnt in ihren ersten Anfängen die deutsche, französische und italienische. 843 teilen Karls Enkel im Vertrage von Verdun das fränkisch-karolingische Europa in ein französisch-westliches, und ein deutsch-östliches Reich auf, dem als Mittelstück ein nach seinem Beherrscher Lothar genanntes *Lotharingien* eingefügt wird. Dieser lothringische Kunststaat — von der flandrischen Nordsee bis zum italienischen Mittelmeer greifend — erwies sich nicht als lebensfähig und wurde im ersten Drittel des zehnten Jahrhunderts zum überwiegenden Teile ostfränkisch-deutsch. Im westlichen *Franzien*, in Frankreich, erhielt sich die karolingisch-fränkische Dynastie, Karls des Großen Nachkommenschaft, noch bis 987, um alsdann den *Capetingern* Platz zu machen, Nachfahren einer aus Niedersachsen nach dem Westreich verpflanzten Edelingsfamilie. In dem schon damals *Tiuskland*, das ist „Deutschland", genannten Ostreich bezeichnete 919 ein den Karolingern noch von fern verwandter Frankenkönig Konrad I. an Stelle seines Bruders den Sachsenherzog Heinrich I. zu seinem Nachfolger, den mächtigsten Gegner der karolingischen, am fränkischen Gesamteuropa festhaltenden Idee. Dieser niedersächsische Fürst aus dem Geschlecht germanischer Liudolfinger, wurde zum Begründer des Ottonischen Kaiserhauses.

936 folgte ihm sein Sohn Otto, „der Große" genannt, dessen Mutter Mathilde eine Urenkelin des sächsischen

GESCHICHTLICHE VORBEMERKUNG

Freiheitshelden Widukind war. Er zertrümmerte die Opposition der Stammesherzogtümer gegen die Königsgewalt und setzte die karolingische Ostmarkenpolitik mit harten Schlägen fort. In die französischen Thronwirren griff er so machtvoll ein, daß ihm das Amt eines Schiedsrichters übertragen wurde, das er mit gutem Opportunismus nutzte.

Um 950 schlug die Schicksalsstunde für das neue deutsche Königtum, als die norditalienischen Langobarden ihre alte Selbständigkeit wiederherstellen wollten. Otto I. sah hierdurch seine französischen Erfolge bedroht, zog über die Alpen und unterwarf die Lombardei. Wie weiland sein Vorbild Karl der Große ließ er sich in der alten langobardischen Residenz Pavia zum „*König der Franken und Langobarden*" krönen.

Die Entwicklung der nächsten vierhundert Jahre deutscher Geschichte nahm von diesem Ereignis ihren Ausgang; von nun an sollten die Interessen der deutschen Krone unlösbar mit den italienischen Geschicken verknüpft und in das weite Feld einer Universalpolitik gedrängt werden, deren Mittelpunkt das römische Papsttum war.

Aber Ottos Bemühungen um Agapeth II., von dem er die Krönung zum „*Römischen Kaiser*" forderte, scheiterten. Der mächtigste Herr Europas wurde von der gleichen römischen Kurie abgewiesen, die hundertfünfzig Jahre vorher Karl dem Großen gegen dessen Willen den leeren Titel aufgezwungen hatte.

Während Otto bis dahin seinem Vorbild Karl deutlich gefolgt und die junge deutsche Königspolitik auf dessen Geleise geschoben war, wich er in seiner Stellung zum Papsttum entscheidend von ihm ab. Karl hat sich von Rom getrennt, als er es nicht mehr brauchte; aus eigener

Machtvollkommenheit hat er seinen Sohn Ludwig, genannt den „*Frommen*", in Aachen zum Kaiser erhoben und damit den „*Bischof von Rom*" mit aller Deutlichkeit abgeschüttelt. Otto I. besaß um die Mitte des zehnten Jahrhunderts eine ähnliche Machtvollkommenheit. Dennoch erschien es ihm undenkbar, auf die päpstliche Krönung zu verzichten; nach zehnjähriger Bemühung erreichte er endlich sein Ziel. In einem Staatsvertrage, dem sogenannten „*Ottonianum*", wurde zwar — 962 — eine Art von Vasallenverhältnis des Papstes zur deutschen Krone festgelegt, gleichzeitig lag darin aber auch die Anerkennung der Autorität des Heiligen Stuhles und seines Rechtes, die Kaiserwürde zu vergeben. Die Politik der deutschen Krone mußte daher von jetzt an darauf gerichtet bleiben, die Kirche und ihr römisches Oberhaupt zu beherrschen.

Karls des Großen Meisterschaft hat die kirchliche gegen die staatliche Gewalt ausgewogen und damit den Staat durch die Kirche und die Kirche durch den Staat regiert. Aber schon Ludwig, sein Sohn, verlor das Gleichgewicht und ging im Kirchlichen unter; die Folge war der alsbaldige Reichsverfall. Otto der Große beschritt den umgekehrten Weg und zwang die Kirche in weltliche Bahnen. Damit nahm er ihr jenes religiöse Eigenleben, das von innen her die beste Stütze der Königsidee hätte bilden können. Seine Erzbischöfe, Bischöfe und Äbte wurden zu weltlichen Fürsten, das verkommende Papsttum sein Vasall. In unaufhörlichen Schenkungen mehrte sich das Kirchengut, ohne deswegen aber aus dem königlichen Eigentum auszuscheiden, vielmehr mußte es an die Krone weit größere Dienste leisten, als diese aus einer Eigenverwaltung hätte ziehen können. Der Klerus wurde nicht allein zum Träger der Reichsverwaltung, sondern auch, man möchte sagen, der kaiserlich-königlichen Finanzpolitik.

Darüber verlor das weltliche Standesherrentum mehr und mehr an Bedeutung für den Staatsgedanken, nicht aber seine in uralter Tradition verwurzelten Kräfte. Das fränkisch-deutsche Weltreich, das Otto der Große auf den karolingischen Ruinen mit ungestümer Jugendkraft neu errichtete, konnte sich somit nicht mehr in den weltlichen und kirchlichen Gewalten gleichzeitig verankern wie der „Gottesstaat" Karls. In Ottos Imperium hatte nur noch eine verweltlichte Kirche mitzusprechen. Mit gewaltigem Zugriff hat Otto die Wiedervereinigung der Reiche Karls des Großen angestrebt, dabei aber das zweipolige Prinzip des „Gottesstaates" aufgegeben, ohne gleichzeitig die römische Kurie auszuschalten. Durch seine Anerkennung des päpstlichen Monopols zur Verleihung der Kaiserwürde verblieb dem römischen Oberhaupt der Christenheit ein Mitbestimmungsrecht auf die deutschen Geschicke, mochte es auch von Otto mit Recht als Formsache aufgefaßt sein. Die nationale Verwurzelung des Königtums mußte sich dadurch lockern und die angebahnte Entwicklung zum Nationalstaat zugunsten einer Weltpolitik wieder versiegen, der die innere Konsolidierung fehlte.

Schon unter Otto III., seinem Enkel, sollten daher auch die ersten Lichter eines neuen Zeitalters aufblitzen, das den christlich-kirchlichen Gedanken über das Königtum stellte und hundert Jahre nach jenem „Ottonianum" die deutsche Thronmacht in den Strudel des Unheils riß. Otto III. war der Sproß aus dem politischen Ehebündnis zwischen dem früh verstorbenen Otto II. und seiner griechischen Gemahlin Theophanu, das — wieder in Anlehnung an Karl den Großen — von Otto I. gestiftet worden war. Auch Karl hatte in die Vermählung seiner Tochter mit dem byzantinischen Thronerben gewilligt, als seine Hrothrud aber herangewachsen war, die Bedenken nicht überwinden können und die artfremde Ehe im letzten Augenblick verhindert. Otto der Große suchte ebenso die Mißstimmung des Oströmers in Konstantinopel gegen die von ihm bewirkte Wiederherstellung des weströmischen Imperiums durch die Verbindung seines Sohnes mit der byzantinischen Kaisertochter zu beseitigen. Aber er machte nicht im letzten Augenblick halt. Theophanus Sohn, der als mystisch-schwärmender Jüngling den Thron bestieg, tritt in seiner Wesensart hervor, als er seinem französischen Lehrmeister schrieb, er möge „*gegen das Grobe unserer sächsischen Eigenart schonungslos vorgehen, aber alles herausholen, was etwa an griechischem Feinsinn in uns steckt . . .*". Unter dem Einfluß seiner römischen Freunde wollte er die deutsche Weltherrschaft in eine päpstliche umgestalten, aber er starb zu früh, als daß solche auf die Universalität des römisch-christlichen Gedankens gegründeten Phantasien den Widerstand der realpolitisch eingestellten Kirchenfürsten seines Reiches hätten überwinden können.

Mit dem bayrischen Heinrich II., einem Urenkel Heinrich I., kam der letzte Liudolfinger 1002 auf den deutschen Thron. Er kehrte entschlossen in die Bahnen Ottos des Großen zurück und richtete seine ganze Kraft auf den Ausbau einer in sich gefestigten deutschen Nationalkirche. Auf seinem Königssiegel standen die programmatischen Worte „*Wiederherstellung des Reiches der Franken*", eine deutliche Ablehnung der Pläne seines Vorgängers. Auch er hielt sich eng an Karl den Großen und kam ihm durch die Wiederaufnahme der karolingischen Gottesstaatsidee näher als Otto I. mit seiner Kraftpolitik. Zwar blieb er bei dem ottonischen Prinzip, den Klerus als seine Verwaltungs- und Finanzbehörde zu betrachten — „*die Kirche muß viel besitzen*", hat er einmal gesagt, „*denn wem viel gegeben wird, dem kann auch viel genommen werden!*" —, aber er begriff das Königtum dafür als ein hohepriesterliches Amt. Nach seinem 1024 erfolgten Tode erlosch das sächsische Herrscherhaus.

So fest war der dynastische Gedanke im Reich begründet, daß für die zur Neuwahl eines Königs schreitenden Fürsten nur die Herzöge von Franken, die sogenannten S a l i e r, in Frage kommen konnten, weil nur diese verwandtschaftliche Beziehungen zu den Ottonen und Karolingern aufzuweisen hatten. Man einigte sich auf Ottos I. wenig begüterten Ururenkel Konrad, eine bäuerlich-derbe, ganz und gar weltlich ausgerichtete Kraftnatur. Aber er enttäuschte seine Wähler gewaltig, denn dieser im Volkstümlichen verwurzelte Herrscher nahm alsbald den Kampf gegen den Hochadel auf und begann mit einer gründlichen Umschichtung der sozialen Verhältnisse im Reich. Konrad II. (1024–1039) führte die Erblichkeit der kleinen Lehnsträger ein, riß diese damit aus der Abhängigkeit vom Grundherren und schuf der Krone eine neue zuverlässige Stütze. Die großen

Reichslehen dagegen bis hinauf zur Herzogswürde wurden von diesem Erbrecht ausgeschlossen und wie die Kirchenämter nur auf Lebenszeit gegeben.

„*An Konrads Sattel hängen die Steigbügel Karls des Großen*", hieß es bald. Der unermüdliche Herrscher zog jahraus, jahrein durch sein Reich, dem er bald das französische Burgund einverleibte. Die Kirche betrachtete er nur als seine Kronbehörde; vom „priesterlichen Königtum" seines Vorgängers wollte er nichts wissen; Bistümer und Abteien vergab er an die Meistbietenden unter seinen Getreuen und „*tränkte*" auch das „*nach unseren Gesetzen dürstende*" Italien mit seiner nur auf den Vorteil der Krone abgestellten Realpolitik. Für die aufkommenden religiösen Schwärmereien, wie sie vor allem von dem französischen Kloster Cluny ausstrahlten, hatte er nicht das mindeste Verständnis. Hieraus entwickelte sich bald ein scharfer Gegensatz zu seinem feingebildeten, in tiefster Seele frommen Sohne Heinrich, für den Kirche und christliche Religiosität durchaus keine Gegensätze bedeuteten.

Als Konrad II. etwa fünfzigjährig starb, war das „Reich der Deutschen" mächtig emporgewachsen und in sich gefestigt wie nie zuvor. Heinrich III. übernahm sein Erbe mit fester Hand; er war eine Herrschernatur wie sein Vater und doch ganz anderer Art. Von seiner schwäbischen Mutter Gisela, die erst in ihrer dritten, von der Kurie angefochtenen Ehe Konrads Gattin geworden war, hatte er eine Geistigkeit ererbt, für die dem bäuerlichen Vater jeder Sinn fehlte. Er galt als einer der gelehrtesten Männer seiner Zeit, deren neu heraufdrängende Kräfte sich in ihm seltsam zu vereinigen schienen. Dieser Heinrich setzte die väterliche Sozialpolitik mit aller Härte fort und arbeitete ganz deutlich auf die Errichtung eines absolutistischen Königtums hin; aber er hatte eine völlig andere, ja entgegengesetzte Auffassung in kirchlichen Dingen als der Vater. Seine Person verkörperte die merkwürdige Einheit zwischen rechnendem Gewaltherrscher und frommen Idealisten, die sich alsbald mit großartiger Kraft zu einem neuen Priesterkönigtum zu entfalten begann.

Der dunkelhaarige, schwarzbärtige Herr der Welt und des Geistes war Mönch und König, Priester und Kaiser, demütiger Christ und brutaler Tyrann, aber doch aus einem Guß. Ohne es zu ahnen, hat er durch seine Neugestaltung des deutschen Kaiser- und Königtums die schicksalhafte Wendung herbeigeführt.

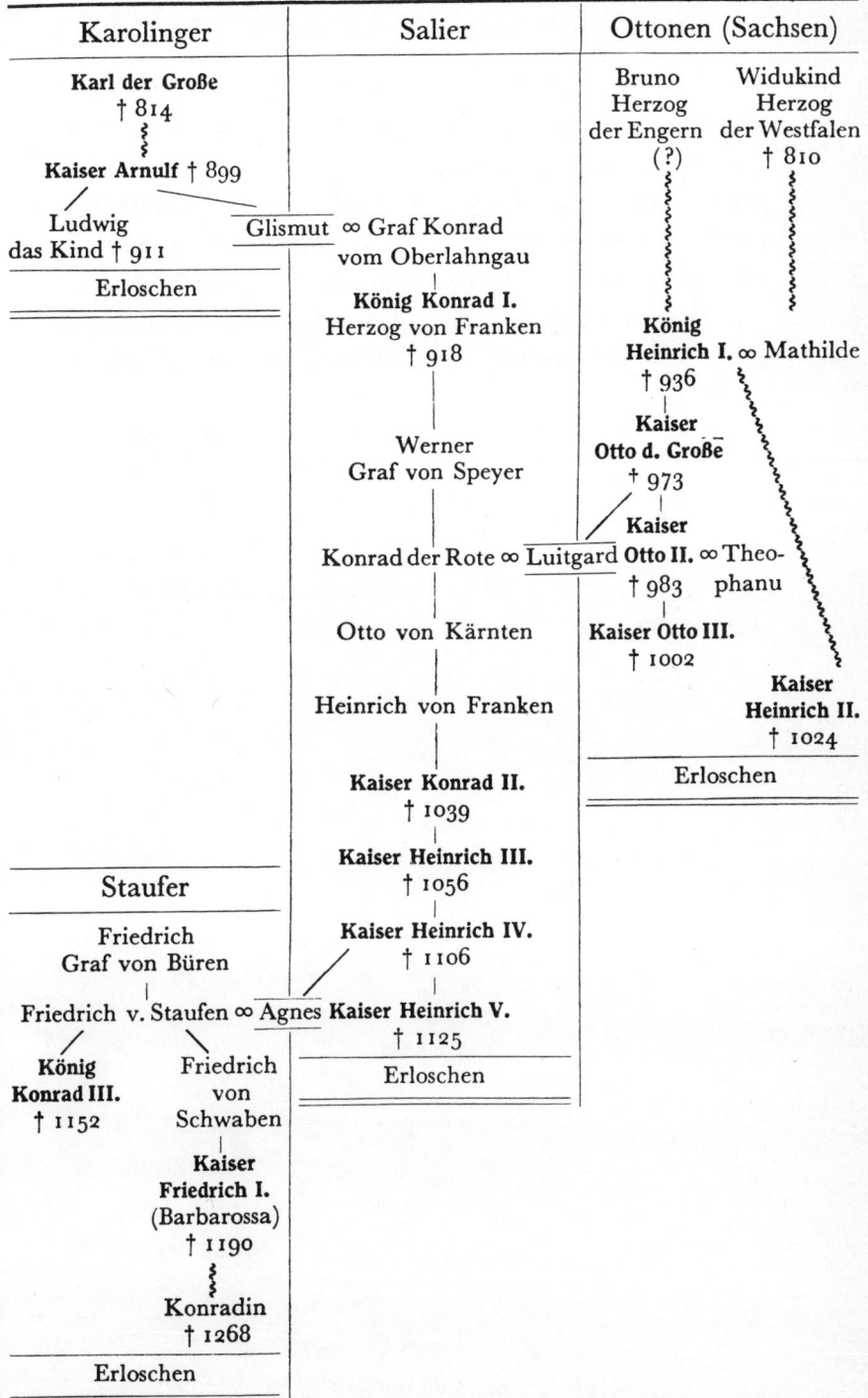

I
DAS REICH

„Das war der Anfang der Schmerzen: der König war ein Knabe, die Mutter aber, wie das bei einer Frau erklärlich ist, gab leicht nach, indem ein jeder ihr Ratschläge erteilte. Wer aber am Hof etwas zu sagen hatte, dachte nur an die Befriedigung seiner Habsucht, niemand vermochte ohne Geldzahlung für seine Sache Recht zu finden . . . Niemand sagte dem König, was gut und was gerecht sei . . ."

Chronik von Altaich, um 1080

DES KAISERS SOHN

Im Jahre 1053 erschien aus Rom ein kleiner, brauner, häßlicher Mönch mit Namen Hildebrand als Legat des Apostolischen Vaters beim deutschen Kaiser Heinrich III. in Goslar. Er wurde mit großen Ehren empfangen, denn nicht seine Vollmacht allein zwang zur Achtung: dem dunklen Italiener mit den Feueraugen, von dem es hieß, er könne Funken aus den Ärmeln stieben lassen, ging ein unbestimmter Ruf voraus. Feuergeist, Asket, ja, einen Heiligen nannten ihn die einen, rücksichtslosen Finanzmann, verschlagenen Unruhestifter, verwegenen Geschäftemacher die andern. Alle aber waren sich darüber einig, daß dieser junge Priester ein unheimlicher, wenn nicht höchst gefährlicher Mensch sei.

Der Anlaß seiner Sendung war die Abgabe einer päpstlichen Huldigungserklärung für den dreijährigen Thronfolger Heinrich, dem gleichzeitig auch die Reichsfürsten Gehorsam und Treue hatten schwören müssen. Ob es nun eine besondere Ehrung oder nur einen Akt der Vorsorge bedeuten sollte: der Kaiser forderte auch von Hildebrand persönlich den feierlichen Eid, daß er gegen diesen Erben der deutschen Krone nie *„die Brandfackel schleudern oder das Schwert Petri erheben"* werde.

„Aber der Sohn des Königs, ein schöner schmaler Knabe, schmähte ihn, weil er so braun war, und warf ihm aufgeweichtes Brot ins Gesicht. Dabei stieß er alle Schimpfnamen aus, die ein

Knabe sprechen kann. Als die Mutter dies sah, verbot sie dem Kind die Ungezogenheit und dem Vater die Scherze so ernsthaft, wie es sich für eine heilige Frau gehört." Ob dieser Bericht nun wahr ist oder nicht: es kann kein Zweifel sein, daß schon in dem Kinde Heinrich ein aggressiver Geist am Werke war, der sich stärker erwies als alle Bemühungen um christliche Demut. Dieser spätgeborene Prinz galt den Seinen als eine sinnfällige Himmelsgabe, dem darum schon im zartesten Kindesalter mehr als königliche Ehren erwiesen wurden. *„Endlich gebar die Kaiserin Agnes dem Kaiser einen Sohn"*, so hatte man in die klösterlichen Chroniken geschrieben, als Heinrich am 11. November 1050 nach siebenjähriger Ehe als viertes Kind des Kaiserpaares zur Welt kam. Heinrichs III. erste Gemahlin, die Tochter des dänischen Königs, war kinderlos gestorben; Agnes, die zweite, die schöne und bigotte Französin, Erbin des reichen Aquitaniens, hatte nur Töchter geboren. Es schien, als ob die kraftvolle Dynastie der Salier, der letzten Nachfahren Ottos, ja auch Karls des Großen, schon im zweiten Glied erlöschen sollte. So wurde in dem Prinzen das Bewußtsein wachgerufen, nicht allein ein Besonderes, sondern ein deutscher König, das hieß der Herr der Welt zu sein, dem es so etwas wie triebhafte Selbstverständlichkeit bedeutete, einem Priester aufgeweichtes Brot und Schimpfnamen ins Gesicht zu werfen, nur „weil er so braun war".

Noch war die Erblichkeit der Krone zwar nicht Gesetz, wohl aber eine Gewohnheit geworden, die in einer möglichst frühzeitigen Huldigung der Verfassungsträger des Reiches für den Thronerben gesehen wurde. Auch Heinrich III. hat es so gehalten; aber die geforderte Huldigung war dieses Mal nicht bedingungslos erfolgt. Verkörperte die salische Dynastie im pompösen Aufbau ihrer Krongewalt auch eine Macht, die endlich wieder im Sinne Karls des Großen Staat und Kirche als Einheit zu umfassen schien: die von jeher das Prinzip eines festgeschichteten Königtums nur widerwillig ertragende Aristokratie des Reiches verstand sich zu dem Huldigungseide für den Königsknaben nur unter der Bedingung, daß er ein „*gerechter Herrscher*" würde.

Heinrichs III. Sorge war immer darauf gerichtet, die widerspenstigen Fürsten am Einheitsgedanken, wie er durch die Krone versinnbildlicht wurde, zu interessieren und, wo es sein mußte, Rebellen mit dem Aufgebot der ganzen Reichsgewalt zur Anerkennung seiner Souveränität zu zwingen. Darüber hinaus durfte es einem deutschen Herrscher nicht darauf ankommen, durch Maßnahmen vorsorglicher Diplomatie bedrohliche Machtansammlung der Reichsfürsten, wie sie durch Heiraten und Erbfälle in die Erscheinung traten, wirksam zu verhindern. Als der immer aufsässige Vetter Gottfried von Lothringen die Witwe des mächtigen Markgrafen Bonifatius von Canossa heiratete und dadurch ein geschlossener Länderblock vom Niederrhein bis nach Florenz sich bilden wollte, untersagte Heinrich kurzerhand diese Ehe und führte Gottfried, „*den Bärtigen*", und Beatrix als Gefangene nach Deutschland. Ja, die Gefahr schien ihm so überragend, daß er als Gegenschlag die Herzogin von Savoyen, deren Besitz bis tief nach Oberitalien hineinragte, dazu vermochte, ihre etwa dreijährige Tochter Berta mit dem um weniges älteren

Thronfolger zu verloben und das Brautkind von nun an am deutschen Kaiserhofe aufwachsen zu lassen. Es mußte deshalb einem fernen Wetterleuchten gleichen, wenn der Inhaber dieser zusammengeballten Reichsgewalt den Huldigungseid für seinen Sohn nur bedingungsweise erreichen konnte. Er mag darin einen unvermeidbaren Kompromiß gesehen haben, der nicht mehr als eine wesenlose Formalität bedeutete, denn das fürstliche Manöver brauchte ihn doch nicht zu kümmern; der deutsche König war ja als Repräsentant des christlich-europäischen Gedankens überhaupt zugleich römischer Kaiser und damit Herr der Kirche, also unbestrittener Souverän ihres obersten Bischofes auf dem Stuhle Petri! Hinter der deutschen Krongewalt stand die ganze Wucht der im römischen Papsttum verbürgten Herrschaft über die Seelen der Menschheit. Kein deutscher König brauchte darum ernsthaft zu befürchten, daß ein kirchlicher Wahrspruch, und nur ein solcher hätte praktisch darüber entscheiden können, seinem Sohn und Thronfolger das Zeugnis der „Gerechtigkeit" verweigern würde; dennoch aber hat der päpstliche Abgesandte dem Kaiser schwören müssen, niemals den Bann über den Sohn zu verhängen!

HEINRICH III.

Heinrich III. war im doppelten Sinne Herr der Kirche: Von Amts wegen gleichsam, kraft seines seit Karls des Großen Zeiten vom deutschen Zepter beanspruchten Rechts, auf die Besetzung des Apostolischen Stuhles maßgebenden Einfluß zu nehmen, und dann als ihr geistlicher Führer, als frommer Priesterkönig, den das christliche Abendland in ihm zu verehren sich gewöhnt hatte. Denn Heinrich war es nicht genug gewesen, die von seinem weltlichen Vater Konrad festgefügte Herrschaft über Reich und Kirche einfach zu übernehmen und auszubauen. Seine in höhere Dimensionen strebende Geistigkeit wollte mehr. Als Führer der Kirche fühlte er sich seelsorgerisch verantwortlich und deshalb verpflichtet, den Klerus und an seiner Spitze das Papsttum aus den Niederungen seiner völlig weltlich gewordenen Gesinnung heraufzuführen.

Der Glauben an die Unantastbarkeit seiner kaiserlich-königlichen, von Gottes Gnaden überkommenen Herrscherrechte verschloß ihm den Blick für die dadurch heraufdämmernden Gefahren. Der Einfluß seiner im Geiste des französischen Klosters Cluny erzogenen Gattin machte ihm die von hier ausgegangene Bewegung vertraut, die die Freiheit der Kirche von weltlichem Einfluß und die Erneuerung des Klerus im Geiste christlicher Askese forderte.

Unter dieser Freiheit konnte natürlich nichts anderes verstanden sein als die Wiederherstellung jener christlichen Ethik, die das „Reich von dieser Welt" verschmähte. Der gläubige römische Kaiser und deutsche König hatte keine Veranlassung, dieses seinem innersten Wesen entsprechende cluniazensische Programm – wie man es schon zu verstehen begann – auf seinen politischen Inhalt zu überprüfen. Es schien ihm ein großartiger Ideenkreis, dessen Ausgestaltung gebieterisch die reinliche Scheidung weltlicher und kirchlicher Macht zur Folge haben mußte zum gottgewollten Nutzen einer Krongewalt, in der die Herrschaft über beide kraft himmlischer Willensmeinung zusammenlief.

Abt Hugo von Cluny war bald sein vertrauter Freund. So sehr erkannte er in ihm das Haupt der noch mystisch-schwärmerischen Bewegung und in dieser die Keimzelle künftiger Rechtgläubigkeit, daß er den Gottesmann zum Paten seines Sohnes machte. Nicht allein, damit er sein Seelsorger würde oder daß der künftige Kaiser das Gedankliche in einer religiös vergeistigten, seiner Führung unterworfenen Kirche erkenne: es geschah auch in einer wieder ganz politisch zu wertenden Voraussicht, die cluniazensische Bewegung in die Interessen der deutschen Krone einzuordnen.

So realpolitisch Heinrich III. zu denken verstand, so schwärmerisch war er aber doch im religiösen Überschwang. Nie und nimmer hat er daran gedacht, in der cluniazensischen Forderung nach Freiheit der Kirche auch das Bestreben nach Lösung ihrer Abhängigkeit von der deutschen Krone zu erkennen. In dem Bibelwort, Gott zu geben, was Gottes, und dem Kaiser, was des Kaisers ist, lag für ihn, der sich im Sinne Karls des Großen schon als Gotteskaiser zu fühlen begann, die unwandelbare Grenze, bis zu der ein noch so stürmisches Drängen nach kirchlichen Reformen vorstoßen konnte und durfte. Daß eine solche nicht nur nötig, daß ihre Durchführung seine kaiserliche Pflicht bedeutete, ward ihm nicht allein aus religiösen, sondern auch aus politischen Erkenntnissen zur Selbstverständlichkeit.

War das karolingische Weltreich schließlich unter dem

Ansturm der sich zu Nationen formenden Stammstaaten zusammengebrochen, nachdem unter den Nachfolgern Karls das von diesem geschaffene Gleichgewicht zwischen Staat und Kirche verlorengegangen und die weltliche Macht von der geistlichen überwuchert worden war; hatte Otto, der Große, mit staatenbildender Gewalttätigkeit das Spiel umgekehrt und aus der verkirchlichten Welt eine verweltlichte Kirche gemacht: Heinrich III. fühlte sich berufen, den hierarchischen Gottesstaat Karls des Großen wieder zu erneuern, und ging deshalb, als er die weltliche Reichsherrschaft genügend gefestigt glaubte, von der Inbrunst eines Hugo von Cluny getrieben, an die Neuordnung der kirchlichen Gewalten.

Schon hatte die Apostolische Macht aufgehört, geistliche Führung zu bedeuten. In nüchtern rechnender Realpolitik war sie im Lauf des vergangenen Jahrhunderts zur Nichtswürdigkeit herabgesunken, die den Anspruch auf religiöse Führung des Abendlandes nur noch wie eine Maske vor Augen trug. Es hatte schließlich so weit kommen müssen, daß drei Päpste gleichzeitig die Nachfolger des Apostelfürsten zu sein behaupteten, auch wenn sie ihre Würden erkauft und nicht einmal ein Geheimnis daraus gemacht hatten.

Da bedeutete es nun für die Welt eine Schicksalsstunde, als Heinrich III. über die Alpen zog, um der Kirche wieder jene innere Reinheit zu geben, ohne die sie für die deutsche Krongewalt zum stumpf geschlagenen und daher unverwendbaren Instrument geworden war.

„Ein Papst kam ihm in der Lombardei, einer bei Parma, der dritte in Tuscien entgegen. Jeden von ihnen verehrte er sogleich

mit der schuldigen Demut. Dann ließ er sie alle zusammen in Rom von der Synode absetzen und schickte sie in die Verbannung."

Als daraufhin zwei zu Päpsten ernannte deutsche Bischöfe kurz hintereinander starben – man munkelte, durch das Gift eines der abgesetzten –, wollte sich lange Zeit niemand finden, die hohe und gefährliche Würde eines Papstes von Kaisers Gnaden zu übernehmen. Erst nach vielfältigen Bemühungen gelang es Heinrich schließlich, in der Person seines Vetters, des frommen Bischofs Bruno von Toul, den Apostelfürsten zu finden, den er suchte; Bruno war ein vom cluniazensischen Geist durchdrungener Fanatiker, schien aber doch politisch genügend geschult und dynastisch interessiert, um die Kirchenreform im Sinne des deutschen Gotteskaisertums durchzuführen.

Aber der römische Kaiser mußte es hinnehmen, daß der endlich Gewonnene sich nur höchst widerstrebend zur Verfügung stellte und auch dann noch nicht unbedingt. Es war schon eine an Opposition gegen die deutsche Krone anklingende Starrheit, als Bruno schließlich programmatisch erklärte: *„Ich gehe nur nach Rom, wenn Klerus und Volk mich dort freiwillig zum Papste wählen; nur dann will ich tun, um was Ihr bittet; sonst nehme ich die Wahl nicht an!"*

Für die Römer mochte es bislang ein glänzendes Schauspiel bedeutet haben, den Papst in großartiger Prunkentfaltung einziehen zu sehen. Jetzt war es auf einmal anders. Barfuß, im härenen Pilgergewand, wie schon oft in früheren Jahren, wallfahrtete der fromme Bischof Bruno von Toul nach Rom in Begleitung eines einzigen jungen Mönches, des Sohns eines Grobschmieds aus Soana, jenes Hildebrand. Und als das Volk am Grabe des Apostelfürsten zusammenströmte, den Erwählten des Kaisers ehrfurchtsvoll zu begrüßen, erklärte dieser, nichts als ein Pilger zu sein, der nur dann die päpstliche Würde übernehmen wolle, wenn Klerus und Gemeinde ihn wählten. In stürmischer Begeisterung erhob man den Demütigen auf den Apostolischen Stuhl und gab ihm den Namen Leo IX.

LEO IX.

Eine neue Zeit brach an. Aller Welt zum Zeichen, daß die Kirche nun frei sei, setzte der fromme Wallfahrer sich eine doppelreihige Tiara aufs Haupt, um damit klarzumachen, daß der Apostelfürst Herr beider Gewalten, der weltlichen und der geistlichen, sei. Die seit Karl dem Großen üblich gewordene Datierung der päpstlichen Urkunden nach den kaiserlichen Regierungsjahren wurde aufgehoben. Nicht mehr nach edler Abstammung oder Vermögen, sondern einzig nach der Zuverlässigkeit ihrer cluniazensischen Gesinnung berief Leo sein Kardinalskollegium. Als erstes Ziel seiner Regierung bezeichnete er den Kampf gegen die sogenannte „*Simonie*", das war die Sitte, kirchliche Ämter gegen Gebühren zu verkaufen. Es ging dabei um die alte Legende, ein Zauberer Simon habe dem heiligen Petrus Gold geboten, damit er ihn durch Handauflegung segne. Aber Petrus hat ihn mit den Worten zurückgestoßen: „Daß du verdammt seiest mit deinem Golde..."

Mit einer Schwungkraft ohnegleichen gingen Leo und seine Kardinäle ans Werk. In rastloser Geschäftigkeit war er dauernd unterwegs, bald in Nord-, bald in Süditalien, bald in Frankreich, um überall seine Synoden abzuhalten, vor die ein jeder geladen wurde, der im Verdachte stand, sein Amt durch „Simonie" erworben zu haben. Wer sich nicht rechtfertigen konnte oder den Reinigungseid zu leisten weigerte, ward erbarmungslos abgesetzt und exkommuniziert. Selbst vor der Majestät des französischen Königs scheute Leo nicht zurück und bannte kurzerhand alle Kirchenfürsten Frankreichs, die – zu einer Untersuchung nach Reims geladen – sich mit Heeresdienstverpflichtungen gegen den König entschuldigten; ja, er entsetzte diesen seines Amtes als Abt von St. Martin in Tours, der reichsten französischen Pfründe, weil nur die freie Abtswahl durch die Mönche nach kanonischen Vorschriften gestattet sei.

Jedermann sah in dieser unerhörten Schroffheit weniger eine Eigenmächtigkeit des Papstes als vielmehr die Hand des deutschen Kaisers, zumal Leo sich mit seinen Reformen vom Reichsgebiet auffallend fernhielt. Hatte er dem französischen König und dessen Fürsten kurzerhand verboten, entgegen den kanonischen Vorschriften das angestammte Herrenrecht kirchlicher Amtseinsetzungen zu üben, so schien diese päpstliche Gewalt für Deutschland keine Kraft zu haben. Heinrich III. fragte niemanden, am wenigsten seinen Papst, um Erlaubnis, wenn er ein freigewordenes Kirchenamt aus eigenster Machtvollkommenheit besetzte, aber er hütete sich, wie es sein Vater unbedenklich gehalten hatte, dafür Bezahlung zu nehmen. *„Auch mein Vater, um dessen Seelenheil ich in großer Sorge bin, hat zu seinen Lebzeiten verdammlichem Gewinn nur allzusehr*

nachgestrebt. Darum weiche ein jeder aus seinem Amt, der ihm Geld dafür gegeben hat. Denn wie mir der HERR die Krone des Reiches allein aus Barmherzigkeit ohne Entgelt gegeben hat, so will ich ohne Entgelt vergeben, was zu seiner Verehrung gehört."
Und wirklich: die stürmische Geschäftigkeit des cluniazensischen Papstes diente den Interessen des ihm übergeordneten deutschen Kaisers. Je gewalttätiger der Papst sich durchzusetzen verstand, um so großartiger strahlte der Glanz seines allerchristlichsten Souveräns. Aber schließlich wuchsen die Widerstände innerhalb der italienischen Geistlichkeit zu einer Gefahr für den Reichsfrieden an. In einer Zeit, in der es eine Selbstverständlichkeit war, daß die Priester niederen und höheren Ranges in der Ehe lebten, mußte es als unerträgliche Zumutung gelten, wenn der vom deutschen Kaiser geschirmte Asketenpapst verfügte, die Priesterehe sei eine Todsünde, ein jeder habe bei Strafe des Bannes sein Weib zu verlassen, und wer mit einem solchen in Rom erscheine, solle es als Magd im Lateranpalast einliefern. Ja, er unterschied nicht einmal zwischen rechtmäßiger Ehe und Hurerei und setzte die ehrbare Priesterfrau kurzerhand der niedrigsten Dirne gleich.

Unter dem italienischen Klerus bildete sich eine leidenschaftliche Opposition, als deren Wortführer am deutschen Hof der ehrwürdige Bischof Gebhard von Eichstädt auftrat. Seinem Einfluß gelang es schließlich, dem Kaiser klarzumachen, daß ein weiteres Anwachsen der Reformpartei unter der fanatischen Führung Leos womöglich die Dämme sprengen könnte, die heute noch die kaiserliche Souveränität bedeuteten. Ein deutsches Hilfsheer, das auf

Leos Ersuchen zum Kampf gegen die in Süditalien vordringenden normannischen Seeräuber schon im Anmarsch auf Rom war, wurde nun plötzlich zurückgerufen. Zu einem großen Konzil in Zürich, das unter Heinrichs Vorsitz tagte, wurde Leo nicht eingeladen, wohl aber vollzählig die Führer der lombardischen Kirche, der schärfsten Opposition gegen den neuen Kurs.

Als Leo bald darauf nach sechsjähriger Herrschaft starb, erwartete sein Kardinalskollegium vergeblich, daß Heinrich den Nachfolger aus seiner Mitte wählen würde. Wieder vergingen Monate, bis die kaiserliche Entscheidung bekannt wurde, die Gebhard von Eichstädt, den Führer der Opposition gegen die Cluniazenser, zum Papst bestimmte. Mit seiner Ernennung wurde gleichzeitig die – nur für ihn persönlich geltende – Bestallung zum Herzog von Spoleto und kaiserlichen Stellvertreter in Italien verknüpft und damit erneut, ja geradezu schroff zum Ausdruck gebracht, daß die päpstliche Amtstätigkeit eine untrennbare Einheit mit den kaiserlichen Interessen zu bilden habe. Von einer kanonischen Wahl durch Klerus und Volk von Rom war keine Rede mehr. Als Gebhard unter dem Namen Viktor II. endlich den Päpstlichen Stuhl bestieg, war es klar geworden, daß der deutsche Kaiser auf eine weitere Durchführung des Reformprogramms keinen Wert mehr legte.

Hatten die Cluniazenser auch entscheidend zurückgedrängt werden können: sie dachten nicht daran, ihr Programm aufzugeben. Ihre Anhänger saßen nun in allen maßgebenden Ämtern am Lateran. Aus einer schwärmerischen Sekte hatte sich unter Leos und seiner fanatischen

Mitarbeiter Führung eine starke Partei gebildet, die gegenüber der konservativ-kaiserlichen Richtung eine ebenso revolutionäre wie unantastbare heilige Idee der Freiheit der Kirche voraus hatten und mit Leidenschaft verfochten. Diese Idee zündete nun überall. Durch die fromme Lebensweise ihrer Führer, die kompromißlose Geschlossenheit der mit gutem propagandistischem Geschick immer wieder zum Ausdruck gebrachten Forderung war die cluniazensische Bewegung nun schon zu einer Macht geworden, deren kaiser-, das heißt deutschfeindliche Akzente sich klar hervorzuheben begannen. Aber noch hemmte die Furcht vor der gewaltigen Persönlichkeit Heinrichs eine offene Opposition.

Da aber starb der lungenkranke Kaiser, noch nicht neunundreißig Jahre alt, am 5. Oktober 1056, *„es ging ein großes Wehklagen durch das deutsche Land"*. Sein Sohn und Thronfolger, Heinrich IV., war ein sechsjähriges Kind. Der Held, der noch vor kurzem den französischen König zum Zweikampf gefordert hatte, übergab die Reichsinsignien in der Sterbestunde der Kaiserin Agnes und seinem Papste Viktor II., sie zu Vormündern für den Knaben bestimmend. Noch einmal mußten die am Krankenlager ihres Herrn erschienenen Reichsfürsten dem Sterbenden Treue für den Sohn geloben, dann verschied der gewaltige Mann in der festen Zuversicht, die Ehre des Reiches und der salischen Dynastie gewahrt zu haben.

HILDEBRAND

Das unerwartete Ereignis erweckte in Rom und Norditalien bei den Kaiserlichen große Bestürzung. Würden die innerlich den Cluniazensern nahestehende Kaiserin und der alte, allzu friedfertige Papst stark genug sein, den Reformern ein für allemal die Wiederkehr abzuschneiden? Daß neue Kämpfe bevorstanden, war einem jeden deutlich, denn schon erklärte der geschäftige Verwalter der päpstlichen Finanzen, Hildebrand, um seine Ansicht über die Lage befragt: *„Der Papst ist nicht nur frei von den Römern, er ist es auch vom Kaiser und König der Deutschen!"*

Dieser Hildebrand, Mönch, wie sie ihn nannten, der dunkelfahle Mann ohne Herkunft und Vermögen, trat nun kraftvoll in den Vordergrund. *„Sein Vater ist ein Ziegenhirt, seine Mutter aus der Vorstadt"*, so versuchte der römische Adel zu spotten, aber Hildebrand erklärte gebieterisch, vor Gott seien alle Menschen gleich, und seine Anhänger sagten: *„Gottes Weisheit konnte nie besser für die Menschen sorgen als dadurch, daß sie einen Mann aus dem niederen Volke emporhob, an dessen Sitten es nun erkennen kann, wohin es zu streben hat."* Schon ging von diesem Priester eine Macht aus, die man bald als Heiligkeit, bald als Schwarze Kunst zu deuten suchte. Einen *„heiligen Satan"* hießen sie ihn, einen *„schmeichelnden Tyrannen, der mit der Zärtlichkeit eines Nero bemitleidet, mit Backenstreichen liebkost, mit der Adlerkralle streichelt"*. Beispiellos schroff und erbarmungslos hart, dann wieder geschmeidig und priesterlich mild, von Arbeit überbürdet, aber immer für seine Aufgabe entflammt, entfaltete er eine unheimlich dünkende Geschäftigkeit.

Aber die Geschichte seiner Jugend war zu bekannt, als daß man in ihm die Persönlichkeit gesehen hätte, die er sein wollte. Man mißtraute seinem Feuereifer, mit dem er als überzeugter Cluniazenser gegen die Simonie zu Felde zog, zumal er sie früher durchaus nicht als Verbrechen betrachtet hatte.

Um 1020 im tuscischen Soana als Sohn einfacher Leute geboren, kam er schon in frühester Jugend nach Rom. Die Schwester seiner Mutter stand in Diensten der reichbegüterten, ehemals jüdischen Bankiersfamilie der Pierleoni. Ein Pierleoni, Johannes Gratianus, war Erzpriester und Lehrer an der Lateinschule. Sie sorgte dafür, daß der Neffe Hildebrand sein Schüler und bald sein Sekretär wurde. Als der Senior der Familie gestorben war, erbte Johannes ein gewaltiges Vermögen und faßte nun den Plan, sich die Papstwürde zu erkaufen. Ein jeder wußte, daß der junge Hildebrand ihm dabei mit großem Geschick behilflich gewesen war. Und wirklich, das Geschäft kam zustande. Der amtierende Papst Benedikt IX. trat zurück, Johannes zahlte ihm den größten Teil seines Erbteils und nannte sich von nun ab, um direkt an Gregors des Großen Traditionen anzuknüpfen, nach diesem Gregor VI. Niemand verweigerte dem angesehenen Priester die schuldige Ehrfurcht, denn er ließ verkünden, daß er den sittenlosen Lebenswandel seines Vorgängers nicht länger habe mit ansehen können; er verstand es wirklich als eine allerchristlichste Tat, wenn er, um Gott wohlgefällig zu sein, sein Vermögen für die Tiara hergab; es war die fromme

Opfergabe des Reichen. Niemand zweifelte an seiner Ehrlichkeit, zumal er ein unbescholtener und frommer Priester war; selbst ein im Ruf der Heiligkeit stehender Eremit, Petrus Damiani, der sich als Publizist über kirchliche Tagesfragen einen Namen gemacht hatte, trat mit seinen Flugschriften für ihn ein.

Aber dieser Gregor VI. und mit ihm der gelehrige Hildebrand mußten bald darauf erfahren, daß die Majestät des deutschen Königs diese Opfergabe des reichen Erzpriesters als verwerfliche „Simonie" verstand. Heinrich hielt Gerichtstag, und Johannes erwies sich dabei *„als ein über die Maßen törichter Dummkopf, denn er sagte offen die ganze Wahrheit"*. Er wurde abgesetzt, der Name Gregor VI. aus dem päpstlichen Register gestrichen und der fromme Bankierssohn mitsamt seinem Hildebrand in die Verbannung nach Köln geschickt, wo die beiden in Gewahrsam blieben. Wiewelt die Mitwirkung Hildebrands an dem simonistischen Geschäft seines Lehrmeisters gegangen war, ließ ein späteres Geständnis des Bruders jenes Benedikts, der die Tiara verkauft hatte, erkennen: *„Es war eine böse Stunde"*, sagte er von Hildebrand, *„als er mir zu Gesicht gekommen. Ich bin durch ihn in große Sünde verfallen."*

In Köln ist Johannes Pierleoni bald gestorben, und Hildebrand war frei. Die kurze Zeit seines Aufenthaltes am erzbischöflichen Hofe hatte seiner glänzenden Auffassungsgabe vollauf genügt, sich über die deutschen Verhältnisse zu informieren. Mit merkwürdigem Geschick, immer zur rechten Zeit am rechten Platz zu sein, brach er dann eine Studienreise nach Cluny ab und erschien in Besançon bei Bruno von Toul, als dieser sich eben nach

Rom auf den Weg machte, um den Stuhl Petri zu besteigen. Als einziger Begleiter durfte Hildebrand ihm folgen.

Aus diesem Meisterschüler des Erzsimonisten und weiland „Papstes" Gregor VI. sollte nun wirklich ein cluniazensischer Asket geworden sein? Mochte auch niemand an der Makellosigkeit Leos IX. gezweifelt haben: seine Gunstbeweise für den aus einem Saulus allzu schnell zum Paulus gewandelten Hildebrand verbürgten darum doch nicht dessen Lauterkeit. In sechs Jahren stieg er vom Mönch – der nie hinter Klostermauern war – zum Diakon und Verwalter der päpstlichen Finanzen auf. Schließlich wurde er päpstlicher Legat, um in Vollmacht Leos Diplomatenreisen auszuführen.

Waren das nun auch Vertrauensbeweise besonderer Art, die Verdächtigungen gegen Hildebrand verstummten nicht. Den Verkehr mit den kompromittierten Pierleonis pflegte der geschäftige Diakon ja weiter: sollte wirklich der Gehilfe eines Pierleonis bei solcher Machtvollkommenheit der Versuchung widerstanden haben, sich auch persönlich zu bereichern? „*Es steht fest*", hieß es später über seine damalige Tätigkeit, „*und noch viele sind am Leben, die es durch unwiderrufliches Zeugnis beweisen, daß jener auf viele Weise und besonders durch den Verkauf seiner Hilfe bei kirchlichen Prozessen eine ungeheure Menge Geldes erwarb.*"

So verworren aber das Gerede über diesen Hildebrand ging: als die Reformpartei nach Leos Tode kaltgestellt wurde, war der vierunddreißigjährige Diakon, Finanzmann und Diplomat ihr unbestrittener Führer.

DIE KAISERIN

Gegen diese sich immer enger zusammenballende Gewalt des Willens und der Idee, die zielbewußt mit aller Verschlagenheit südländischer Diplomatie vorwärts stürmte, stand nun als einziges Gegengewicht eine Frau. Hatte der eben gestorbene Kaiser allen seinen Feinden vergeben, so glaubte seine trauernde Witwe, eine solche Politik der Nächstenliebe in Permanenz erheben zu sollen. Ihre und des ihr gehorsam folgenden Papstes erste Regierungshandlung war die ehrenvolle Haftentlassung des hitzigen Reichsfeindes Gottfried und die Anerkennung seiner italienischen Eheverbindung mit der Tuscierin Beatrix, womit sie ihm willig eine an völlige Unabhängigkeit grenzende Machtstellung über die deutsche Reichshoheit in Italien überließ. Mochte Heinrich III. wohl auch gewußt haben, auf die Dauer den mächtigen Mann nicht niederhalten zu können, und Agnes deshalb zu der Annahme berechtigt gewesen sein, mit der vollständigen Versöhnung so etwas wie seinen letzten Willen zu erfüllen: in ihrem Bestreben, sich den gefährlichen Feind durch gnadenvolle Güte ganz zu verpflichten, ging sie weit über den Umfang einer ehrenvollen Rehabilitierung hinaus. Auch sein Bruder Friedrich, ein Mönch des bedeutsamen italienischen Reichsklosters Monte Cassino, wurde nun durch päpstlichen Machtspruch Abt des Klosters, obwohl die Mönche schon einen anderen nach kanonischem Recht gewählt hatten. Als ob der kaiserliche Statthalter alle Folgeerscheinungen dieser anbefohlenen Abtswahl klar durchschaut hatte, ja sie geradezu herbeizuführen wünschte: Friedrich von Monte Cassino wurde nur wenige Monate später, als die letzte Stütze der Kaiserlich-Konservativen, eben jener Papst Viktor II., gestorben war, zu seinem Nachfolger gewählt und mit merkwürdiger Hast am nächsten Tag als Stephan IX. gekrönt. Petrus Damiani, dessen Feder schon einem Johannes Pierleoni gedient hatte, zitiert zu diesem Ereignis die Bibelworte – erstmalig seit Menschengedenken war ja eine Papstwahl ohne Einfluß der deutschen Krone zustande gekommen: *„Nachdem der König aus dem Leben hinweggenommen, habe ich die Rechte des gesamten leerstehenden römischen Reiches Dir übertragen!"* Als nun auch Gottfried, ohne Widerspruch aus Deutschland zu finden, die durch den Tod Viktors verwaiste Statthalterwürde des Herzogs von Spoleto an sich gerissen hatte, lag die Summe der weltlichen und geistlichen Macht Italiens in den Händen der beiden lothringischen Brüder.

Mußte so der deutschen Krone die Führung ihrer italienischen Interessen entgleiten, vor allem also sich das Papsttum aus seiner staatspolitischen Abhängigkeit praktisch befreien, auch in Deutschland selbst tastete die Politik der nun allein regierenden Kaiserin in die Richtung des geringsten Widerstandes.

Heinrich III. hatte sich nach Erledigung der bayrischen Herzogswürde zu einer Neuvergabung nicht entschließen können, sie vielmehr seinem unmündigen Sohne zur Erweiterung der salischen Hausmacht übertragen; dem Drängen der Reichsfürsten, einen aus ihrem Kreise nunmehr mit Bayern zu belehnen, vermochte Agnes nicht zu widerstehen. Wieder war es ihre Auffassung, sich einen für den Fortbestand der kaiserlichen Reichsgewalt besonders gefährlichen Mann durch Gnadenbeweise verpflichten zu können, als sie nun dem im Herzogtum Sachsen begüterten Otto von Nordheim Bayern übergab. Das christliche Ethos der Nächstenliebe, jenes „Liebet eure Feinde! Vergebet euren Schuldigern!", erfüllte die kaiserliche Regentin eben so vollständig, daß sie glaubte, mit solcher Versöhnungspolitik den Interessen ihres Mündels am besten zu dienen. Der neue Herzog von Bayern, Otto, dessen Reichstreue eine der Voraussetzungen künftiger Regierungsfähigkeit des deutschen Königs bildete, gehörte zu den sächsischen Standesherren, die dem letzten Nachkommen der sächsischen Könige, dem schon landfremden Heinrich II., mit Gewalt den sächsischen Nebenbuhler vom Halse geschafft hatten und nun aus traditionell verwurzeltem Haß gegen das salisch-fränkische Königshaus lieber heute wie morgen wieder eine sächsische Dynastie auf dem Throne gesehen hätten. Nur unter sächsischer Führung hatte die Reichseinheit für sie einen Sinn. Ein den südwestdeutschen Nachfahren Karls des Großen untergeordnetes Herzogtum Sachsen, also nicht mehr wie etwa eine Reichsprovinz, empfand man als Beeinträchtigung mehr oder weniger verbriefter Rechte. Nur mit sehr viel Glück war Heinrich III. vor zehn Jahren bei einem Besuch im bremensischen Erzbistum einem Attentat entgangen; auch heute noch war die Stimmung unter den sächsischen Aristokraten nicht gewandelt, ja, am Hof wurden Äußerungen führender Persönlichkeiten bekannt, man solle den jungen König sobald wie möglich beiseite schaffen, damit er nicht etwa das Werk seines Vaters und Großvaters vollenden und einen in sich geschlossenen, der zentralisierten Königsgewalt willig gehorchenden Reichskörper schaffen könne.

Auch Kärnten und Schwaben und somit das ganze süddeutsche Kernland des Reiches kamen nun unter neue Herren. Auch hier war von einer freien Entschließung der Kaiserin keine Rede mehr. Für die Fortsetzung der salischen Ostmarkenpolitik, die das ans deutsche Reichsgebiet angrenzende Ungarn immer inniger in die Interessensphäre der deutschen Krone hineinzuziehen suchte, war die Bestallung einer zuverlässigen Persönlichkeit als Herzog von Kärnten von grundsätzlicher Bedeutung. Agnes entschloß sich für den Grafen Berthold von Zähringen, ohne hierbei von anderen Gesichtspunkten auszugehen als der Hoffnung, sich dadurch ihn und seine Standesgenossen verpflichtet zu haben. Als Unterpfand für seine künftige Treue besaß sie nichts als den feierlichen Huldigungseid, der im Zeitalter des Faustrechts kaum mehr bedeutete als eine Formalität. Handelte sie bei dieser Belehnung aber noch in dem Glauben, die rechte Wahl getroffen zu haben, so geschah die Vergabung des Herzogtums Schwaben an den Grafen Rudolf von Rheinfelden, einen glanzvollen, eigenwilligen und reichbegüterten Mann, unter dem Zwang von Geschehnissen, die mit dem königlichen Ansehen schon nicht mehr vereinbar waren. Der gewalttätige Rheinfelder hatte nämlich, kaum war der Kaiser gestorben, dessen, dem Bischof von Konstanz anvertraute Tochter, die elfjährige Mathilde, kurzerhand entführt und den Hof wissen lassen, daß er als nunmehriger Schwiegersohn der Kaiserin die Belehnung mit Schwaben fordere. Agnes hatte weder die Mittel noch den Mut, diese Schmach zu sühnen, und so bekam Rudolf seinen Willen.

Man wußte am Hof, welche Gefahren für die Reichseinheit, das hieß eben den Fortbestand der salischen Dynastie, aus diesen Belehnungen der drei großen deutschen Herzogtümer erwachsen konnten. Um so bedeutungsvoller war es daher, wenn man schon die weltliche Reichsgewalt unter dem Druck der Standesherren ihre eigenen Wege gehen ließ, wenigstens die Geistlichen straff an die Krone zu binden. In der Neubesetzung der beiden frei gewordenen Erzbistümer Salzburg und Mainz mit geeigneten Persönlichkeiten lag daher so etwas wie eine letzte Chance, die schon erkennbar schwankende Kronmacht neu zu untermauern. Es mutet wie eine unentrinnbare Tragik an, daß Agnes nun aber auch hier einen erstaunlichen Mangel an Menschenkenntnis bewies. Nach Salzburg schickte sie einen erst vor zwei Jahren von ihr nach Papst Viktors Tod zum Kanzler ernannten Kleriker Gebhard, der ihr Herz durch seine cluniazensische Einstellung gewonnen hatte und von nun an das für die Verbindung mit Italien und der Kurie hochwichtige Erzbistum führen sollte. Seine Ernennung wurde in Rom als Wiederaufnahme der von Heinrich III. aufgegebenen Verbindung mit der Reformpartei aufgefaßt.

Den Mainzer Stuhl, die erste und älteste aller deutschen Kirchen, die in Erinnerung an ihren Stifter Bonifatius das Recht bewahrt hatte, die Wahl der deutschen Könige zu leiten, erhielt jetzt der vor wenigen Wochen erst durch die Huld der Kaiserin vom einfachen Mönch zum Abt von Fulda emporgestiegene Siegfried aus dem Hause Eppenstein. Wegen seiner „*sehr zufriedenstellenden Zahlungen*" war er inzwischen schon aus dem Königsgut mit reichen Jagdrechten beschenkt worden. Seine erste Regierungshandlung war die rücksichtslose Einforderung der Zehntsteuer aus Thüringen, deren Berechtigung er eben noch als Abt seines thüringischen Klosters bestritten hatte.

Immer klarer stellte es sich heraus, daß die Regentin einen eigenen Willen nicht besaß, ja nicht einmal den Verstand, einfache Zusammenhänge und den Ablauf der Geschehnisse zu begreifen. Sich einem stärkeren Willen zu beugen, war ihr Bedürfnis, Selbstbewußtsein zu empfinden oder auch nur ein Gefühl für ihre kaiserliche Machtvollkommenheit zu haben, erschien ihr als Sünde. Von einer mystisch verwirrten Religiosität erfüllt, hatte der frühe Tod ihres Gemahls sie wie eine Offenbarung erkennen lassen, daß ein Reich von dieser Welt nichtswürdig war und nur die Erlangung himmlischer Wonnen, wie sie die cluniazensische Bewegung ihren Getreuen verhieß, den Sinn des Lebens bedeutete. Bei dieser Einstellung war die Kaiserin jedem Einfluß zugänglich, und bald beherrschte sie ihr Augsburger Beichtvater schon mit solcher Eindringlichkeit, daß man am Hof darüber zu klatschen begann. „*Sie konnte dem Verdacht der Unzucht nicht entgehen*", so hieß es, und „*ihre Mutter zählt so viel Hochzeiten wie Geburtstage*"; dagegen priesen die Cluniazenser ihre Tugend, sie immer deutlicher zu sich herüberziehend: „*Die du einen geeigneten Mann auf Erden nicht mehr finden kannst, unwiderstehlich bist du in die Umarmungen deines himmlischen Bräutigams geeilt.*" Und beglückt über solche unanfechtbare Rechtfertigung, solches für die Ruhe um ihr Seelenheil unentbehrliche Lob, antwortete die Französin auf dem deutschen Kaiserthron, der die Ehre des Reiches und die Verantwortung für die salische Dynastie anvertraut war, also auch die Erhaltung der Souveränitätsrechte über den Apostolischen Stuhl in Rom: *„Mein Gewissen schreckt mich ärger als Geister und Gespenster. Ich fliehe durch die Stätten der Heiligen und suche ein Versteck vor meiner Angst. Mein größter Wunsch ist es, zu Euch zu kommen, weil Euer Gebet das sichere Heil ist. Inzwischen liege ich im Geist zu Euren Füßen, flehend, daß Ihr mir Verzeihung vor dem Herrn erbittet . . ."*

Es ist nur allzu selbstverständlich, daß ein jeder versuchte, sich auf Kosten der Krone zu bereichern. *„Zur Lenkung des Reiches gelangte ein Weib und ein Kind zum großen Nachteil für das Gemeinwohl"*, so schrieb man in Bremen, *„denn die Fürsten, die sich von einer Frau nichts sagen lassen wollten, erlangten zuerst ihre alte Freiheit wieder, dann wetteiferten sie untereinander, wer der Mächtigste wäre . . ."*

Die reiche, von Heinrich III. zur Stärkung des Königsgutes reichsunmittelbar, das hieß nur dem König abgabepflichtig gemachte Abtei von Dissentis gab Agnes auf die Warnungen des Brixener Bischofs, Gott habe solche Abtrennung übel vermerkt, diesem reumütig zurück. Drübeck bei Wernigerode ging *„nach verschiedenen Verhandlungen"* in den Besitz des Bistums Halberstadt über und das Nonnenkloster Kitzingen an den neu ernannten Bischof Gunther von Bamberg, der bislang das Amt eines Kanzlers für die italienischen Angelegenheiten am Hofe bekleidet hatte.

Als aber der feudale und zuverlässig kaiserlich gesinnte Gunther, unter dessen Führung Bamberg großartig aufzublühen begann, kraft seiner bischöflichen Gewalt die skandalösen Zustände in Kitzingen durch Absetzung der Äbtissin beseitigte – die Nonnen, durch den angeblichen Geiz der Äbtissin dem Hungertode preisgegeben, hatten sich ihren Lebensunterhalt durch Unzucht verschafft –, verfiel er sofort der kaiserlichen Ungnade. Die Äbtissin, ohnehin über die Neuordnung der Dinge erbost, hatte sich der Kaiserin zu Füßen geworfen und diese sofort gegen den ausgezeichneten Gunther gewonnen. Agnes befahl ihre Wiedereinsetzung, aber der Bischof weigerte sich, legte seine Ämter nieder und verließ Bamberg. Vor solcher Mannhaftigkeit des im ganzen Reich wegen seiner glänzenden Eigenschaften ungewöhnlich beliebten Mannes wich die Kaiserin nun aber wieder vollständig zurück. Der Zank um die praktischen Nonnen von Kitzingen wurde begraben, und Agnes überschüttete Gunther mit einer derartigen Fülle von Gnadenbeweisen, nur um ihn zur Rückkehr zu bewegen, daß man ihn allseits zu warnen begann und dieser skeptische Gottesmann des elften Jahrhunderts seinen Freunden zur Beruhigung schrieb: *„Ihr kennt die Sitten, Ihr kennt die Zeiten. Niemand besitzt, was er zu haben glaubt, es gibt niemanden, dem man vertrauen darf. Bei so zweifelhafter Lage der Dinge ist Sicherheit gefährlich, Entgegenkommen verlustbringend, Leichtgläubigkeit verderblich!"*

AKTIVITÄT IN ROM

Am Heiligen Stuhl hatte man die Entwicklung in Deutschland mit größter Aufmerksamkeit verfolgt. Papst Stephan IX., der im innigen Einvernehmen mit seinem Bruder, dem nunmehr anerkannten Gatten der tuszischen Beatrix und kaiserlichen Statthalter, dem unbestrittenen Machthaber Italiens, mit Gottfried „dem Bärtigen", die kurialen Geschäfte geführt hatte, war inzwischen in Florenz gestorben. Hätte er noch einige Jahre gelebt, so wäre der Lothringer wohl am Ziel seiner Wünsche gewesen und ihm die Kaiserkrone zugefallen. Stephans Tod kam unerwartet, wenn er auch vor seiner Abreise aus Rom das Kardinalskollegium hatte schwören lassen, keinesfalls eine Neuwahl, falls er sterben sollte, vor der Rückkehr des auf einer Reise begriffenen Diakons Hildebrand vorzunehmen. Desungeachtet benutzten die Gegner der Reformpartei nun die günstige Gelegenheit und wählten einen der von Stephan eidlich verpflichteten Kardinäle, den Bruder jenes Benedikt, der seinerzeit an Johann Pierleoni seine Würde verkauft hatte, als Benedikt X. zum Papst. Die Anhänger Hildebrands mußten Rom fluchtartig verlassen, wiederum, wie nach dem Tode Leos IX., stand die Sache der Cluniazenser verzweifelt.

In höchster Eile kehrte Hildebrand zurück und sammelte unter Gottfrieds Schutz in Florenz die Trümmer seiner Partei. Unbekümmert um die Unanfechtbarkeit der rechtsgültigen Wahl Benedikts berief der geschäftige Mann eine Synode nach Siena, um hier den Schützling Gottfrieds, den Bischof von Florenz, einen überzeugten Cluniazenser, als Nikolaus II. zum Gegenpapst aufstellen zu lassen. Damit war alles auf eine Karte gesetzt; wenn Nikolaus scheiterte und Benedikt sich als der Stärkere erwies, war die Reformpartei ein für allemal mit dem Verbrechen der Kirchenspaltung belastet und jeder einzelne der Akteure von Siena, der bärtige Gottfried und der braune Hildebrand mit inbegriffen, dem schrecklichsten Anathema verfallen.

Für die deutsche Krone bot sich eine der letzten Gelegenheiten, ihre italienischen Rechte zu behaupten, um als Schirmherr der Kirche das in der Person Benedikts verkörperte kanonische Recht zu schützen. Aber Agnes gab sofort ihre Zustimmung zu Hildebrands Maßnahmen, und ein römischer Chronist erklärte, seine Geschichte der Päpste nunmehr schließen zu müssen, *„denn die Ehre ist von Rom gewichen, da man keine Deutschen mehr zu Päpsten wählt"*.

Mit einer Meisterschaft ohnegleichen, gewalttätig und engelsmilde, verschlagen, hinterlistig und doch ganz und gar von seiner heiligen Mission erfüllt, ging Hildebrand nun zu Werke. *„Es erscheint uns besser"*, so sagte er, *„einen bisher ungewohnten Weg einzuschlagen, als daß die Seelen der Menschen verlorengehen."* Den Bestechungskünsten eines Leo Pierleoni, Hildebrands Vertrauten, den Umtrieben des berühmten Giftmischers Gerardo, *„des Langarms"*, der Wucht der Damianischen Propaganda, dem Gerücht vom Heranrücken eines Heeres war Benedikt X. nicht gewachsen. Als schließlich auch noch die Nachricht in Rom einlief, der kaiserliche Kanzler, Erzbischof Wibert von Ravenna, sei im Lager Hildebrands an der Seite Gottfrieds, gaben die Reformgegner ihre Sache verloren, und Benedikt flüchtete. Der kleine Diakon, von dem es nun schon hieß, *„alles, was früher Marius und Julius nur durch das größte Blutvergießen erreichten, das wirkt er durch ein gelassenes Wort"*, hatte ohne Schwertstreich dem cluniazensischen Gedanken den ein für allemal entscheidenden Sieg errungen. *"Papst Nikolaus ging selbst durch die Straßen Roms und zwang die Getreuen Benedikts, ihm zu schwören. Da leisteten viele den Eid mit der linken Hand und sprachen: ‚Weil wir mit der Rechten unserem Herrn, Papst Benedikt, Treue geschworen, so geben wir die Linke'."*

Hildebrand war nicht der Mann, diesen Erfolg unausgenutzt zu lassen. Benedikt wurde der Lächerlichkeit des Pöbels preisgegeben. Er mußte ein schreckliches Sündenbekenntnis verlesen, und dann sprach Hildebrand, der Sieger, das Schlußwort, um ein für allemal seine Wiederkehr auszuschließen. *"Da hört ihr, Römer, die Taten des Papstes, den ihr gewählt habt!"* Nach dieser dramatischen Schlußapothese stand einer rechtmäßigen Krönung Nikolaus' II. im Lateran nichts mehr im Wege. Ja, mehr als das: Hildebrand konnte nun endlich den großen Schritt wagen, die Befreiung des Papsttums von der Souveränität des römischen Volkes und vor allem der deutschen Abhängigkeit staatsrechtlich zu verankern.

Er wählte hierzu die Form einer Neuregelung der Papstwahl, die seit Karl dem Großen durch das Volk und den Klerus von Rom vorbehaltlich der Zustimmung der deutschen Krone erfolgte. Nun bewirkte Hildebrand einen einmütigen Synodalbeschluß, dem kanonische Rechtskraft zugesprochen wurde, daß künftighin nur noch die Kardinalbischöfe sich auf eine Persönlichkeit zu einigen hätten. Dem Volk und Klerus solle lediglich ein formales Zustimmungsrecht verbleiben. Der Erwählte müsse der römischen Kirche entstammen, nur in besonderen Ausnahmefällen könne auch ein Auswärtiger herangezogen werden. Die Lösung der Apostolischen Macht von der deutschen Krone bedurfte einer besonders feinfühligen Formulierung und wurde auch nur nebenher zum Ausdruck gebracht. „*Dabei soll*", so sagte man, „*die schuldige Ehre und Achtung vor unserem geliebten Sohne Heinrich erhalten bleiben, von dem wir hoffen, daß er mit Gottes Hilfe Kaiser werde, ebenso diejenige seiner Nachfolger, die persönlich von diesem Apostolischen Stuhl die Kaiserwürde werden erlangt haben . . .*" So unauffällig selbstverständlich und ehrerbietig das auch klang: praktisch bedeutete es kaum noch mehr als die Feststellung einer Höflichkeitsverpflichtung, und auch diese nur für den Fall, daß der Papst den deutschen König zum Kaiser gekrönt habe.

Damit war ganz offiziell ein Schritt von entscheidender Bedeutung getan. Aber Hildebrand ging noch weiter. War auf diese Weise nachträglich die unkanonische Erhebung des Reformpapstes rechtens geworden, so mußte dieser nun auch mit aller Eindringlichkeit sein cluniazensisches Programm bekanntgeben, das unmittelbar an Leo IX. anschloß; die inzwischen noch unter Heinrich III. erfolgte Rückschwenkung, die zur Erhebung des kaiserlich-konservativen Bischofs von Eichstädt geführt hatte, war damit aufgehoben. Nikolaus verbot kurzerhand jede eheliche Gemeinschaft der Priester und befahl obendrein, daß jeder Kleriker, der nach dem Interdikt Leos IX. geheiratet habe, sich umgehend scheide. Alle Priester sollten hinfort in Gemeinschaftshäusern wohnen, um hier „*in Keuschheit und Armut zu essen, zu schlafen und zu leben*". Die Übernahme eines kirchlichen Amtes aus der Hand eines Laien, ganz gleich, wer er sei, „*ob umsonst oder um Geld*", wurde als verbrecherische Simonie erklärt und unter Strafe der Exkommunikation gestellt. Ja, man zielte schon deutlich auf die Souveränität der deutschen Krone, als zur Sprache kam, Ludwig der Fromme, der allerklerikalste der deutschen Kaiser, habe in seiner Laieneigenschaft nicht das Recht gehabt, durch einen Aachener Reichstagsbeschluß seinen Klerikern persönliches Eigentum und so viel Speise und Trank zuzusprechen, „*wie sie nur Matrosen zukäme*". Hildebrand erklärte, „*eine solche Einrichtung hat es bisher weder in Asien noch in Afrika noch in Europa gegeben; ausgenommen allein ist der kleine Winkel Germanien . . .*"

HILDEBRAND ERGREIFT DIE MACHT

Mit diesen Synodalbeschlüssen von 1059 war die Machtergreifung durch die Reformpartei vollzogen. Der noch nicht vierzigjährige Hildebrand wurde zum Archidiakon und päpstlichen Kanzler ernannt. Gleichzeitig erhielt er die reiche cluniazensische Abtei des heiligen Paulus in Rom und damit große Geldmittel zur persönlichen Verfügung. „*Des Papstes schärfstes Auge*", so pries ihn nun ein Flugblatt des als Kardinalbischof dem Lateran zugeteilten Propagandisten Petrus Damiani; oder gar: „*Wenn ich dem Heiligen Vater die schuldige Ehre erweise, so liege ich doch nur vor Dir im Staub; Du machtest ihn zum Papst, er aber erhob Dich zum Gott.*" Weniger dithyrambisch spottete man dagegen in Rom: „*Wie Bandellus seinen Esel im Stall, so füttert Hildebrand nun seinen Nikolaus im Lateran.*"

In großartiger Systematik und unwiderstehlicher Wucht begann seine Regierung, die neugewonnene Macht zu festigen. Die zuverlässigen Cluniazenser, die zum Teil schon unter Leo IX. in einflußreiche Stellungen gekommen waren, wurden von Hildebrand neu verpflichtet, frei werdende Ämter nur durch sie besetzt. Mit Hilfe des Simoniegesetzes bot sich obendrein die Gelegenheit, Feinde der Bewegung aus ihren Stellungen zu entfernen, um sie zuverlässigen Parteimitgliedern zu geben. Auch das nun unvermittelt in Kraft getretene Eheverbot sollte Platz für Hildebrands Anhänger schaffen.

Wie schon unter Leo IX. machte sich gegen dieses Gewaltregiment, vornehmlich in der Lombardei, eine starke Opposition geltend. Der mit dem hohen Adel zum überwiegenden Teil verschwägerte Klerus Norditaliens fühlte sich aufs äußerste bedroht und empörte sich ganz offen gegen das neue Regime in Rom, geführt von der Mailänder Kirche, die seit den Tagen des heiligen Augustin eine erkennbare Unabhängigkeit vom päpstlichen Stuhl bewahrt hatte; die Mailänder waren besonders stolz auf ihre Sonderrechte, die auf den Stifter der Kirche, den heiligen Ambrosius, zurückgingen. Der „Ambrosianische Kirchengesang" war wesentlich älter als der von Gregor dem Großen in Rom begründete Gregorianische, was man bald verallgemeinerte und bei Streitigkeiten mit Rom gern ins Feld führte. Die nun mit einem Fanfarenstoß verbotene Simonie und Priesterehe mußte den selbstbewußten Mailänder Klerus im Kern treffen, nicht allein, weil er die mühsam bewahrte Unabhängigkeit von Rom mit einem Federstrich aufhob, sondern vor allem, weil der

Verkauf kirchlicher Ämter ebenso Gewohnheitsrecht, ja Sitte war wie die Priesterehe. Die Tarife für die einzelnen Ämter waren schon in einer Gebührenordnung erstarrt, und der feudale Klerus, der sich infolgedessen nur aus den begüterten Volksschichten zusammensetzte, führte das Leben weltlicher Herren. Es wird geschildert, wie die Priester mit Hunden und Falken auf die Jagd zogen, wie andere sich in ihrer Lebensweise durch nichts von weltlichen Gutsbesitzern unterschieden, ja als Kneipwirte und Wucherer lebten. *„Ein jeder suchte in seiner simonistischen Verblendung das Seinige, niemand mehr die Sache Christi zu fördern."*

Hildebrand erkannte, daß er mit Hilfe von Verfügungen hier nichts erreichen konnte, und griff deshalb zu dem bedenklichen, für die Autorität des heiligen Petrus äußerst gefährlichen Mittel, das Mailänder Proletariat gegen seine Priester aufzuhetzen. Schon früher hatte eine päpstliche Flugschrift verkündet, es sei Sache der großen Masse, *„sich denjenigen durch Gewalt zu widersetzen, die Verkehrtes lehren, um so Fürsten und Vorgesetzte vom Bösen fernzuhalten"*. Nun standen fanatische Volksredner, die von Rom ihre Weisungen erhielten, in Mailand auf und versammelten auf dem Trödelmarkt, der *„Pataria"*, das Volk, um ihre flammenden Hetzreden zu halten. Sie könnten nun nicht länger schweigen, riefen sie, *„kommt und hört uns, wenn wir auch jung und unerfahren sind"*. Und wenn sich genügend Neugierige angesammelt hatten, fragten sie nach Priesterart: *„Glaubt ihr an den dreieinigen Gott?"* – *„Wir glauben"*, antwortete die wachsende Menge. – *„So wahret eure Stirnen mit dem Zeichen des Kreuzes!"* Nach solcher stimmungsmäßigen Vorbereitung donnert der Prediger: *„Ihr seid Blinde, weil eure Führer blind sind. Kann ein Blinder die Blinden führen? Simonisten und Hurenböcke sind eure Priester, also hütet euch um eures Seelenheiles willen vor ihrem Gottesdienst. Hundemist sind ihre Meßopfer, Viehställe ihre Kirchen!"* Erschüttert und hingerissen lauschte dann die Menge und jubelte den Propheten zu, wenn sie nun zur allgemeinen Plünderung der Priesterhäuser aufriefen. Es kam zu wilden Aufständen, die *„Patarener"*, wie man den entfesselten Pöbel nannte, stürmten in die Kathedrale, verjagten die zelebrierenden Priester, drangen in deren Behausungen, verprügelten die Frauen, plünderten ihren Besitz, es kam sogar zu Bluttaten.

Entsetzt floh der hohe Klerus unter Führung seines Bischofs Wido aus der Stadt, um außerhalb derselben auf einer Synode die Patarener und ihre von Rom instruierten Führer zu verdammen, obgleich diese ein vom Papst geweihtes Banner vor sich her trugen. Die eben noch gegenüber dem Päpstlichen Stuhl eifersüchtig auf die Wahrung ihrer Sonderrechte bedachten Mailänder Herren bestürmten nun den Heiligen Vater, er möge kraft seiner Apostolischen Gewalt der Anarchie ein Ende machen.

Damit war Hildebrand am Ziel. Petrus Damiani wurde nach Mailand abgeordnet, um in Vollmacht des Papstes die Ordnung wieder herzustellen. Wido warf sich ihm zu Füßen und gestand, ein dreifacher Sünder zu sein; nicht allein, daß er von Laienhand, nämlich dem Kaiser Heinrich III., *„Ring und Stab"* zum Zeichen seiner Investitur erhalten habe, gegen die Simonie mit allen ihren Auswüchsen sei er ebensowenig eingeschritten wie gegen die Weiberwirtschaft seines Klerus. Er schwur, von nun an sich und seine Kirche der römischen Oberherrschaft unterwerfen, auf alle simonistischen Einnahmen verzichten und das Zölibat einführen zu wollen.

Er wurde mitsamt seiner Priesterschaft und den verängstigten Herren aus Turin, Asta, Alba und Brescia nach Rom geladen. Hier überschüttete sie der Papst mit seiner Gnade und bestätigte sie, in unverkennbarer Kampfstellung gegen die deutsche Krone, erneut und nunmehr endgültig in ihren Ämtern. Die Schlüsselstellung der antirömischen Reaktion in Italien war gefallen.

Diese innere Zersetzung der deutschen Krongewalt in der Lombardei konnte aber noch nicht hinreichen, die Unabhängigkeit des Päpstlichen Stuhls vom Reich zu sichern, weil er vom Süden her, aus Apulien und Kalabrien unter ständiger Bedrohung der gewalttätigen Normannen stand, die nur aus Furcht vor der deutschen Reichsmacht bislang noch davor zurückschreckten, auch die Ewige Stadt in ihre Raubzüge einzubegreifen. Vor fünfzig Jahren waren diese Nordfranzosen, ein paar hundert Piraten, in Süditalien gelandet und hatten sich hier festgesetzt; mittlerweile hatte sich aus dieser Schar von Abenteurern eine Volksgemeinschaft gebildet.

Ihre wachsende Bedeutung erkennend, versuchten die Päpste vergeblich, sie auszurotten; schließlich waren als letztes Mittel von Leo IX. ihr Führer Robert Guiskard, *„der Schlaukopf"*, in Apulien und Richard in Capua verflucht und gebannt worden.

„Die Normannen wüten entsetzlich", so lautete sein Hilferuf an Heinrich III., *„sie schonen nicht Greise, Frauen und Kinder; sie plündern und verbrennen die Kirchen, auf meine Er-*

HILDEBRAND ERGREIFT DIE MACHT

mahnungen hören sie nicht . . ." Stephan IX., jener Bruder Gottfrieds des Bärtigen, hatte später versucht, statt des deutschen den oströmischen Hof in Konstantinopel zur Hilfeleistung zu gewinnen und den Mönchen von Monte Cassino, der ältesten und angesehensten Abtei des Abendlandes, befohlen, den großartigen Kirchenschatz des heiligen Benedikt auszuliefern, um von sich aus die Mittel zur Bekämpfung der Normannen zu gewinnen. Über gewisse Einschüchterungsmanöver war man aber nicht hinausgekommen, zu einer endgültigen Beilegung der immer bedrohlicher anwachsenden Gefahr schien es eben nur ein einziges Mittel zu geben: den Vernichtungsfeldzug des deutschen Königs.

Nie und nimmer aber konnte die ihre Unabhängigkeit jetzt ganz offen betreibende Kurie diesen Weg gehen. Es hätte dies nichts anderes als den Zusammenbruch ihrer Politik bedeutet.

Die Lösung, die Hildebrand fand, war überraschend. Durch Vermittlung des Abtes Desiderius von Monte Cassino, dessen Beziehungen auch bis zu dem gebannten Richard von Capua spielten, knüpfte er ganz im geheimen mit diesem Verhandlungen an. Schließlich machte der geschäftige Kanzler Hildebrand sich selbst auf den Weg und erzielte einen vollen Erfolg, der noch Jahrhunderte später für die päpstliche Politik die Richtung wies.

Der Räuberhauptmann Richard erklärte sich bereit, das von ihm besetzte Gebiet als Herzogtum Capua vom heiligen Petrus zu Lehen zu nehmen und mit diesem gegen Lösung aus dem Bann einen Bündnisvertrag abzuschließen. In gleicher Weise gelang es Hildebrand auch, den noch gefährlicheren Robert zu verpflichten, eine furchtgebietende, überragende Persönlichkeit, von dem es hieß: "*Er ist sehr groß, blond und blauäugig, vom Scheitel bis zur Ferse schön wie Apoll.*" Auch er nahm nun, "*durch Gottes und des heiligen Petrus Gnade*" sein Herzogtum Apulien von der Kurie zu Lehen. Beide verpflichteten sich obendrein zu erheblichen Jahrestributen und Gestellung einer Schutztruppe für den Apostolischen Herrn.

Die Verträge wurden alsbald durch Nikolaus persönlich ratifiziert; sie bedeuteten einen glatten Hochverrat gegenüber der deutschen Krone, wenn man in dieser nach geltendem Gewohnheitsrecht den Souverän des Apostolischen Stuhles erkannte. Die neuen normannischen Herzogtümer umfaßten sowohl deutsches wie byzantinisches Hoheitsgebiet; sie nunmehr in ein Lehnsverhältnis zum Apostolischen Stuhl gebracht zu haben, war ein Donnerschlag, der alle Welt über die wahren Absichten der cluniazensischen Politik die Augen hätte öffnen müssen.

DIE REAKTION

Am deutschen Hof erkannte man unter dem Eindruck der alarmierenden Berichte des italienischen Kanzlers Wibert aus Ravenna endlich, wohin der Weg führte. Mochte die Kaiserin auch noch so sehr in ihren religiösen Schauern vor der Heiligkeit der Kurie erzittern, gegenüber den immer energischer auftretenden Lombarden, die eine kraftvolle Wahrung der kirchlichen Rechte verlangten, wich sie verschüchtert zurück. Schon ließ Hildebrand es an der schuldigen Ehrerbietung fehlen. Als die Kaiserin für den neuernannten Erzbischof von Mainz die Erteilung des Palliums, einer kostbaren, vom Papst geweihten Schärpe, nachsuchte, antwortete der Papst, er möge sie sich holen. Gleichzeitig wurde den kaiserlichen Gesandten bedeutet, die Investierung eines Erzbischofs durch Laienhand sei unstatthaft. Ob Hildebrand nun fürchtete, mit dieser Schroffheit zu weit gegangen zu sein: er schickte bald danach einen Kardinalpriester in außerordentlicher Mission zur Kaiserin. Doch das Ungewöhnliche geschah; der päpstliche Legat wurde fünf Tage lang vertröstet und mußte schließlich, ohne seinen offiziellen Auftrag ausgeführt zu haben, wieder umkehren. Aber über die Stimmung am Hof konnte er berichten, daß die Kaiserin unter dem maßgebend gewordenen Einfluß des reformfeindlichen lombardischen Klerus mehr und mehr kaltgestellt sei, daß sich dagegen aber in den Kreisen der deutschen Fürsten eine Bewegung zu entfalten beginne, die eine zunehmende italienische Beeinflussung der deutschen Reichspolitik im kaiserlich-konservativen Sinne zu verhindern suche. Der Erzbischof Anno von Köln und der neuernannte Bayernherzog Otto von Nordheim, die zur Zeit führenden Persönlichkeiten unter den Deutschen, sähen die kaiserfeindliche Reformpartei in Rom nicht ungern als Gegengewicht gegen ein weiteres Anwachsen der Krongewalt im Sinne Heinrichs III. Es seien sogar gewisse Vorbereitungen im Gange, den zunehmenden Einfluß der italienischen Kreise am Hofe zu unterbinden. Man wünsche keine straffe Reichsgewalt des Königs mehr, strebe vielmehr, ganz im Sinne der Kirchenreformer, zur Selbständigkeit der Herzogtümer.

Hildebrand, der gerade zu Anno, in dessen Stift er als Begleiter des verbannten Pierleoni einige Zeit geweilt hatte, *„geheime Beziehungen"* unterhielt, dem er später schrieb, er wünsche öfter von ihm zu hören, er, *„der die Kölner Kirche allen nordischen vorziehe, weil er dort gelebt habe"*, Hildebrand war über die Dinge, die sich in Deutschland vorbereiteten, schnell und sehr genau orientiert. Als der hinfällige Papst Nikolaus im Juli 1061 starb, durfte sein Kanzler daher glauben, daß er bei der Neuwahl eines Reformpapstes die deutschen Fürsten auf seiner Seite haben würde und daß deshalb mit ernsthaften Störungen für die Fortsetzung seiner Politik von seiten der deutschen Regierung kaum zu rechnen sei.

Dennoch kam es anders. Unmittelbar nach dem Tode des Papstes schickten die Gegner Hildebrands, dieselben Männer, die nach Stephans Tode die Wahl Benedikts bewerkstelligt hatten, eine Abordnung an den deutschen Hof, die Mantel, Ring und Goldreif, die Insignien der Würde eines Patrizius von Rom, für Heinrich IV., der inzwischen zehn Jahre geworden war, überbrachten und die dringende Bitte aussprachen, die deutsche Regierung möge kraft ihres Rechtes den neuen Papst ernennen. Die mit ihnen im Bunde stehenden lombardischen Berater der Kaiserin veranlaßten daraufhin die Einberufung einer Reichsversammlung, um diesem Wunsche zu entsprechen. Die deutschen Fürsten und Bischöfe hielten sich dabei zurück.

Aber Hildebrand holte zum Gegenschlag aus. Er ließ

Rom von der normannischen Schutztruppe besetzen, eilte in größter Hast nach Lucca und bestimmte hier den Bischof Anselm, der lange schwankte, als Alexander II. die Tiara zu nehmen. Alles kam jetzt darauf an, der Reichsversammlung zuvorzukommen. Zwei Monate nach Nikolaus' Tode erfolgte dann nach den Richtlinien von 1059 seine Inthronisation außerhalb Roms. *„Wo die Kardinäle tagen, da ist Rom"*, argumentierte man vorsichtshalber.

Vier Wochen später trat die nur von Italienern besuchte Reichsversammlung in Basel zusammen. Sie verwarf nach den Darlegungen des Kanzlers Wibert und der führenden Lombarden die Wahl Alexanders, und die völlig verschüchterte Kaiserin ernannte im Namen Heinrichs IV. kraft königlichen Rechtes den kaiserlich-konservativen Bischof Cadalus von Parma zum Papst Honorius II., obwohl das nach cluniazensischen Begriffen eine große Sünde war.

Damit ihre römischen Freunde, die sie eben abgesetzt hatte, aber wüßten, daß sie hierbei entgegen ihrer innersten Überzeugung gehandelt habe, legte sie unmittelbar nach der Baseler Tagung die kaiserlichen Kleider und Insignien ab und umhüllte sich mit dem Witwenschleier, dem Zeichen der Trauer. Es war nun nicht mehr weit bis zum Nonnengewand. Für Hildebrand bedeutete dieser symbolische Akt ein unverkennbares Zeichen, vor dem nun unvermeidlichen Kampf mit dem „kaiserlichen" Papst nicht zurückzuschrecken.

Die Baseler Beschlüsse waren eine direkte Anknüpfung an den nach Leos IX. Tod von Heinrich III. eingeschlagenen Kurs, der trotz seiner inneren Zuneigung zum cluniazensischen Ideal in seiner Realpolitik das Reichsinteresse nie aus den Augen verlor. Hatte Leo aber vor der deutschen Krongewalt bei seinen Reformen eine erkennbare Zurückhaltung gezeigt, der neue Reformer Hildebrand stand ihr nun schon in schroffer Kampfstellung gegenüber. Für die Erhaltung einer geschlossenen Reichsgewalt mußte daher eine Rückorientierung zu den letzten Maßnahmen Heinrichs III. von ausschlaggebender Bedeutung sein. Um so auffallender dokumentierten die deutschen Standesherren dagegen durch ihre Verabredung, in Basel fernzubleiben, daß ihre Interessen denen der Krone entgegenliefen.

Sie waren nicht nur nicht erschienen, sie leisteten nun auch dem „kaiserlichen" Papst Honorius II. keine Hilfe. Der Parmenser konnte sich bei seinem Marsch auf Rom nur lombardischer Unterstützung bedienen, die weniger in Truppenmacht als Geldmitteln bestand.

Er beschränkte sich daher zunächst auf die Entsendung einer Gesandtschaft an die Römer, die von einer „*Karawane Goldes*" begleitet war. Sein Sendbote, der geriebene Bischof Benzo von Alba, ein erbitterter Gegner Hildebrands, bereitete den Boden mit großer Geschicklichkeit. Auf dem Kapitol schlug er seine Residenz auf, bezeichnete sich offen als Gesandten der Kaiserin und verlangte von den Römern, sie sollten ihre kaisertreue Gesinnung durch Auslieferung des Hochverräters Alexander, der sich zu Unrecht zum Papst gemacht habe, beweisen. Dabei sparte er nicht mit seinem Golde. Auch eine Gesandtschaft des byzantinischen Kaisers fand sich bei ihm ein, um sich mit aller Eindeutigkeit auf die Seite seines Papstes zu stellen.

DIE REAKTION

„*... denn auch ich bin ein Römer, und so seien wir beide, König Heinrich und ich, als Römer unter dir, Honorius, als dem gemeinsamen Vater, einig, verknüpft durch das Band der unteilbaren Liebe!*" Dagegen hatte die Reformpartei zunächst keine Einwendungen. Es schien, als solle den Kaiserlichen ein leichter Sieg zufallen. Zwar putschten Hildebrands Agenten die Römer auf, suchten ihre nationalen Instinkte wachzurufen und bezeichneten die Ernennung des Cadalus als einen „*Einfall nordischer Barbaren*", aber gegenüber der „barbarischen" Freigebigkeit des Benzo spielten solche Argumente keine große Rolle.

Die Stimmung begann sich erst zu wandeln, als Hildebrands Vertrauter, jener Leo Pierleoni, wieder in Rom auftauchte, um mit unüberwindlicher Meisterschaft und nicht geringeren Geldmitteln, als der schon bald verausgabte Benzo sie noch besaß, die Gegenminen springen zu lassen. Er ging dabei mit solcher Schlauheit vor, daß selbst der gerissene Benzo hinters Licht geführt wurde, Rom für gewonnen hielt und Cadalus-Honorius wissen ließ, der Sieg sei entschieden. Die Kaiserlichen rückten an und hatten schon die Peterskirche besetzt, als sie sich plötzlich angegriffen sahen und Hals über Kopf die Stadt räumen mußten. Hildebrand und Alexander, die sich verborgen gehalten hatten, zeigten sich dem gaffenden Volk im Triumph.

War damit der erste Angriff der Kaiserlichen auch abgeschlagen: Cadalus-Honorius brauchte seine Sache um so weniger aufzugeben, als inzwischen erhebliche Truppenkontingente aus der Lombardei zu ihm gestoßen waren, mit deren Hilfe eine gewaltsame Eroberung der Heiligen Stadt in sicherer Aussicht stand.

Da aber erschien ganz unerwartet der „bärtige" Gottfried vor den Mauern Roms. Es sei an ihm, so beschied er die beiden Päpste, in seiner Eigenschaft als kaiserlicher Statthalter eine blutige Auseinandersetzung zu verhindern. Man solle die Waffen ruhen lassen, bis eine erneute Entscheidung des deutschen Königs herbeigeführt sei. Cadalus, der den Sieg schon in Händen zu haben glaubte, wollte sich anfangs nicht darauf einlassen, aber Gottfried überzeugte ihn, daß auch die erneute Entscheidung den deutschen Regierung nicht gegen ihn, ihren feierlich Erwählten, ausfallen könne, daß er sich dagegen durch eine gewaltsame Inthronisation nur um die Sympathien der Christenheit bringen und die Gegner zu Märtyrern machen müsse.

Gegen solche Vernunftgründe war schwerlich etwas einzuwenden; beide Päpste fügten sich dem Schiedsspruch und begaben sich in ihre Bischofssitze, nach Parma und Lucca, zurück, um hier die neuerliche Entscheidung der deutschen Regierung abzuwarten. Hätte Cadalus die Informationen gehabt, über die Hildebrand verfügte, niemals würde er den sicheren Sieg aus der Hand gegeben haben.

Es sollte sich aber als wohlbedachte Absicht erweisen, daß die Reformpartei unmittelbar nach Annahme des Schiedsspruches auf die Wandelbarkeit eines königlichen Entschlusses durch eine Flugschrift hinweisen ließ, in der es hieß: „*Wer kann bezweifeln, daß Gott größer ist als ein König, und dennoch errötet Gott nicht, zu Saul zu sagen: ‚Es reuet mich.' Wenn also Gott versichert hat, ihn reue etwas, weshalb soll der Mensch schamrot werden, seine Meinung im besseren Sinne zu wandeln? . . .*"

Kaiser Heinrich IV.

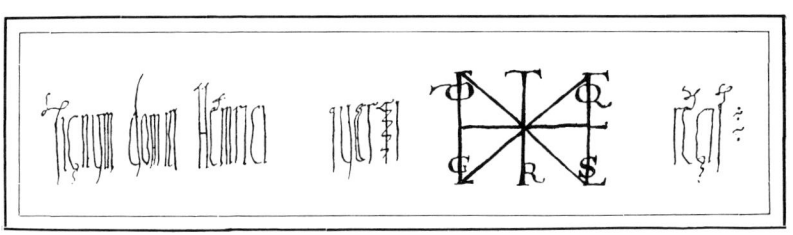

Signum Heinrichs IV.

DER STAATSSTREICH

Die Kaiserin hatte sich in den ersten Apriltagen 1062 mit dem Königsknaben und dem ganzen Hof auf ihre Pfalz nach Kaiserswerth am Rhein begeben, um das Osterfest zu feiern. Von den deutschen Fürsten waren Otto von Bayern erschienen, Markgraf Dedi von Sachsen, Ekbert von Braunschweig und vor allem der geschäftige Erzbischof Anno von Köln, der mit seiner Luxusjacht vor der Insel ankerte.

Nach dem festlichen Mahl, als man in fröhlichster Stimmung gekommen war, lud Anno den ausgelassenen Königsknaben und die Herren zur Besichtigung seines herrlichen Schiffes. Die Kaiserin blieb am Ufer zurück. Kaum aber war die Gesellschaft an Bord gekommen, da wurde Heinrich von der Mannschaft umringt, der Anker gelichtet, und die Jacht setzte sich in der Richtung nach Köln in Bewegung. Der elfjährige Heinrich erkannte sofort die Situation; mit den Fäusten um sich schlagend, befreite er sich aus den Armen der verdutzt zurückweichenden Matrosen und sprang über Bord, um zurückzuschwimmen. Es heißt, er wäre durch die Strömung fortgeschwemmt worden, wenn sich nicht Graf Ekbert nachgestürzt und den kühnen Knaben gerettet hätte. Wieder an Bord gebracht wurde das weinende Kind *„mit Schmeicheleien besänftigt"*.

Der ganze Vorgang war vom Ufer aus beobachtet worden. Die festlich gestimmte Menge brach in Entrüstungsrufe aus, die königliche Majestät sei verletzt, und bestürmte die Kaiserin, diese Schmach nach Gebühr zu rächen. Aber die hohe Frau im Witwengewand schien zur Salzsäule erstarrt. Wortlos wandte sie sich schließlich ab, als das erzbischöfliche Schiff ihren Blicken entschwunden war. „*Sie wollte ihrem Sohn weder nachfolgen noch über das ihr zugefügte Unrecht Klage führen.*"

Sie entließ den Hof, willigte widerstandslos in die Auslieferung der Reichsinsignien und sagte nur, diese Entführung sei Gottes Strafe für die Sünde von Basel. Dann begab sie sich an heilige Stätten und erklärte, hinfort ihr Leben ganz der Sühne widmen zu wollen; befreit von der als sündiges Streben empfundenen Regierungslast und dem unlösbaren Konflikt, sich im Interesse des Reiches mit der geheiligten Person des Papstes immer mehr in Widerspruch bringen zu müssen, sagte sie sich von ihren Regentenpflichten los und verließ, eine Büßerin, das Deutsche Reich. Wenig später erreichte sie die Stätte ihrer Sehnsucht, Rom, die Heilige Stadt. „*Ihr Kleid war schwarz und wollen, ihr Reittier ein schlechtes Pferd, kaum so groß wie ein Esel. Auf dem Haupte lag der Schleier; ein Sack nahm des Purpurs, ein Psalter des Zepters Stelle ein. Den zarten Hals, wo früher eine Kette mit Goldplättchen und rötlich schimmernden Perlen hing, rieb der rauhe Kragen des Wollgewandes wund . . .*"

Die deutschen Großfürsten, die sich unter der Führung des Kölner Erzbischofes zu dem Raub des kleinen Königs verabredet hatten, waren nun am Ziel. Es stellte sich bald heraus, daß die Affäre nicht etwa nur von den unmittelbar Beteiligten angezettelt war, sondern fast alle politischen Persönlichkeiten des Reiches zu den Verschworenen gehörten. Von dem bärtigen Gottfried war auch Hildebrand rechtzeitig orientiert und durch dessen Dazwischentreten vor einem endgültigen Siege des Kaiserlich-Konservativen über die Reformer bewahrt worden. Er wußte auch, daß das neue Regime in Deutschland einen von keiner Königsgewalt abhängigen Papst als Bundesgenossen wünschte, denn das Gefühl für die „*Ehre des Reiches*", deren Sinn die Ausbreitung der Grenzen und die Bürgschaft für Schutz und Gerechtigkeit war, empfand man nur noch als kindisches Phantom. Die Großfürsten strebten nach Wiedererlangung ihrer „*alten Freiheit*", wie sie es nannten, einem ganz verschwommenen, um nicht zu sagen verlogenen Begriff. Es lebte kein Fürstengeschlecht mehr, das seinen Ursprung nicht aus dem Lehnsverhältnis zu irgendeinem der deutschen oder bestenfalls fränkischen Könige herleiten mußte. Das Streben nach der „alten Freiheit" war in Wirklichkeit ein solches nach einer vollständig neuen, nichts anderes also als eine Adelsrevolte, deren Erfolg die Reichseinheit sprengen und ihre Auflösung in mehr oder weniger selbständige Einzelherzogtümer zur Folge haben mußte.

Aber niemand dachte so weit. Ob Erzbischof, Herzog, Graf oder Abt: niemand wollte eben einen Herrn über sich anerkennen, und wenn man ihm noch so feierlich die Treue gelobt hatte.

Mit solcher Einstellung war die Führung einer einheitlichen Reichspolitik natürlich unmöglich. Dennoch versammelte sich unter dem Vorsitz des neuen königlichen Vormundes Anno eine Reichsversammlung in Augsburg, um zunächst einmal den Papststreit zu schlichten. Man wurde schnell einig. Im Namen Heinrichs IV., der von dieser Wandlung seines Entschlusses nicht das geringste verstand, ging der neuernannte Bischof Burckard von Halberstadt, ein Neffe Annos, über die Alpen und erklärte Alexander zum rechtmäßigen Papst. Der dankte ihm mit überschwenglichen Worten – *„Du hast nach dem Befehl unseres gesalbten Sohnes Heinrichs IV. deine aufrichtige Zuneigung für uns und die römische Kirche bezeigt"* –, verlieh ihm, was nur einem Erzbischof zukam, das Pallium mit dem Recht, künftig ein Kreuz vor sich hertragen und seine Rosse mit päpstlichem Aufputz schmücken zu lassen. Anno erhielt den Titel eines „Erzkanzlers des Römischen Stuhles", und Gottfried durfte den Heiligen Vater zur feierlichen Inthronisation in die Peterskirche geleiten. Wenig später erschien Anno, der Regent, in Mantua und sprach über den kaiserlichen Cadalus den Bann aus.

Hildebrand aber sagte: *„Ihr sollt wissen, daß es in dieser Welt nichts Herrlicheres gibt als einen Priester, nichts Höheres als einen Bischof."*

II
DER KÖNIGSHOF

„Es war niemanden schwer gefallen, von dem arglosen König zu erhalten, was er wollte."
Die Mönche von Malmedy, um 1070

ANNO, ERZBISCHOF VON KÖLN

Diese Stellungnahme der neuen Regierung für Hildebrands Reformpartei gegen den kaiserlichen Cadalus legte den Kurs eindeutig fest, der zur Wiederherstellung der „alten Freiheit" der deutschen Feudalgewalten führen sollte. Die neu heraufsteigende Macht eines vom deutschen Thron unabhängigen Papsttums, das obendrein seine Herrschaft über die Seelen der Christenheit auf die unantastbar heiligen Forderungen Clunys gründen konnte, sollte den deutschen Reichsfürsten in ihrem Kampf gegen die Krongewalt der beste Bundesgenosse sein. Mit der Wiederkehr eines „kaiserlichen" Apostelfürsten mußten dagegen die Zeiten Heinrichs III. wieder heraufsteigen und der deutsche König als römischer Kaiser in die Sphäre priesterlicher Majestät und damit unangreifbarer Erhabenheit entrücken.

Das sollte aber ein für allemal zu Ende sein; der legitime deutsche König durfte niemals wieder die Macht haben, seinen Fürsten zu gebieten. Hätte Heinrich III. länger gelebt, der föderalistische Charakter des Reiches wäre ohnehin zertrümmert und an seine Stelle die absolutistische Krongewalt getreten. Schon waren ja die freigewordenen Herzogtümer Schwaben, Bayern und Kärnten von ihm nicht neu vergeben worden; der übermächtige Kaiser hatte sie kurzerhand für die Krone eingezogen und damit deutlich gemacht, daß er aus dem bundesstaatlichen Reich einen Einheitsstaat schaffen wollte, in dem die römische Kurie nicht viel mehr als ein anderes Erzbistum bedeutete. Von den drei übrigen Herzogtümern hatte der Salier Franken von altersher im Besitz, die Zerschlagung Lothringens war in die Wege geleitet, auch vor der angestammten Herzogswürde der sächsischen Billunger hätte diese unaufhaltsam vorwärtsstürmende Kaisergewalt nicht haltgemacht.

Der ängstlichen Witwe war Bayern, Schwaben und Kärnten nun wieder entrissen, ihr zaghafter, von den Lombarden erzwungener Versuch, die römische Entwicklung zur Unabhängigkeit aufzuhalten, hatte sie die Herrschaft gekostet und die Opposition an die Regierung gebracht; man gedachte nicht mehr, sich durch irgendwelche Rücksichten auf beschworene Treue oder andere Sentimentalitäten die Macht wieder entreißen zu lassen.

Zur Führung dieses neuen Regimes konnte niemand geeigneter sein als der vielgewandte Erzbischof Anno. Der Stolz, mit dem dieser beziehungsreiche Geschäftemacher aus kleinem süddeutschen Hause die Herzöge von Bayern, Schwaben und Kärnten „*seine Freunde nannte*", gab diesen genügend Gewähr, ihn zum Treuhänder ihrer Interessen zu machen. Auch in Rom war er gut angeschrieben; er galt als frommer Cluniazenser, weil er in dem von ihm begründeten Kloster Siegburg gelegentlich die Mönche bediente und gesinnungstüchtig zu predigen verstand. „*Gott zermalme ihnen die Zähne im Maul; ihre Kinnbacken zerschmettere der Herr*", so pflegte er seine Feinde von der Kanzel zu verfluchen und fand damit den richtigen Ton, die von solcher christlichen Demut erschütterte Gemeinde in Angst und Bewunderung zu versetzen. Im Verkehr mit großen Herren glaubte er durch geschmeidige Anpassung die kleine Herkunft, durch hochfahrende Großspurigkeit die schlechten Manieren verdecken zu können; niemand liebte, aber jeder brauchte ihn, in dessen Händen alle Fäden der großen Politik zusammenliefen. Die Eitelkeit des Emporkömmlings überragte aber seine Intelligenz, Herrschsucht und hemmungslose Habgier den zeitgemäßen Ehrgeiz, das Kölner Erzstift so glanzvoll auszugestalten, daß ihm die Führung über Mainz, Trier, ja auch über das machtvoll emporgestiegene Hamburg-Bremen nicht mehr bestritten werden konnte.

Dieser äußere Glanz diente aber viel weniger dem Wohl seiner Diözese als der Verherrlichung seiner Person. Für alle Zeiten sollte eben der Name Anno mit der Geschichte Kölns verbunden sein. Aber die Bewohner der Stadt, die als erste in Deutschland überhaupt so etwas wie Bürgerstolz erkennen ließen, die sogar mit ihrer *„Richerzelle"* schon eine Art von Rathaus begründet und mit ihrem *„Kölner Statut"* sich eine bald viel nachgeahmte Gemeindeordnung gegeben hatten, diese Kölner gerieten rasch in Gegensatz zu ihrem erzbischöflichen Tyrannen. Die fröhlichen und schon wohlhabend gewordenen Städter hatten für den Despotismus des Schwaben ebensowenig Verständnis wie dieser für die leichtlebig-gutmütige Art der Rheinländer. So kam es sogar zu dem einzigartig dastehenden Fall einer Bürgerrevolte gegen die geheiligte Person des Erzbischofs, die Anno fast das Leben gekostet hätte. Als er einen Gast zu Schiff nach Hause bringen lassen wollte und kein geeignetes Fahrzeug im Hafen lag, gab er kurzerhand den Befehl, die Barke eines reichen Kaufmanns zu entladen, die eben mit voller Fracht rheinabwärts sollte. Der schnell herbeigerufene Sohn des Kaufmanns verweigerte den erzbischöflichen Beamten den Gehorsam und ließ sein Schiff bestimmungsgemäß abfahren. Die entschlossene Tat wurde zum Signal. In merkwürdiger Einmütigkeit nahm die gesamte Bürgerschaft, ob Handelsherren oder Rheinschiffer, Partei gegen den Erzbischof, der aus seiner bald umstellten Residenz nur mit genauer Not entkam. Aber der Freiheitsrausch dieser erstmalig überlieferten Bürgerverschwörung in der deutschen Geschichte währte nur kurz. Anno stellte aus der Umgegend schnell ein Truppenaufgebot zusammen, das jeden Widerstand brach. Dem mutigen Kaufmannssohn wurden die Hände abgehackt und die Augen ausgestochen. Der allerchristlichste, später heilig gesprochene Erzbischof „zermalmte" im Namen Gottes den Aufrührern „die Zähne im Maul und zerschmetterte ihnen die Kinnbacken".

Anno war durch und durch parlamentarisch eingestellt; er wollte mit allen gut Freund sein, aber mit Hilfe unterirdischer Manöver doch wieder alle beherrschen. So erließ er als erste Verfügung die von jedermann gutgeheißene Bestimmung, daß künftighin derjenige Bischof, in dessen Sprengel sich der König aufhielte, die Reichsgeschäfte führen sollte. Es war ein Schachzug von erstaunlicher Kombination. Nach außen hin schien es so, als wolle er damit in seiner Bescheidenheit die vormundschaftlichen Rechte ehrlich mit den anderen Kirchenfürsten teilen, ein willkommenes Bekenntnis zum Prinzip der Gemeinschaftsregierung, in Wirklichkeit aber hatte nur er es in der Hand, den seiner Obhut übergebenen König in das Gebiet eben nur derjenigen Bischöfe zu lassen, die sich seinen Weisungen fügten. Zu diesem Zweck setzte er sofort seinen Bruder Werner in Magdeburg, seinen Neffen Burckard in Halberstadt ein und stellte für die Besetzung des Erzbistums Trier, dessen Primas auf dem Totenbett lag, seinen Neffen Konrad bereit. Minden und Utrecht gingen an gute Freunde, *„außerdem wurden in Italien der Herr von Aquileja, der Bischof von Parma und andere durch Annos Geschäftigkeit erhöht. Alle wetteiferten nun, ihren Gönner zu unterstützen"*. Mit dem Mainzer Stuhl, dessen Leitung die Kaiserin Agnes dem korrupten Siegfried übertragen hatte, war die Interessenverbundenheit bald hergestellt, denn die in Annos Händen liegende Regierung verstand es, durch hinhaltende Stellungnahme die Entscheidung in der für Mainz lebenswichtigen Frage über den Thüringer „Zehnten" so lange hinauszuschieben, bis sie Siegfrieds vollkommen sicher war.

Die Bedeutung dieser zunächst nur als eine Art von „Geschäftsordnung" verstandenen Verfügung ging aber weit über den Willen hinaus, die neue Macht zu konsolidieren. Sie war zugleich die bedeutsame, in ihrer Tendenz zur Schwächung der Königsmacht unverkennbare Ergänzung der alten, von dem letzten Vorgänger der Salier, Heinrich II., durchgeführten Maßnahme, die den Bischöfen die Unterhaltspflicht für den Hof auferlegte, das hieß praktisch die Aufbringung der Mittel für den Staatshaushalt. Hierin lag durchaus keine Ungeheuerlichkeit, denn das Vermögen der Bistümer rührte aus Staats- bzw. Königsbesitz her. Trotzdem bedurfte es schwieriger Vorverhandlungen, bis Heinrich II. es wagte, Hildesheim als erstes Bistum „*zu betreten, was noch keiner seiner Vorgänger unternommen hatte*". Wenn es auch nicht zweifelhaft ist, daß die den König jeweils „bewirtenden" Bischöfe bei dieser Gelegenheit für sich selbst zu sorgen verstanden – die Stiftungsurkunden sprechen beredt genug dafür –, so blieb diese Art von Einfluß auf die „Reichsgeschäfte" doch immerhin reichlich unbestimmt. Der als geizig verschriene Heinrich III. pflegte sich sehr schlecht zu „revanchieren". Aus diesem „Einfluß" machte Anno nun ein gesetzliches Recht, das zumindest für die Dauer der Vormundschaft Geltung hatte. Für die ihm als Vormund überantwortete Kronmacht, man möchte sagen das Mündelvermögen, bedeutete es natürlich eine schwere Schädigung, ja eine Festlegung in verfassungsmäßiger Richtung, die mit den Bestrebungen Heinrichs III. überhaupt nicht mehr zu vereinigen war. Hatten so die deutschen Bischöfe rechtliche Ansprüche von umwälzender Bedeutung erhalten, so sollte diese Politik zur Begrenzung der Kronmacht unzweifelhaft weitergehen. Der Befreiung des Episkopates hatte nun auch die Loslösung der Reichsabteien aus dem königlichen Besitz zu folgen, die den größten Vermögensstock im Königsgut ausmachten. Bei dieser Gelegenheit sollte auch der alte, immer weiter zugespitzte Streit zwischen Bischöfen und Äbten zugunsten der Bistümer entschieden werden. Diese Lösung war auf denkbar einfache Weise zu bewerkstelligen, die zugleich das Nützliche mit dem Angenehmen verband. Sie brauchten ja nur an die Bistümer und Herzöge verschenkt zu werden, um sie der königlichen Verfügung zu entziehen und in die der Territorialgewalten zu überführen! Das Königtum sollte alsdann endgültig zerschlagen sein: aus der absolutistischen Zentralgewalt, wie Heinrich III. sie hinterlassen hatte, würde sich eine Oligarchie gebildet haben, deren Führung auf die Gemeinschaft der weltlichen und geistlichen Fürsten übergegangen war. Ohne die Herrschaft über das römische Papsttum, die Reichsherzöge und Bischöfe, ohne die materielle Basis der Reichsabteien mußte der deutsche König ein Spielzeug in den Händen seiner ehemaligen Vasallen werden!

So schien der Staatsstreich sich unter Annos Führung zu einem vollen Erfolg auszuwirken und eine neue Zeit heraufzusteigen, wäre nicht in der Person A d a l b e r t s, des Erzbischofs von Hamburg-Bremen, der Gegenspieler aufgestanden.

ADALBERT VON BREMEN

Nach Herkunft, Veranlagung und Karriere war er der Antipode seines Kölner Rivalen. Er entstammte dem reich begüterten Geschlecht der Wettiner und repräsentierte damit ältesten deutschen Uradel. Durch seine Verwandtschaft mit den Ottonen – auch er zählte Ottos III. griechische Mutter Theophanu mit Stolz zu seinen Ahnen – war er den Reichsfürsten, ja dem Königshaus selbst durchaus ebenbürtig; er behauptete sogar, außer den Saliern und Wettinern gäbe es überhaupt keine anständige Familie mehr in Deutschland. Er war der Typ des hemmungslosen Grandseigneurs von gefährlicher Impulsivität und ein glühender Royalist. Der hochgewachsene Mann, der in seinem Lebenswandel als keusch und mäßig gerühmt wird, kannte aber keine Grenzen seiner Macht und verstand von wirtschaftlichen Dingen nichts. Zu stolz, für sich etwas zu erbitten – wie dürfte er bitten, wo er zu geben gewohnt sei, hat er einmal gesagt –, ruinierte er den reichen Besitzstand seiner Kirche vollständig, so glanzvoll sie sich unter seiner Führung auch nach außen entwickelte.

Mit dreißig Jahren Erzbischof, hatte er sich seinem Souverän Heinrich III. als Hüter des Königsgutes in Sachsen zur Verfügung gestellt und sich damit in unversöhnlichen Gegensatz zu dem Billunger Bernhard, dem sächsischen Herzog, gesetzt, der in ihm sogleich den unerwünschten „*Aufpasser*" sah. Das dort belegene Königsgut, wie es von den sächsischen Liudolfingern, den Ottonen eingebracht worden war, wurde von der billungischen Herzogsfamilie ebenso als ein ihr gebührendes Staatseigentum betrachtet, wie der sächsische Bauer sich daran gewöhnt hatte, in den königlichen Weiden und Wäldern öffentlichen Besitz zu sehen. Mit Adalberts Übernahme der erzbischöflichen Gewalt über Hamburg-Bremen wurde das sofort anders. Er bekannte sich als Treuhänder des Königs und bewog Heinrich III. zu einer seit langer Zeit unterbliebenen Besichtigungsreise nach Ostsachsen. Die Wut des eingesessenen Adels kannte keine Grenzen. „*Solange ich und meine Söhne leben, soll der Erzbischof keinen guten Tag mehr haben*", sagte der Billunger; man versuchte sogar ein Attentat auf den „Franken", wie man Heinrich III. in Erinnerung an Karl den Großen, den Sachsenbezwinger, nannte.

Aber Adalberts eigenartiges Genie, ein Gemisch aus Selbstherrlichkeit, Weitsicht, Phantasie und Idealismus, zeigte sich allen Schikanen und kleinlichen Gewaltmaßnahmen seiner Feinde gewachsen. Die Aufgaben der hamburgischen Kirche – die Heidenmission im skandinavischen Norden und slawisch-wendischen Osten – bewältigte er mit solcher Überlegenheit, daß der Geltungsbereich seiner Kirche in den letzten Lebensjahren Heinrichs III. bis nach Grönland und Island spielte. Erst unter der glanzvollen und mit großartigem Elan vorwärtsgetriebenen Missionsarbeit der Hamburger Kirche bekehrten sich nach mannigfaltigen Rückschlägen die Schweden und Norweger endgültig zum Christentum und erkannten in Adalbert ihren erzbischöflichen Herrn. In vollendeter Diplomatie hatte er sich ihrer Fürsten zu versichern verstanden, jener *„Könige aus altem Geschlecht, deren Gewalt jedoch von dem Volkswillen abhängt, denn was alle gebilligt haben, muß der Fürst bestätigen"*. Dabei gab es noch im elften Jahrhundert in Upsala einen goldenen Tempel, eine Art Nationalheiligtum, von dem ein Mönch sich erzählen ließ: *„In diesem Tempel betet das Volk die Säulen dreier Götter an, Thor, Wotan und Fricco. Thor hat den Vorsitz in der Luft, Wotan, das heißt die Wut, führt Kriege, Fricco spendet den Sterblichen Frieden und Lust. Sein Bild stellen sie mit einem ungeheuren männlichen Gliede dar, den Wotan formen sie gewappnet, wie die Unsern den Mars zu bilden pflegen, Thor aber scheint mit seinem Zepter den Jupiter darzustellen. Alle neun Jahre wird ein allen schwedischen Landen gemeinsames Fest gefeiert, die Könige und das Volk, alle schicken ihre Gaben nach Upsala; diejenigen, die das Christentum angenommen haben, kaufen sich durch ihre Geschenke von den Zeremonien los. Von jeder Gattung männlicher Geschöpfe werden neun geopfert und im Tempelhain* *aufgehängt, Hunde und Rosse neben den Menschen . . ."* Noch schwieriger gestaltete sich die wendisch-slawische Mission, die auch nur deshalb glückte, weil es Adalberts Staatskunst gelang, einen in christlichen Klöstern aufgezogenen Prinzen Gottschalk zum Schwiegersohn des dänischen Königs zu machen und dann dessen Anerkennung zum Fürsten aller Slawen durchzusetzen. Über die Stimmung gegenüber dem Christentum bei den Slawen berichtet ein überlieferter Ausspruch wendischer Pommern. *„Unter den Christen hackt man sich gegenseitig die Füße ab und sticht sich die Augen aus"*, so sagten sie zu den Missionaren, *„jeden Frevel übt der Christ am Christen. Eine solche Religion sei ferne von uns!"*

Die glanzvolle Stellung Hamburg-Bremens war während der Herrschaft Heinrichs III. nur einmal ernstlich bedroht, als der mächtige Dänenkönig Knut auch England in sein ganz Skandinavien umfassendes Nordreich einbezogen hatte. Er forderte nun vom Papst Leo IX. zum Dank für seine christliche Bewährung ein eigenes dänisches Erzbistum, also die Lösung aus der Oberhoheit Hamburgs. Leo geriet in eine schwierige Lage. Einerseits konnte der dänische Wunsch schlecht abgeschlagen, andrerseits der Freund des deutschen Kaisers und allmächtige Hamburger Erzbischof nicht vor den Kopf gestoßen werden. Aber Adalbert fand selbst die Lösung. Er sei mit der Begründung eines dänischen Erzbistums einverstanden, sagte er dem Papst, nur wünsche er, daß alsdann die Hamburger Kirche in ein übergeordnetes *„Nordisches Patriarchat"* umgewandelt würde. Es war ein Vorschlag von unerhörter Kühnheit, denn solche selbständigen

Investitur eines Bischofs durch den König

Patriarchate gab es nur in Jerusalem, Byzanz und Rom; der Hamburger Patriarch wäre dem Papst so gut wie gleichgestellt gewesen, was für die cluniazensischen Bestrebungen zur römischen Universalkirche völlig unannehmbar war.

Rom gab hinhaltende Antwort; erst Jahre nach Adalberts Tod, als sein Werk zusammengebrochen war, wagte man die Entscheidung im dänischen Sinne. Wären Adalberts Vorschläge zur Durchführung gekommen, die Weltgeschichte hätte anders ablaufen müssen, denn das „Nordische Patriarchat" bedeutete praktisch die Lösung Deutschlands von Rom. Adalbert wollte nicht mehr und nicht weniger als die Begründung einer von Hamburg dirigierten germanischen Kirche, deren Wirkungsbereich sich vom Harz bis Grönland, vom Rhein bis an die Weichsel zog. Er hätte es auch wohl zuwege gebracht, die Herrschaft Hamburgs bis an die Alpen auszudehnen, und damit eine Art von deutschem Papsttum begründet.

Mit solchen Plänen beschäftigt, lehnte er nicht nur die ihm von Heinrich III. angebotene Tiara ab und designierte für diese Würde einen seiner Untergebenen, er sprach es auch offen aus, daß der Herr der nordischen Kirche der wahre Apostelfürst sei. *„Wenn wir auch nicht Petri Namen führen"*, so sagte er, *„so haben wir doch mindestens dieselbe Gewalt, weil wir unsern Herrn und Meister niemals verleugnet haben!"*

Dem stolzen Adalbert fehlte jedes Gefühl dafür, daß solch ein Bekenntnis die glatte Absage an das mittelmeerländische Christentum bedeutete und schon deshalb nicht nur in Rom, auch bei der ganzen orthodoxen Christenheit als Blasphemie aufgefaßt werden mußte. Aber weder sein Kaiser und Freund noch irgendein anderer der Zeitgenossen hatte für solche Großartigkeit des Gedankenfluges ein kongeniales Verständnis, vielmehr munkelte man, der Erzbischof sei dem Größenwahnsinn nahe.

Dennoch gab Adalbert seine Pläne nicht auf, bis ihn der Tod Heinrichs III. aus allen Entwürfen riß und erkennen ließ, daß die Hamburger Kirche trotz allen äußerlichen Glanzes ohne den Schutz eines machtvollen Kaisers verloren war. Jede Sorge für ihre Sicherheit war ja außer acht gelassen: Adalberts blindes Vertrauen auf den Schutz seines Souveräns war schon so grenzenlos geworden, daß er die Stadtbefestigungen Bremens hatte niederlegen lassen, um die nötigen Steine für seine Prachtbauten zu gewinnen. In allem sollte ja das seinige die übrigen Erzstifte des Reiches überstrahlen, selbst rheinische Weinreben wurden auf dem Elbsande angebaut, obwohl sie niemals Früchte trugen!

Nun, da mit der Person des Kaisers auch die Reichsgewalt dahinzugehen schien, mußte die Hamburger Residenz eine leichte Beute der sächsischen Billunger werden, für die der Untergang des verhaßten Erzbischofs so etwas wie eine Ehrenpflicht bedeutete.

Die militärischen Mittel Hamburgs erwiesen sich sogleich als unzulänglich. Die Billunger nahmen dem Erzstift einen Hof, ein Gut, eine Grafschaft nach der anderen, bis Adalbert nichts übrigblieb, als sich auf demütigende Verhandlungen einzulassen. Es war noch als ein Erfolg zu bezeichnen, daß er den jüngeren der gewalttätigen Brüder wenigstens als Lehnsmann in ein Vasallenverhältnis brachte, wenn es auch hingenommen werden mußte, daß dieser hohnlachend die Zinszahlungen verweigerte. Damit war aber wenigstens äußerlich die Ruhe hergestellt.

Der luxuriösen Hofhaltung gingen nun endgültig die Mittel aus. Aber Adalbert konnte sich nicht einschränken. Um seine Gastereien zu bezahlen, an denen er selber kaum Anteil nahm, mußten die Altargeräte eingeschmolzen und die Kirchen aller Wertgegenstände beraubt werden. Auf sein wettinisches Erbteil hatte er zugunsten seiner Brüder schon vor Jahren für die Überlassung eines thüringischen Klosters verzichtet. Der bislang blühende Handelsplatz Bremen wurde von nun an von den nordischen Kaufleuten wegen der überhandnehmenden Unsicherheit gemieden, die Bürgerschaft verarmte. Aber Adalbert erkannte von alledem nichts. Es kam sogar so weit, daß nicht einmal das nötige Essen für die Hoftafel beschafft werden konnte. Man berichtet, daß der stolze Erzbischof schließlich vor seinem Haushofmeister floh, um dessen Geldforderungen zu entgehen. Aber der stöberte ihn in der Kapelle auf und sagte in aller Ehrfurcht, als der mißgelaunte Herr sich im Gebet durch sein Husten und Räuspern nicht stören ließ: *„Betet, Herr, daß Ihr heute etwas zu essen bekommt!"*

Aber noch einmal glaubte Adalbert seine Kirche retten und die großartigen Pläne wieder aufnehmen zu können: als er nun, einer der wenigen, der bei dem Staatsstreich von Kaiserswerth nicht die Hand im Spiele hatte, der Kaiserin seinen Staatsbesuch machte, ein deutlicher Protest gegen Anno und seine Hintermänner. Nichts konnte für diese unerwünschter sein als eine Besinnung auf das mit Füßen getretene Königsrecht. Um diese Gefahr abzuwenden und den Gegner zu gewinnen, antwortete der geschmeidige Anno mit der Einladung an Adalbert, die Regierung mit ihm zu teilen, und bot ihm den Titel „*Schutzherr des Königs*" an, während er sich selbst mit dem eines „*Erziehers*" begnügte. Adalbert glaubte, diese Chance ausnützen zu sollen, und stimmte zu.

DIE VORMÜNDER

Aber diese „*zum Schein geschlossene Freundschaft währte nur kurze Zeit, und obwohl die beiden vom Frieden redeten, so stritten ihre Herzen doch miteinander im tödlichen Haß*". Beide hielten den Augenblick für günstig, die alte Rivalität zwischen Köln und Hamburg nicht nur nicht zu begraben, sondern sich gegenseitig durch Versorgung ihrer Stifte aus Reichsmitteln zu übervorteilen. Aber „*der Kölner, den man der Habsucht zieh, legte alles, was er zusammenscharren konnte, in seiner Kirche an*", während Adalbert „*dies für unwürdig hielt*" und sein Verschwenderleben fortsetzte; denn, so sagte er, „*das Seine mit vollen Händen fortzuschenken, sei ein Zeichen wahren Adels*".

Bei diesem Wettkampf sollte Anno sich bald als der Überlegene erweisen; Adalbert wollte die großen Reichsabteien Lorsch und Corvey Hamburg unterstellen und scheute sich nicht, zum Nachweis seiner Ansprüche – obwohl das kaum notwendig war – meisterlich gefälschte Urkunden vorzulegen. Anno beschlagnahmte dagegen nicht allein Cornelimünster und Villich, er riß sogar das reiche Malmedy aus dessen traditioneller Verbundenheit zu Stablo, eine schwere Mißachtung des kanonischen Rechtes, und bewilligte sich obendrein gleichsam als Honorar für seine Mühewaltung den neunten Teil aus sämtlichen Reichseinnahmen!

Die übrigen Fürsten sahen dieser „Geschäftsführung" natürlich nicht tatenlos zu, sondern forderten auch für sich ihren Anteil. Rudolfs von Schwaben Bruder Adalbert, ein Schlemmer von so unerträglicher Fettleibigkeit, daß er nicht mehr gehen konnte und schließlich, wie es hieß, *„im eigenen Fett erstickte"*, erhielt das Bistum Worms; Rudolf selbst außerdem die Reichsabtei Kempten; der am lautesten schreiende Herzog Otto von Bayern wurde mit der großen Abtei Altaich zum Schweigen gebracht, nach und nach gingen weitere neun Reichsklöster mit ihren für die Aufrechterhaltung der Krongewalt unentbehrlichen Leistungen verloren und darüber hinaus eine Unzahl von Ortschaften, Gütern, Grafschaften und wertvollen Marktrechten. Was die Salier Konrad II. und Heinrich III. in vorausschauender Hausmachtpolitik zusammengetragen hatten, das beanspruchten die Vormünder Heinrichs IV. nun für sich oder verschenkten es als Schweigegelder. Während Anno dabei ganz systematisch vorging und nicht allein seine persönliche Bereicherung im Auge hatte, sondern ganz bewußt die Schwächung der Kronmacht auftragsgemäß betrieb, sah Adalbert in unwandelbarer Königstreue sein auf solche Weise bereichertes Erzstift nach wie vor als königliches Lehen an; was er sich nahm, blieb also Krongut; die Zwischenschaltung seiner persönlichen Verfügungsgewalt und die infolge seiner Verschwendungssucht damit verbundene Besitzzertrümmerung sollte an dieser Tatsache nichts ändern. Dieser allzu großzügige Grandseigneur brauchte eben Geld und immer wieder Geld – wo es her kam, war gleichgültig. „*Das Geld, das er empfing, wenn es auch noch so bedeutend war, verteilte er sogleich unter verrufene Personen, wie Gaukler, Ärzte und Schauspieler; seine Sitten verdarben immer mehr, da er vergab, was er hatte, und versprach, was er nicht hatte.*"

Ein Gefühl für „Untreue", das, was man heute Unterschlagung von Mündelgeldern nennen würde, fehlte ihm vollkommen. Vielmehr schien ihm alles, was er tat, vollauf gerechtfertigt, denn er glaubte wirklich im Interesse der Krone zu handeln. „*Alle schalt er wegen ihrer Treulosigkeit gegen den König, den er alleine aus Liebe zum Reich und nicht um persönlicher Vorteile willen zu schützen habe.*"

Als Anno endlich in seiner Eigenschaft als Reichsverweser zur endgültigen Bestätigung des Reformpapstes und formellen Absetzung des kaiserlichen nach Italien reiste, nahm Adalbert die Gelegenheit wahr, sich ganz des Königsknaben zu bemächtigen. Der junge Heinrich schloß sich ihm sogleich in warmherziger Zuneigung an; dieser Edelmann von glänzenden Manieren und königlichem Auftreten hatte eine ganz andere Art, den Jungen zu behandeln, als der kleinliche Anno mit seiner schulmeisterlichen Strenge. Er erfüllte ihm jeden Wunsch, der unreife Knabenwille war ihm königlicher Befehl. Er umgab ihn mit einem Kreis junger Leute, die den Vierzehnjährigen als ihren Altersgenossen behandelten und zum Kameraden ihrer Abenteuer machten. Man sagte böswillig, Adalbert habe den Knaben auf solche Weise bewußt entnerven wollen; man erinnerte sich an die Sittenlosigkeit der jungen Prinzen aus den Merowingerzeiten, die es für ein Zeichen königlicher Mannhaftigkeit gehalten hatten, wenn sie, wie auch Heinrich jetzt, schon mit vierzehn Jahren Vater wurden.

Adalbert, der sogar die Augen zudrückte, als die aus den Altargeräten herausgebrochenen Edelsteine in die Hände von Dirnen wanderten, war alles andere als ein Erzieher, gehörte vielmehr selbst unter Kuratel, mochte er auch bei aller Verschwendungssucht und Prachtliebe persönlich ein keusches und maßvolles Leben führen.

In allen Fragen, die den Glanz der Krone erhöhten, war er dagegen deren bester Sachverwalter. Als der deutsche Einfluß auf die ungarische Regierung durch Thronstreitigkeiten ins Wanken kam, veranlaßte er eine großartige Demonstration, an der auch Heinrich teilnahm. Das ganze Reichsheer marschierte auf und rückte, ohne nennenswerten Widerstand zu finden, in Ungarn ein; das königliche Ansehen ward eindeutiger denn je wieder hergestellt. Für Heinrich bedeutete das Manöver eine unauslöschliche Jugenderinnerung an die Unwiderstehlichkeit des deutschen Königtums. Adalbert war es aber auch, der seine Macht über sein Mündel nun dazu benutzte, im großen Gegensatz zu den fürstlichen, von Anno vertretenen Interessen, den königlichen Grundbesitz zusammenzufassen, der in Form von Gütern und Höfen, auf das ganze Reichsgebiet verteilt, sogenannte *„Dienstbarkeiten"* zu leisten hatte. Insbesondere lenkte er dabei seine Aufmerksamkeit auf den großen sächsischen Besitz der Krone, der am Hofe erst in unmittelbarem Zusammenhang mit seiner Investitur zum Hamburg-Bremensischen Metropoliten wieder in den Vordergrund des Interesses gerückt war. Nach Heinrichs III. Tod hatten die gebietenden Billunger geglaubt, diese von dem „Aufpasser" heraufbeschworene Gefahr für ihre Requisitionen noch einmal gebannt zu haben, aber jetzt, als Adalbert selbst alle Macht in Händen hielt, sollte sie in neuer Verschärfung wieder heraufsteigen. Adalbert gab darüber hinaus auch ganz offen zu erkennen, daß er seine Pläne wieder aufzunehmen gedenke, die auf den Ausbau seines Stiftes zum „Nordischen Patriarchat" hinzielten; *„große und unglaubliche Dinge"*, wie man es in *„Hammaburc"* nannte.

Die Erfahrungen der letzten Jahre hatten ihn aber gelehrt, daß solche Pläne erst reifen konnten, wenn sie auf realer Machtbasis aufgebaut waren. Er sah diese in einer festen Anlehnung seiner Kirche an die weltliche Territorialmacht im sächsischen Land, die den Herzögen zu entreißen und ihrem rechtmäßigen Besitzer, der Krone, wieder zuzuführen war. Der alte Streit zwischen Herzogs- und Königsmacht in Sachsen mußte nun endlich zugunsten des Thrones entschieden werden, damit das Zentrum einer selbstbewußten deutschen Nationalkirche mit ihrem Wirkungskreis über alle skandinavischen Länder vom italienischen Rom auf das nordische Hamburg übergehen konnte.

DIE SÄCHSISCHEN KRONGÜTER

Auf Adalberts Initiative wurde jetzt eine Aufstellung des Krongutes angefertigt, wie es aus dem früheren Privatbesitz der Könige fränkischen, sächsischen und bayrischen Geblütes, der Karolinger, Ottonen und Heinrichs II., aus den drei Herzogtümern eingebracht war und unzweifelhaft der Verfügungsgewalt der deutschen Krone unterlag. Selbstverständlich nahmen die rheinischen Kleriker es bei dieser Aufstellung der „*königlichen Küchengüter*" mit dem „Recht" nicht allzu genau. Der aus der Schule des Mainzer Stuhls hervorgegangene und in den königlichen Kanzleidienst übernommene sogenannte „*Mainzer Diplomat*", der sich sein Leben lang im Dunkel der Anonymität zu halten verstanden hatte, obwohl er bis zum Tode Heinrichs IV. dessen gewandtester Stilist und zuverlässigster Mitarbeiter war, scheute sich durchaus nicht, seine Fähigkeiten auch zu meisterhaften Urkundenfälschungen auszunutzen, um der Krone zu dienen. Es kam ja bei den Prozessen des elften Jahrhunderts viel weniger darauf an, die „objektive Wahrheit" zu finden, als ein vermeintliches Recht so glaubhaft wie möglich nachzuweisen, so daß der richterlichen Weisheit letzter Schluß vielfach nur noch im „Gottesurteil" lag. Hier handelte es sich nun um den Nachweis des Kronbesitzes von schon fiskalisch zu nennendem Charakter, nicht etwa des Privatvermögens der Salier. In dem allgemeinen Chaos der Vormundschaft wollte es scheinen, als solle auch diese letzte Einnahmequelle der Krone, eine Art von „Zivilliste", in der Vergeudungsorgie mit Reichsabteien und Bischofspflichten untergehen. Diese Feststellungen waren um so notwendiger, als man in der Hofkanzlei selber nicht mehr wußte, was der König denn eigentlich besaß. Bei der Vergebung eines Gutes an die Hildesheimer Kirche mußte der ausdrückliche Vorbehalt gemacht werden, daß die Schenkung nur für zweihundert Hufen – nach heutiger Rechnung etwa achttausend Morgen – verstanden sei; umfasse das Gut weniger, so solle Hildesheim entschädigt werden, andernfalls fordere der König den Überschuß zurück. Die Größe der Güter interessierte eben viel weniger als ihr Ertrag, die Anzahl der „Dienstbarkeiten", die eine feststehende Einheit darstellten. Sie wurden in Anpassung an die Bodenverhältnisse nach den einzelnen Reichsgebieten gesondert berechnet und stellten die Noten für den Wert landwirtschaftlicher Pachtungen dar. Eine einzelne solcher Dienstleistungen („Servitium") bestand für das reiche Sachsen, *„an Frieden und Fruchtbarkeit einem blühenden Paradiese vergleichbar"*, aus: 30 großen Schweinen, 3 Rindern, 5 Ferkeln, 50 Hühnern, 50 Eiern, 90 Käsen, 10 Gänsen, 5 Fudern Bier, 5 Pfund Pfeffer (oder dessen geldlichen Gegenwert), 10 Pfund Wachs und der Heranschaffung des Weines, *„wie er überall in den königlichen Kellern Sachsens liegt"*. Eine fränkische und bayrische Dienstbarkeit umfaßte je 5 Rinder, 40 Schweine, 7 Ferkel und statt des hier noch nicht landesüblichen Bieres 4 Fuder Wein. Jedes der 20 in Sachsen belegenen Krongüter hatte im Durchschnitt 21 solcher Einheiten aufzubringen, die 21 fränkischen dagegen nur 8, die 12 bayrischen sogar weniger als 3, die sächsischen also insgesamt 420 Dienstbarkeiten gegen 168 fränkische und 36 bayrische. Die Bedeutung des sächsischen Krongutes war also für sich allein mehr als doppelt so groß wie die aller übrigen!

Der Umfang des Reichsgebietes und die zunehmende Bedeutung von Gold, Silber, Geld und Kolonialprodukten von bestimmtem Tauschwert, wie beispielsweise des Pfeffers, hatten eine Eigenbewirtschaftung der Güter nach karolingischer Vorschrift durch königliche Gutsverwalter im Laufe der Zeit verfallen lassen und an ihre Stelle fast durchweg eine der Lehnsvergebung schon ähnliche Verpachtung gesetzt, ja auch diese war in dem „unbeaufsichtigten" Sachsen mehr und mehr verlorengegangen.

Um so empfindlicher wurde die sächsische Aristokratie nunmehr von Adalberts Bestrebungen getroffen, der die straffe Organisation des gewaltigen, aus dem Besitz des ausgestorbenen sächsischen Kaiserhauses stammenden Krongutes mit feuriger Energie betrieb. Der Edelmann, der es für unter seiner Würde hielt, seine eigenen Finanzen in Ordnung zu halten, begriff als königlicher Sachwalter besser als alle seine Zeitgenossen den Unterschied zwischen Kapital und Ertrag. Hatten die Könige bislang durch dauernde Vergebung aus diesem Gut vor allem an die Bischöfe geradezu vom Vermögen leben müssen – auf diese Weise die Zeche für deren Bewirtungspflicht bezahlend –: Adalbert wollte die Krone nun von diesem durch Annos Verfügung ohnehin übermächtig drohenden bischöflichen Einfluß befreien und mußte ihr daher zwangsläufig andere Unterhaltsmöglichkeiten, eben die Gutserträgnisse, sichern. Es war eine entschlossene Rückkehr zu den Finanzierungsmethoden Ottos des Großen, von dem es heißt, daß er *„an einzelnen Tagen"* Dienstleistungen aus dem Königsgut für seinen Unterhalt benötigte, die einem heutigen Wert von etwa fünfzigtausend Mark entsprachen! Eine bischöfliche „Bewirtungspflicht" gab es damals ja noch nicht.

Während die Leistungen der fränkischen und bayrischen Güter noch ungestört eingingen, bedurfte deren Sicherstellung in Sachsen gewalttätiger Eingriffe. Die Beanspruchung des Königsgutes als öffentlicher Besitz war allenthalben Gewohnheitsrecht geworden, da sich die Krone ja seit Generationen nicht mehr darum gekümmert hatte. Adalbert fand in dem Hildesheimer Dompropst Benno die geeignete Persönlichkeit für die Durchführung des großen Aufbauwerkes. Als Bischof des im Mittelpunkt Sachsens belegenen Stiftes Osnabrück erhielt er nun diktatorische Vollmachten.

Dieser Benno, der berühmteste Bautechniker seiner Zeit, der den Speyerer Dom vor dem Einsturz bewahrt und an seinem Ausbau maßgebend mitgewirkt hatte; der glänzende Landwirt und Organisator der Hildesheimer Mustergüter, der verschlagene Jurist; der mit Hilfe meisterhafter Urkundenfälschungen ebenso wie durch Anrufung des *„Königsgerichtes"*, das nur königliche Zeugen zuließ, der Krone nun alle Prozesse gewann: dieser Sachwalter der königlichen Interessen wurde zur Personifizierung des „neuen Kurses", wie er mit jäher Plötzlichkeit über die Sachsen hereinbrach. Zu seiner Durchführung mußte Adalbert auch die letzten Schleier zerreißen, die noch vor dessen Alleinherrschaft hingen.

DER KLEINE KÖNIG

Heinrich, ein schmalbrüstiger, hoch aufgeschossener, Jüngling, dunkelhaarig, mit großen schwermütigen Augen und langen Gliedern, dieser ebenso vergötterte wie verhaßte Königsknabe, war noch nicht fünfzehn Jahre alt, als Adalbert seine feierliche „Schwertleite", die Mündigsprechung, besorgte. So sicher war er seinem Einfluß nun schon unterworfen, daß der „Beschützer des Königs" es wagen konnte, dieses Amt mit dem eines ersten Ratgebers zu vertauschen; nur so konnte er ja die von Anno wieder angemeldeten Ansprüche auf die Führung der Reichsgeschäfte ausschalten. War der Kölner auch „*oft durch heftigste Feindschaft mit dem König entzweit*", Heinrich unterlag doch immer wieder seiner gefürchteten Autorität, dieser schulmeisterlichen Strenge des „Königserziehers", die er nach dem Raube von Kaiserswerth in ohnmächtiger Knabenwut über sich hatte ergehen lassen müssen. Zu Adalbert aber, der immer wieder gesagt hatte, „*er sei ein Tor, wenn er nicht seinen Begierden freien Lauf ließe*", flossen die Ströme fast schwärmerischer Sympathie. So kam es auch, kaum hatte als erster Reichsfürst der „bärtige" Gottfried ihm das Schwert umgegürtet, daß der Jüngling die Waffe gegen Anno zückte; er hätte ihn auf der Stelle erschlagen, wäre der von solchem Haß und urgründiger Wildheit entsetzte Alte nicht zurückgesprungen. Erst die Ermahnungen seiner zu der Feier aus Rom erschienenen Nonnen-Mutter vermochten den Rasenden schließlich zu beruhigen. Heinrich, der seiner Mutter entrissen, von Anno fast wie ein Gefangener gehalten, von Adalbert in beispielloser Verwöhnung verzogen war: dieser herrische Junge hat das von seiner Zeit als höchste irdische Tugend gepriesene „*mâze*", das Maßhalten, nie gelernt. Die wilde Gegensätzlichkeit seiner Erziehung hatte alle Ansätze zur einheitlichen Formung bald zerstört und in seiner trotz aller Verwöhnung empfindsam gebliebenen Seele nur das Gefühl für seine königliche Majestät hinterlassen. Aus den Schwingungen einer in die Sterne greifenden Jünglingsschwärmerei ward er in Dirnenarme heruntergerissen, die Verpflichtung zum Lernen, um – wie sein Vater es gewesen war – ein gebildeter, fast gelehrter Mann zu werden, verlief sich nur allzubald im Kreis roher Gespielen. Dennoch hat sein rasch auffassender Geist das Lesen ebenso vollständig wie die lateinische Sprache erlernt. Als Reflex seiner von Interessenkämpfen hin und her gezerrten Kindheit bildete sich an Stelle des in sich gegründeten Charakters nur temperamentvolle Sprunghaftigkeit, die ihn von einem Extrem ins andere jagte. Statt erfüllender Kraft formte sich ein Hang zum Phantastischen und daraus wieder ein überraschender Ideenreichtum, der in seinem wogenden Überfluß die klare Linie unverkennbaren politischen Instinktes noch überspülte.

Dieser Knabenkönig wollte die treue Reichsstadt Trier sogleich „*entvölkern*", als ihre Bürger – wie die Kölner zum Selbstbewußtsein erwacht – den Anno-Neffen Konrad erschlugen, den Heinrich soeben, dem harten Willen seines Schulmeisters noch einmal unterworfen, zum Erzbischof ernannt hatte: aber sofort versöhnte ihn wieder die Bitte der Trierer, ihnen Udo von Nellenburg zum Metropoliten zu geben, den Sohn eines ausgezeichneten Hofministers

Eberhard. Der vor Wut schäumende Anno blieb ungerächt.

Um den zwischen seinem Vater und der mächtigen Herzogin Adelheid von Savoyen geschlossenen Staatsvertrag zu erfüllen, mußte der eben fünfzehnjährige König nun deren Tochter Berta heiraten, die wie seine Schwester am Hofe aufgewachsen war. Aber es wurde eine Kindertragödie, denn die Hochzeit fand wohl mit dem üblichen Pomp statt, aber das die Ehe erst gültig begründende öffentliche Beilager mußte ausfallen, weil Berta noch zu jung dazu war. Statt sich aber nun in das Unvermeidliche zu schicken und wenigstens den Schein zu wahren, glaubte Heinrich mit der formellen Eheschließung seine politische Pflicht erfüllt zu haben und ignorierte seine kleine „Gemahlin" auch weiterhin. Sei es, daß Berta nun ihr Recht forderte oder Heinrichs unsittliches Leben als unerträglichen Skandal empfand: die beiden kamen schließlich zu dem Entschluß, sich in aller Form wieder scheiden zu lassen.

Es hat etwas Rührendes zu lesen, wie Heinrich sich nun sofort seinen Fürsten stellte, nachdem er den Mainzer Siegfried durch das Versprechen, ihm bei seinen Forderungen auf den Thüringer Zehnten behilflich zu sein, als Anwalt gewonnen hatte. *„Nachdem ich lange die Augen der Menschheit getäuscht habe, will ich sie nun nicht mehr länger blenden"*, so erklärte der Jüngling treuherzig der Versammlung, *„ich zeihe die Königin nicht etwa eines Verbrechens, das mir das Recht auf Scheidung verleiht. Ich kann tatsächlich nichts anderes gegen sie vorbringen, als daß uns der eheliche Verkehr unmöglich ist. Ich bitte daher, uns beide von der Fessel zu* *befreien, damit ein jeder von uns eine andere glücklichere Ehe führen kann.*" Er fügte dann seine eidliche Versicherung hinzu, daß Bertas Jungfräulichkeit unberührt geblieben sei, und auch Berta beschwor die Richtigkeit dieser Tatsache.

So etwas war nun allerdings einer Fürstenversammlung noch niemals vorgekommen. Zwar hatte eben erst Rudolf von Schwaben sich von seiner zweiten Gattin, der Schwester Bertas, scheiden lassen, und auch Ekbert von Meißen war nur durch seinen plötzlichen Tod an der Durchführung seiner schon eingeleiteten Scheidungsklage verhindert worden: aber beide hatten, sicher mit Unrecht, ihren Gattinnen Treubruch vorgeworfen. Hier aber gab der König für seine Gemahlin obendrein noch eine Ehrenerklärung ab und begründete die Klage mit Imponderabilien, für die das elfte Jahrhundert nicht das geringste Verständnis besaß. Die Entscheidung war damit keine Rechtsfrage mehr, sondern eine kirchliche.

Man erklärte sich für inkompetent und beauftragte Siegfried, dem Heiligen Vater die Angelegenheit zu unterbreiten. Nicht ohne Verlegenheit entledigte er sich dieses Auftrages und schrieb, er selbst sei durch den einmütigen Willen der beiden Ehegatten so verwirrt worden, daß er das Recht nicht habe finden können. Von den Zusagen Heinrichs über Thüringen schrieb er allerdings nichts.

Papst Alexander und sein Erzkanzler Hildebrand benutzten gern die Gelegenheit, in einer so wichtigen Sache ihren Schiedsspruch abzugeben, und entsandten den bewährten Damiani als ihren bevollmächtigten Legaten nach Deutschland. Es kam zu einer allgemeinen Synode, die der Kardinal mit einer feierlichen Ermahnung an Heinrich eröffnete. Sein Wunsch, so sagte er, sei mit der königlichen Würde ganz unvereinbar. Wenn er schon die Heiligkeit der Ehe mißachte, so dürfe er als König dennoch nicht durch solches Vorbild die ganze Christenheit beflecken. Der Heilige Vater würde daher niemals seinen Dispens erteilen und müsse, wolle Heinrich etwa gewaltsam seinen Willen durchsetzen, mit Kirchenstrafen gegen ihn einschreiten. Er sprach so überzeugend, daß die Versammelten die Bitte äußerten, der König möge seinen Wunsch doch fallen lassen. Man wies dabei auch auf den schlechten Eindruck hin, den die Scheidung auf seine Schwiegermutter, die Herzogin von Savoyen, machen müsse. Sie sei ja selbst dreimal verheiratet gewesen, warf Heinrich ein. Das spiele keine Rolle, meinte man, die brutale Frau scheue vor keiner Gewalttätigkeit zurück, wie sie eben erst bewiesen habe, als sie die aufsässigen Bürger einer ihrer Städte in den Kirchen, in die sie vor den Schergen geflüchtet seien, einschließen und diese dann verbrennen ließ. Die dem König nun einmal anvertrauten Reichsinteressen dürften durch seine persönlichen Wünsche keinen Schaden leiden.

Solchen begründeten Vorstellungen gegenüber blieb Heinrichs politischer Sinn nicht verschlossen. *„Mehr gebrochen als gebeugt"*, sagte er nur noch: *„So werde ich mich eben ins Unvermeidliche schicken müssen, wenn das eure unumstößliche Ansicht ist, und die Last weiter herumschleppen, die ich nicht loswerden kann."*

Dann verließ er schleunigst die Versammlung und sprengte im Galopp davon. Es war, wie es hieß, eine regelrechte Flucht, *„weil er das Antlitz seiner Gemahlin nicht mehr* *ertragen zu können glaubte"*. So überstürzt war diese Flucht, daß er sogar die Reichsinsignien liegen ließ. Aber die gütige Berta nahm sie an sich, brachte sie dem über den Verlust schon ganz Untröstlichen nach Goslar und gebar im nächsten Jahr den ersten Sohn.

ADALBERTS STURZ

Kaum war die Nachricht von Heinrichs Mündigsprechung nach Italien gelangt, als die Kaiserlich-Konservativen neue Hoffnung schöpften. Endlich sei der ersehnte Zeitpunkt herangekommen, so meinten sie, der dem revolutionären Treiben Hildebrands ein Ziel setze und die wankende deutsche Herrschaft in Italien wieder befestige. Cadalus, der in Basel von Agnes rechtmäßig bestellte, von Anno im Stich gelassene und nun sogar gebannte Papst, entsandte sogleich aus seinem lombardischen Hauptquartier den *„getreuesten Bruder Benzo"*, der ihm durch sein Verhandlungsgeschick vor vier Jahren Rom erobert hatte, nach Quedlinburg an den Königshof. Adalbert sah diese offizielle Fühlungnahme höchst ungern, weil sie vor Anno und seinen fürstlichen Freunden unmöglich geheim zu halten war. Noch war ja die Zeit nicht gekommen, um wieder offen die Königsmacht spielen zu lassen, die nach der zehnjährigen Vormundschaft nur noch einem Schemen glich. Eine offene Stellungnahme für Cadalus, wie Benzo sie fordern würde, war aber nichts anderes als die Kampfansage an die mächtige, von Anno geförderte Reformpartei Hildebrands. Mit Sicherheit konnte darauf gerechnet werden, daß die Mehrheit der Reichsfürsten einer solchen Politik ihre Unterstützung versagen und diese erste Regierungshandlung des mündigen Königs ihm womöglich schon die Krone kosten würde. Für den Kampf gegen die Reformer war die Zeit noch lange nicht reif.

So unterbrach Heinrich geschickt Benzos Vortrag, den er während der ihm nicht zu verweigernden Staatsaudienz halten wollte, mit dem liebenswürdigen Bemerken, er möge sich nun erst einmal acht Tage von seiner anstrengenden Reise erholen, und hob die Sitzung auf. Aber dann wurde der Italiener zu einer geheimen Aussprache herangezogen, der nur Adalbert und einige zuverlässige Räte beiwohnten. Hier konnte dieser unermüdliche Vorkämpfer für die königliche Sache seiner drolligen Beredsamkeit freien Lauf lassen. Mit sarkastischem Humor schilderte er die Lage Italiens und suchte seine Zuhörer davon zu überzeugen, daß jetzt oder nie die Gelegenheit geboten sei, das Deutschtum noch einmal gegen Normannen und Cluniazenser zur Geltung zu bringen. *„Ihr singt andere Litaneien als wir!"* sagte er, *„Wir singen: ‚Von allen Übeln erlöse uns, Herr!' Ihr aber singt: ‚Von allem Guten erlöse uns, Herr! Vom Römischen Reich erlöse uns, von Apulien und Kalabrien, von Benevent und Capua, von Salerno und Amalfi, von Neapel und dem reichen Sizilien erlöse uns, lieber Herre Gott!'"* Seine Ironie sollte für die deutschen Geschicke zur tragischen Wahrheit werden!

Er setzte auseinander, wie gefährlich Hildebrands Macht anwachse, weil er das römische Volk mehr und mehr für sich gewinne, daß heute aber noch das reiche Byzanz als Bundesgenosse gegen ihn und seine hochverräterische

Normannenpolitik zu gewinnen sei. Aber es wäre ja doch alles vergebens, so seufzte er auf, denn Heinrich vertraue ja immer noch einem Anno, der *„so häufig mit Hildebrand heimlich verkehrt. Doch jetzt bist du, Gott sei Dank, zu den Jahren der Reife gelangt, jetzt hast du zu zeigen, ob du die väterliche Erbschaft verteidigen kannst!"*

Anfangs hatten seine Zuhörer sich mehr über ihn amüsiert, als ihn ernst genommen, *„es lachte der König, es lachte der Erzbischof"*, aber schließlich nach tagelangen Verhandlungen erkannten sie, daß er recht hatte. Heinrich bestürmte den immer noch widerstrebenden Adalbert, seine Zustimmung zum alsbaldigen Aufbruch nach Italien zu geben, um bei dieser Gelegenheit die Kaiserkrone zu erlangen. Aber Adalbert konnte seine Bedenken nicht aufgeben. Zu einer solchen Heerfahrt waren alle Fürsten, also auch der mit Anno konspirierende Gottfried, aufzubieten, an einen Sturz der Reformpartei durfte schon deshalb garnicht gedacht werden, vielmehr konnte Heinrich nach Lage der Dinge die Kaiserkrone, wenn es überhaupt dazu kommen sollte, nur aus den Händen Alexanders empfangen, der damit endgültig anzuerkennen sei. Der guten Sache des Cadalus war damit durchaus kein Dienst erwiesen, vielmehr das deutsche Königtum auf das revolutionäre Programm der Reformer festgelegt. Die Fahrt schon jetzt zu unternehmen, bevor die königliche Macht in Deutschland sich neu gefestigt hatte, hieß nichts anderes als die Geschäfte Annos besorgen, in dessen Rompolitik die antiköniglichen Tendenzen unverkennbar waren. Er hatte ja schon an Hildebrand geschrieben, er wünsche nichts mit denen zu tun zu haben, die *„glauben, sie hielten* *mit dem Reich das Papsttum in den Händen, während doch beides gar keine Beziehungen hat!"*

Als nun aber noch ein Schreiben des päpstlichen Damiani einging, das mit den Worten endete: *„Gott lasse Dich demnächst vom königlichen zum kaiserlichen Range emporsteigen"*, war Heinrich nicht mehr zu halten, und Adalbert mußte nachgeben. So wurde Benzo mit dem Range eines Königsboten ausgestattet und beauftragt, die bevorstehende Romfahrt des Königs in Italien bekanntzumachen, die er zum Zwecke der Kaiserkrönung und *„Ordnung der Verhältnisse im Sinne unseres glorreichen Vaters"* mit großer Heeresmacht alsbald unternehmen werde.

Die Nachricht brachte ganz Italien in Bewegung. Am Lateran erregte die Tatsache bedeutsames Unbehagen, daß der Entschluß unzweifelhaft auf die Bemühungen der Kaiserlich-Konservativen zurückzuführen war, und Damiani erhielt von Hildebrand eine scharfe Rüge für seinen eigenmächtigen Brief, der die Kurie auf die Krönung festzulegen schien. Desiderius, der vielgewandte Abt von Monte Cassino, bereitete sich würdig auf seine diplomatische Vermittlertätigkeit bei den Normannen vor und reiste eigens nach Amalfi, um für Heinrich ein königliches Geschenk, zwanzig seidene Gewänder, zu besorgen. In der Lombardei frohlockte man und hörte schon deutlich die Befreiungsstunde vom verhaßten Joch der Cluniazenser schlagen.

In zwei Heeressäulen sollte das ganze Reichsheer den Vormarsch über die Alpen antreten, die eine unter Heinrich und Adalbert über den Brenner, die andere über den Mont Cenis unter Gottfried von Lothringen und Anno;

schon war der Marschbefehl an Gottfried erteilt, da *„kam in großer Eile ein Bote von Augsburg, fünf Tage vor unserem Abmarsch bei uns an"*, so berichtet Anno pflichtgemäß nach Rom, *„und ließ uns von unserem Herrn und König wissen, daß die Heerfahrt auf den nächsten Herbst vertagt worden sei"*.

Im allerletzten Augenblick hatte Adalbert sich doch noch durchgesetzt, nachdem der Versuch gescheitert war, Anno und Herzog Gottfried zum Zurückbleiben zu veranlassen. *„Wir konnten doch nicht zu Hause bleiben"*, schreibt Anno entschuldigend an den Papst, *„um ihn alleine nach Italien zu lassen. Er glaubte nämlich auch ohne unsere Anwesenheit die Dinge hinreichend ordnen zu können."*

Wie berechtigt Adalberts Bedenken gegen diesen voreiligen Zug gewesen waren, sollte sich nur allzubald erweisen. Hatte der junge Heinrich nur an den Glanz der Kaiserkrone gedacht, so war es dem erfahrenen Politiker Adalbert klar gewesen, daß die angestrebte Wiederherstellung der Einheit zwischen König und Papst nur noch mit umgekehrtem Vorzeichen hätte bewerkstelligt werden können. Die Anerkennung des Reformprogrammes wäre die Mindestbedingung des Papstes für die Krönung gewesen, das hieß aber auch seine Entlassung aus der kaiserlichen Souveränität. Nichts konnte aber die ersehnte Wiederherstellung der deutschen Königsmacht empfindlicher stören als eine solche Stärkung eines dann überragend werdenden Bundesgenossen der auf die Vernichtung der Krongewalt hinzielenden Fürstenpolitik. Mit seiner Absage hatte Adalbert also im allerletzten Augenblick die Schlinge doch noch zerrissen, die Anno und seine Freunde dem ahnungslosen König gewunden hatten.

Die ganze Wut der enttäuschten Fürsten sollte sich jetzt gegen Adalbert richten, dessen Einfluß endlich gebrochen werden mußte. Schon wurde es klar, was er in Sachsen plante. Der sächsische Bayernherzog Otto von Nordheim merkte es ebenso wie die Billunger, denn der neue Bischof von Osnabrück kümmerte sich bei seinem Bestreben, das Königsgut zusammenzufassen, um keinerlei Proteste des eingesessenen Adels und betrieb an Hand unumstößlicher Titel eine Generalrevision des gesamten sächsischen Grundbesitzes. Sollte man zusehn, bis der ottonische Reichtum für den Franken wiederhergestellt und Adalberts Erzstift zum Rom des Nordens gemacht worden war?

Die drei Großfürsten Gottfried von Lothringen, Otto von Bayern und Rudolf von Schwaben verabredeten sich mit Anno und dem Mainzer Siegfried zu Adalberts Sturz. Noch verfügten sie im Reich über die vollziehende Gewalt, gegen ihren einheitlichen Willen hatte die Krone keine Macht, sich durchzusetzen. Aber es wurde höchste Zeit zum Einschreiten, sollte der Schlag von Kaiserswerth seinen Sinn behalten.

So kam es zu einem in der deutschen Königsgeschichte noch nicht dagewesenen Vorgang: Heinrich, der mit Adalbert in Goslar weilte, wurde von seinen Vasallen aufgefordert, sich in Tribur am Rhein einzufinden, um hier vor den versammelten Reichsfürsten die verbindliche Erklärung abzugeben, daß er den Erzbischof von Bremen aus seinen Ämtern entlasse. Sollte er nicht erscheinen oder sich weigern, so möge er die Krone niederlegen. Es war ein regelrechtes Ultimatum, das ebenso brutal die beschworene Treue gegen den König wie das gültige Recht überhaupt beiseite schob. Abgesehen davon, daß es nur einen Präzedenzfall für die Absetzung eines Königs gab, wäre eine solche auch nur nach gründlicher Untersuchung im ordentlichen Gerichtsverfahren denkbar gewesen.

So ungeheuerlich wirkte die Nachricht in Goslar, daß Adalbert an den Ernst der Lage nicht glauben wollte; er machte sich gemeinschaftlich mit Heinrich sogleich nach Tribur auf, fest davon überzeugt, es müsse seinem persönlichen Auftreten unzweifelhaft gelingen, die beleidigte Königsehre wieder herzustellen. Aber die geschlossene Einheitsfront der Herzöge und Erzbischöfe zeigte sich völlig unerbittlich. Wie ein gemeiner Verbrecher wurde Adalbert abgekanzelt, der den König durch *„Teufelskünste"* an sich gefesselt, der als *„der gemeinsame Feind von jedermann"* die Reichsabteien Lorsch und Corvey in eindeutiger Habsucht an sich gerissen habe und in nun schon verblendetem Machthunger den Heiligen Vater absetzen wolle! Hier stand die rohe Gewalt der neuen Machthaber des Deutschen Reiches zum erstenmal dem heiligen Königsrecht gegenüber und stieß den Abtrünnling Adalbert erbarmungslos aus ihrer Reihe.

Heinrich erbat sich Bedenkzeit bis zum nächsten Morgen, die schließlich gewährt wurde. In der Nacht raffte er die mitgeführten Schätze zusammen, um mit Adalbert heimlich nach Goslar zu entfliehen und damit der demütigenden Erklärung auszuweichen. Aber der Plan scheiterte an der Wachsamkeit der Rebellen, deren Gefangener der deutsche König nun schon war. Mit brutaler Gewalt trat man den Flüchtlingen entgegen, der alte Adalbert wurde ergriffen, mißhandelt und schließlich mit

Fußtritten aus der Pfalz gejagt. Das einzige, was der mutige Knabenkönig für ihn erwirken konnte, war die Gestellung eines königlichen Geleites, das den gebrochenen Fürsten nach Hamburg brachte.
Aber hier war er seines Lebens erst recht nicht sicher. Den Billungern genügte die Demütigung des Verhaßten nicht, sie wollten seiner Person habhaft werden, womöglich um ihn, wie sie es unlängst mit einem seiner Ritter getan, zwischen zwei Hunden an den Füßen aufzuhängen. Bei Nacht und Nebel mußte der Unglückliche fliehen, um sich von nun an in der Nähe von Goslar verborgen zu halten, während die Billunger seinen Besitz unter sich teilten.
Bald darauf mußten sie aber ebenso überstürzt die Flucht ergreifen, denn die Ereignisse waren inzwischen auch im ostelbischen Slawenlande bekanntgeworden und hatten hier die ganze Wildheit des von Adalbert meisterhaft niedergehaltenen Heidentums aufflammen lassen. Hamburgs zuverlässiger Freund, der christliche Slawenkönig Gottschalk, wurde ermordet, seine Gattin, die Tochter Knuts von Dänemark, in *„Michilinburg"* (Mecklenburg), *„der Stadt der Obotriden, aufgestöbert, mitsamt ihren Frauen halbtot gepeitscht und nackend aufs Feld getrieben"*. Wie vor dreihundert Jahren die sächsischen Zwangschristen unter ihrem Herzog Widukind die fränkischen Priester erschlagen hatten, so opferten nun die Slawen ihrem Gotte Redigast die sächsischen Missionare. In wenigen Tagen war das Lebenswerk Adalberts vernichtet, alle Kirchen und Missionsstationen in Flammen aufgegangen. Dann wälzte sich das Verderben über die *„Veste Hamaburc"*, die

man von Grund auf zerstörte. Zur „*Verhöhnung unseres Erlösers wurden selbst die Kreuze verstümmelt.*"

Zu spät erkannten nun auch die Billunger, wie eng ihr eigenes Wohl mit dem einer mächtigen Hamburger Kirche verbunden war. An Stelle des heiligen Gottesfriedens, der sich von der Elbe bis tief ins Weichselland gebreitet hatte, trat nun wieder der wilde Grenzkrieg, bei dem die Heiden den sächsischen Herzog Ordulf so oft besiegten, „*daß er selbst den Seinen zum Gespött wurde*".

Über den Adalbert jener Tage schrieb der feinsinnige Chronist in seine „Begebenheiten der Hamburgischen Kirchengeschichte": „*Sein Wesen, das schon immer von den Gewohnheiten anderer Sterblicher abgewichen war, begann etwas Unheimliches, Menschenunähnliches anzunehmen. Von Scham, Zorn und Schmerz gebeugt, ratlos, wie er die verlorenen Besitzungen der Kirche wiedergewinnen sollte, von Kummer und Bedrängnis zerdrückt, verlor er, ich wage nicht zu sagen, den Verstand, aber doch die Herrschaft über sich selbst . . .*"

ROM

Auf Annos Betreiben beschloß man in Tribur, daß von nun an die „*listigen Angriffe gegen den Papst*" aufhören müßten und eine Gesandtschaft sich in Rom für die vielen Beleidigungen entschuldige. Als der triumphierende Erzkanzler sich aber allzulange bitten ließ, die Führung selber zu übernehmen, bestimmte die Versammlung statt seiner kurzerhand den Herzog von Bayern. Der erschreckte Reichsverweser mußte seine ganze Beredsamkeit aufbieten, um schließlich doch noch mitgenommen zu werden. Der Sinn der ganzen Gesandtschaft, den Papst zu einer Sanktion der Beschlagnahme von Malmedy zu bringen, war nun womöglich ins Gegenteil verkehrt. Zwar hatte Papst Alexander bereits eindeutig die Untrennbarkeit Malmedys von Stablo anerkannt, aber Anno rechnete auf seine Gesinnungsänderung, wenn der deutsche *„Erzkanzler des römischen Stuhles"* erst einmal bindende Zusagen für die künftige Kirchenpolitik der Krone bot.

Er mußte in Rom eine bittere Enttäuschung hinnehmen. Alexander machte ihn für die Zweideutigkeiten der Reichspolitik vollauf verantwortlich und empfing den amtlichen Vertreter des deutschen Königs überhaupt erst, nachdem er büßend und barfuß durch die Heilige Stadt gewandert war. Aber damit nicht genug: seine Ansprüche auf Malmedy wurden ebenso abgewiesen wie sein Antrag, den gegen seinen Willen zum Erzbischof von Trier ernannten Udo wegen Simonie zu verurteilen. Zu guter Letzt sprach man ihm sogar noch seine Erzkanzlerwürde ab. Er sei *„dem angeborenen Haß und der Überhebung der Italiener"* zum Opfer gefallen, so glaubte er diesen schweren Mißerfolg erklären zu sollen.

Aber auch Siegfried von Mainz, der andere Sieger von Tribur, sollte in Rom nur Enttäuschungen erfahren, als er durch eine Gesandtschaft den päpstlichen Wahrspruch in Sachen des Thüringer Zehnten herbeizuführen und gleichzeitig endlich das bislang verweigerte „Pallium" zu erhalten suchte, das der ihm untergeordnete Halberstädter Bischof schon seit Jahren trug. *„Obschon Ihr nämlich nichts als Gottes Dank verlangt"*, so schrieb er an den allmächtigen

Hildebrand, *„so bieten wir Euch dennoch an, alles, was Euch aus unserem Besitz gefallen sollte, sofort zu dem Eurigen zu machen, denn ein fröhlicher Geber muß, um Gott viel geben zu können, auch selbst viel besitzen."* Aber der Erfolg dieses Bestechungsversuches blieb aus. Zunächst kam überhaupt keine Antwort, dann auf seine erneute Anfrage der brüske Bescheid, das Kloster Fulda sei mit der Zehntforderung zu verschonen. Gleichzeitig ergingen päpstliche Verfügungen über die Neuordnung der böhmischen Kirche, die zum Mainzer Sprengel gehörte. Siegfried wagte demütigen Einspruch, erhielt aber daraufhin eine in ihrer Schärfe auffallende Zurechtweisung, er solle sich nicht unterstehen, dem heiligen Petrus Vorschriften zu machen.

Er wurde sogar vorgeladen, sich über die Vorgänge bei der Investierung des neuen Bamberger Bischofs zu rechtfertigen, die einen stark simonistischen Beigeschmack habe. Doch er entschuldigte sich *„mit einer Krankheit der Nerven, der Paralyse, an der ich heute nicht weniger als früher, sondern von Tag zu Tag stärker leide"*. Als seine Kompromittierung in der Bamberger Sache schließlich zu einem Abbruch der Beziehungen seitens der Kurie und folgendem Kirchenbann zu führen drohte, erschien er endlich selbst in Rom. Aber es erging ihm ebenso wie Anno; erst nach harten Bußübungen wurde der Primas der deutschen Kirche vorgelassen und seine Rechtfertigung nur mit allen Vorbehalten anerkannt. Der korrumpierte Bischof Hermann von Bamberg hatte es dagegen doch noch fertiggebracht, durch *„viele kostbare Geschenke den Zorn des Papstes zu besänftigen, so daß er nicht nur nicht bestraft wurde, sondern sogar das Pallium und andere Zeichen der erzbischöflichen Würde erhielt"*.

So schroff aber auch die Kurie mit den Führern der deutschen Kirchen umsprang, nachdem dieselben ihre Oberhoheit anerkannt hatten, so ängstlich hütete sie sich noch, gegenüber der weltlichen Macht die gebotene Höflichkeit außer acht zu lassen. Noch immer war ja die Normannengefahr in Süditalien nicht gebannt, wenn es auch vorübergehend gelungen war, die unberechenbaren Aufrührer zur Anerkennung der päpstlichen Lehnsherrschaft zu bringen. Es sollte sich aber bald erweisen, daß die normannischen Schwüre auch nicht mehr wert waren als die sonstigen Treueide der Zeitgenossen. Richard von Apulien machte nämlich plötzlich Miene, gegen Rom vorzugehen; noch hatte Hildebrand geglaubt, der Gefahr Herr zu werden, indem er gegen Zahlung gewaltiger Hilfsgelder Richards ehemaligen Schwiegersohn gegen ihn mobil machte. Aber die beiden versöhnten sich sofort und nutzten das päpstliche Gold, um ihr Heer gegen St. Petrus auszurüsten.

Hildebrand erkannte die tödliche Gefahr; nachdem die bewährte Methode diplomatischer Aktionen nun endgültig gescheitert war, blieb tatsächlich keine andere Rettung mehr, als die deutsche Waffenhilfe in Anspruch zu nehmen. Man durfte in Rom ja darauf vertrauen, daß die Reichsherzöge an der päpstlichen Unabhängigkeit schon genügend interessiert waren, um jede Gefahr für das cluniazensische Programm durch die Rettungsaktion des deutschen Königs auszuschließen. So erging der päpstliche Hilferuf über die Alpen, und Heinrich war sofort Feuer und Flamme.

Die Lage mußte ja grundlegend anders beurteilt werden

als vor zwei Jahren. Nicht mehr, um die italienischen Angelegenheiten „im Sinne seines Vaters zu ordnen", sollte die Fahrt unternommen werden, sondern um die „*heiligen Rechte St. Peters zu verteidigen*". Nun rief der rechtmäßige Papst den siebzehnjährigen König, wie weiland Hadrian I. seinen Urahn Karl den Großen, über die Alpen. Da brauchte die Krönung zum römischen Kaiser nicht mehr erbettelt: sie sollte zur Voraussetzung für den Einsatz der deutschen Krongewalt werden.

Das allgemeine Aufgebot wurde nach Augsburg bestellt, und der Abmarsch für den Frühsommer festgesetzt: da wurde auch diese zweite Romfahrt Heinrichs IV. im letzten Augenblick vereitelt. Herzog Gottfried, dieser Rebell und Intrigant aus Beruf, blieb mit seinen Lothringern unerklärlicher Weise in Augsburg aus. Schon wurde es sommerlich warm und für die Italienfahrt fast zu spät; man wartete mißgelaunt in steigender Nervosität. Da kam endlich die Nachricht, der Herzog sei schon lange nach Italien unterwegs; er habe als Markgraf von Tuscien das Recht, bei Romzügen dem deutschen König voranzumarschieren.

In Wirklichkeit war das eine sehr fadenscheinige Erklärung. Der bärtige Gottfried, der vom Niederrhein bis nach Florenz gebot und nur für sich die Kaiserkrone wollte, konnte es nicht hinnehmen, daß der Salier womöglich Italien rette! Zur Auseinandersetzung mit den Normannen genügte sein persönliches Dazwischentreten, denn er wußte besser als seine deutschen Standesgenossen, wie man sich mit diesen Leuten einigte. Mochte der König nun mit dem Reichsheer folgen oder nicht: irgendeinen die Kaiserkrönung begründenden Erfolg sollte er nicht erringen.

Heinrich, um all seine hochfliegenden Hoffnungen gebracht, geriet in ohnmächtige Wut; immer wieder sagte er *„zu allen Herren seiner Umgebung, wie Gottfried ihn betrogen habe"*. Die Fürsten bedauerten achselzuckend, und da ihnen ohnehin die ganze Fahrt zu *„beschwerlich schien, überredeten sie ihn leicht, der ja in seiner Knabenhaftigkeit sehr sprunghaft war, nach Goslar zurückzukehren"*.

Während Heinrich IV. auf diese Weise die größte Chance seines Lebens aus den Händen ließ, nahm der bärtige Gottfried in Apulien das normannische, der Normannenherzog das päpstliche Gold. Daraufhin kehrte die lothringische Streitmacht um, *„weil der Wein ausgegangen war"*, wie Gottfried es begründete, und Richard von Apulien hielt es für richtig, wieder einmal den heiligen Petrus eidlich seiner Treue zu versichern.

DAS WUNDER DES HEILIGEN REMACLUS

„Es war bekannt geworden im Römischen Reich, wer eine Klage zu führen habe bei Hofe, der solle nach Lüttich kommen." Die Mönche von Malmedy und Stablo, die Annos Beschlagnahme Malmedys noch immer nicht hinnehmen wollten, hörten diese königliche Botschaft gern und zogen zu Hof. Zum Äußersten entschlossen, nahmen sie sogar den Reliquienschrein mit den wundertätigen Gebeinen ihres Klosterheiligen Remaclus mit, auf daß er dem bevorstehenden Endkampf seine bedeutsame Mitwirkung nicht versage.

Heinrich saß mit Anno bei der Tafel, als die Prozession mit dem Sarge erschien und unbekümmert um die königliche und erzbischöfliche Majestät in die Privatgemächer der Pfalz eindrang. Mit Wehklagen und Gebeten schilderten die Mönche das Unrecht, das Anno ihrem Heiligen angetan habe, und wiesen nicht allein auf den eindeutig zu ihren Gunsten ausgefallenen Wahrspruch des Heiligen Vaters in ihrer Sache hin, sie zählten auch drohend alle Wundertaten auf, die St. Remaclus bislang vollbracht hatte.

Heinrich nahm diesen gewaltsamen Einbruch der Mönche in seine Privaträume durchaus nicht übel — der deutsche Volkskönig hatte ja seinen rechtsuchenden Untertanen immer zur Verfügung zu stehen – und zeigte sich von der Darstellung des Sachverhaltes ebenso beeindruckt wie von der geschilderten Allmacht dieser womöglich recht gefährlichen Reliquie. Mit höflichen Worten bat er Anno, den Streit doch nun endlich durch seinen Verzicht zu beenden; selbst der Papst habe ja zur Sache erklärt, Gott wünsche nicht, daß ihm etwas zu Unrecht dargebracht würde. Aber der heilige Mann weigerte sich entschieden und erklärte, vor Gott die ganze Verantwortung übernehmen zu wollen. „*Du kannst alle Schuld ruhig auf mich wälzen*", sagte er in schwerer Besorgnis um diese neuerliche Gefährdung seines Besitzes. „*Im übrigen mußt du nicht so leichtgläubig sein. Solche Wunder werden vielfach erlogen, um uns einzuschüchtern.*"

Dann fuhr er die Mönche an, wie sie sich unterstehen könnten, in die königlichen Privatgemächer vorzudringen. Die anwesenden Bischöfe empörten sich ihrerseits und befahlen, den heiligen Schrein unverzüglich an seinen geweihten Platz zurückzubringen. Heinrich wurde unsicher; wie immer, wenn er keinen Rat mehr wußte, wollte er sich die Sache bis zum nächsten Morgen überlegen. Damit waren aber die Mönche nicht einverstanden und verlangten siegesbewußt und aufdringlich seine sofortige Entscheidung.

Da nahm Anno seinen Zögling an der Hand und fragte ihn mit drohender Miene, wie lange er noch hier sitzen bleiben und sich die Unverschämtheiten der aufsässigen Mönche gefallen lassen wolle. Sofort sprang Heinrich auf und verließ wortlos den Raum, nun wieder ganz und gar von seiner Pflicht erfüllt, die königliche Würde zu wahren.

Die von solcher Plötzlichkeit überraschten Mönche machten ihrer Enttäuschung durch höchst unehrerbietige Äußerungen gegen den eben noch als unüberwindlich gekennzeichneten Heiligen Luft. *„Da sieht man, was du kannst, nichtsnutziger Alter"*, so zeterten sie um den Schrein, *„bei deiner Ankunft verläßt uns der König, statt unsere Bitten zu erfüllen."* Es hätte nicht viel gefehlt, die heiligen Knochen wären verprügelt worden.

Aber deshalb gaben sie den Kampf noch nicht auf. Schluchzend und Gott ihr Unglück klagend zogen sie mit ihrem „nichtsnutzigen Alten" durch die Straßen von Lüttich, wo sich sogleich das Volk ansammelte. Die ganze Nacht ging das Geschrei. Bald fand sich ein Sänger, der die Leiden des Heiligen in Verse brachte und unter dem freudigen Beifall der Menge zur Laute besang. Man holte Bier, man tanzte, es wurde ein fröhliches Volksfest.

Als Heinrich wieder zu Tische saß, diesmal im Freien

unter österlich blühenden Apfelbäumen, drangen die Mönche und mit ihnen die ganze Stadtbevölkerung in den Garten, an der Spitze der flandrische Sänger. So gewaltig war der Andrang, daß die Herren der Tischgesellschaft an einen Aufstand glaubten. Aber Heinrich hatte seine Freude an dem hübschen Gesang des Barden, in dessen Kehrreim die Menge gutgelaunt einstimmte. Am liebsten hätte er selbst mitgesungen, doch die Leichenbittermiene seines gestrengen Erziehers hielt ihn nieder.

Der Bischof von Lüttich meinte, man solle sich zur erneuten Beratung zurückziehen, und erklärte alsdann bedeutsam, gegen die Rückgabe Malmedys an St. Remaclus bestünden keine staatsrechtlichen Bedenken, sofern Anno freiwillig verzichte. Nur allzugern stimmten die übrigen zu.

Heinrich sprang auf und rief, man habe ihm aus der Seele gesprochen, er wäre nun fest entschlossen, auch gegen den Willen Annos dem Heiligen zu geben, was ihm gebührt. Alles schwieg und blickte auf Anno; der empfand sofort, daß diese plötzlich erwachte Entschlossenheit seines bisher willenlos gehorchenden Zöglings etwas Neues, Seltsames, womöglich gar ein Wunder des Heiligen Remaclus war. „*So nimm in Gottes Namen dein Geschenk zurück*", stieß er hochatmend hervor und streckte ihm den Hirtenstab entgegen.

Heinrich ergriff ihn mit fester Hand; zum erstenmal „*zeigte sich in seinen Zügen eine furchtgebietende Hoheit, so daß ihm niemand in die Augen zu blicken wagte*". Er stürmte hinaus, schritt schnell durch die ins Knie gesunkene Menge und legte den Stab auf den Heiligenschrein.

Er war nun kein Knabe mehr, sondern der König.

III

DIE NEUE ZEIT

"Das Königtum ist eine Erfindung menschlichen Verstandes, aber die Bischofswürde stammt von Gott."

Gregor VII. (1076)

ZWEI NEUERER

Es ist wie ein Mysterium. Im letzten Drittel des Jahrhunderts zerbricht die vor vielen Menschenaltern von Karl dem Großen gegründete Form, die Staat und Kirche einend umgriff. Die heilige Bindung beider Gewalten, das eherne Dach des karolingischen „Gottesstaates", zerschmilzt im Feuer des neuen Weltgeschehens. Ehrwürdige, zur Tradition erstarrte Grundsätze der Lebensführung verlieren ihre sinnvolle Gestalt, zerfließen und lösen bisher wohlbewahrte Kräfte zu wogender, immer stürmischer schwingender Bewegung. Wie ein Gestirn am Firmament des Zeitalters funkelt „etwas Neues" auf, unfaßbar fern und doch schon unbegreiflich nah, die Menschheit mit seinen Strahlen geheimnisvoll durchdringend und magisch erfüllend.

„*Die Kirche ist frei*", so rufen die römischen Reformer wie ein Feldgeschrei der aufhorchenden Welt zu, als fromme Selbstverständlichkeit von den einen, als weltliche Anmaßung von den anderen verstanden. „*Ich habe von Gott mein Herrscheramt empfangen*", verkündet der vierte Heinrich dagegen, auf daß man erkenne, wie unantastbar die oberste Souveränität über Kirche und Staat beim „*römischen König*" begründet liegt. Aber schon lassen die Päpstlichen eine andere Auffassung deutlich werden. Nicht „Reich und Kirche", sondern „König und Kirche" heißt jetzt der Gegensatz, um die weltliche Krone aus der

Höhe gottgewollter Überordnung zu reißen. „*Das Priestertum gleicht der Seele, das Königtum aber dem Körper. Beide schützen sich gegenseitig und bedürfen einander. Aber wie die Seele führt und dem Körper befiehlt, so die priesterliche Würde der königlichen!*"

Seine Herrschergewalt neu zu fügen, sie aus den Klammern verfassungsmäßiger Bindungen zu reißen und zum steilen Absolutismus emporzuführen, geht der zwanzigjährige Heinrich ans Werk, ein kühner Vollender des Willens seiner Väter. Himmel und Hölle hält dagegen der Römer in der Toga wie der Konsul der Antike, jenseitige Belohnung für vergängliche Güter auf Erden den Getreuen verheißend, ewige Verdammnis dem Ungehorsam.

Beide wollen jetzt die uneingeschränkte Macht: die strahlende Majestät des salischen Jünglings aus uraltem Herrengeschlecht, um sein ererbtes und schon erstarrtes Königsrecht zu erhalten und zu erweitern; über den Umsturz des Bestehenden der kleine, niedrig geborene Erzkanzler Hildebrand, nun ein besessener Revolutionär. Geist und Materie, Idee und Macht, Gott und Welt bieten sich als Sinnbild des Neuen ihrem zur Entscheidung drängenden Jahrhundert dar – der König als „Herr der Welt", der Priester Inbegriff der „Welt des Herrn".

Stürmisch, noch nicht besorgt, daß ihre Wege sich schneiden werden, ein jeder von seinem Recht durchdrungen, das aber doch die Unterordnung des anderen erzwingen muß, läßt ein jeder noch unbekümmert um den anderen seinem Willen freien Lauf. Noch glaubt Hildebrand dem König, was des Königs ist, geben zu können, wenn dieser Gott, was Gottes ist, gibt. Noch hält Heinrich sich für berechtigt, aus der Vergebung kirchlicher Ämter die vorgezeichneten Einnahmen zu ziehen und über Abteien und Bistümer so zu verfügen, wie es die Belange der Krone erfordern.

Beide, Papst und König, wollen im Grunde ja das gleiche: über den Sturz althergebrachter Rechte und Gewohnheiten die absolutistische Verdichtung ihrer Macht, beide müssen daher, ehe es zur ungewollten, aber doch unvermeidbaren Endauseinandersetzung kommen wird, die Hindernisse forträumen, die solcher persönlichen Kraftentfaltung noch im Wege stehen. Beide gehen, begabt mit dem gleichen Instinkt für die Kräfte ihrer Zeit, auf völlig getrennten Wegen in der gleichen Richtung vor. Beide stützen sich auf das volkstümliche Element und suchen es aufzurichten als Bollwerk gegen die feudale Reaktion, seien es die am Reichsgeschäft mitbestimmenden Fürsten, Bischöfe, Herzöge, Markgrafen und sonstiger Hochadel oder der aus den gleichen Kreisen stammende Klerus, der sich in enger Verflechtung mit der weltlichen Reichsverwaltung seine Selbständigkeit erst recht nicht nehmen läßt. Beide, König und Papst, wollen diese Teilung der Gewalten beseitigen und an ihre Stelle die fest aufgerichtete Macht einer zentralen, auf ihre Personen gegründeten Herrschaft setzen. In ihren großen Zielen sind also beide einander nahe; je stürmischer aber ihre Erfolge einsetzen, um so früher muß der Kampf um den Gipfelplatz entbrennen.

DER NEUE KURS IN DEUTSCHLAND

Schon Heinrichs Großvater, Konrad II., Weltmann und Realpolitiker von derber Brutalität, ist diesen Weg gegangen, als er, die auf die Dauer unerträgliche Bedrohung der Erbmonarchie durch die immer mißtrauischen Reichsfürsten erkennend, „Leute niederen Standes" zu den verantwortlichen Hofämtern heranzog und ein Gesetz erließ, das durch Erblichkeitserklärung des kleinen Lehens die Vasallen aus der unmittelbaren Abhängigkeit ihrer Herren befreite. Nur die Rechte des Königs, als obersten Lehnsherrn, blieben von dieser, alle Tradition umstürzenden Verfügung unberührt; mit Ausnahme gewisser Privilegien für die sächsischen Billunger blieb deshalb auch nur die Vergebung der Herzogswürde von der Erblichkeit ausgeschlossen. Konrad suchte sie sogar, soweit es ging, durch Übertragung auf Mitglieder seines Hauses in die Krongewalt einzubeziehen.

Heinrich, der junge Enkel, ging auf diesem Wege systematisch weiter und berief, nachdem Annos Einfluß nun endgültig beseitigt war, mutig und entschlossen den alten Adalbert aus seinem Exil zu sich nach Goslar; mit ihm zog er die jungen *„Genossen seiner Lust"*, die fröhliche Kumpanei, aus seinen letzten Knabenjahren an den Hof, und es hieß: *„Er begann, alle Mächtigen zu verachten, dagegen die Geringen emporzuheben und ihrem Rat zu folgen. Von den großen Herren ließ er selten jemand zu wichtigen Entscheidungen. Bischöfe, Herzöge und andere Fürsten zogen sich deshalb mehr und mehr vom Hof zurück . . ."*

Hildebrand, der päpstliche Erzkanzler, hatte in stürmischerem Tempo, radikaler in seiner absoluten Eindeutigkeit, gewaltiger im Format, die gleiche Richtung eingeschlagen, als er die Mailänder Volksbewegung entfesselte und das „Lumpenpack", die „Patarener", gegen den feudalen Klerus, die Hochburg der italienischen Reaktion, hetzte, um seinen revolutionären Willen durchzusetzen. Er griff nun aber auch schon über die Alpen, mitten ins deutsche Kernland hinein, als er, um den Gehorsam der deutschen Bischöfe gegenüber dem als Ungeheuerlichkeit empfundenen Parteiprogramm des Reformers zu erzwingen, verkünden ließ: *„Wir bestimmen, daß, wenn die Priester unsere oder vielmehr der heiligen Väter Gebote mißachten, das Volk ihre Amtshandlungen verweigert. Scham vor den Laien und das Geschrei der Menge soll sie bessern, wenn Liebe zu Gott und Ehrfurcht vor der heiligen Handlung sie nicht dazu bewegt!"*

Der deutsche Klerus geriet in eine gefährliche Lage. Mochten bisher die Bischöfe einen entscheidenden Einfluß auf den König und seine Maßnahmen ausgeübt haben, sie mußten es jetzt hinnehmen, daß Heinrich, Adalberts Ratschlägen willig folgend, mit seinen weltlich gesinnten Genossen in der zur Dauerresidenz gewordenen Königspfalz Goslar verblieb – *„dem heimatlichen Herd der Könige"*, wie man sie schon im Volke nannte – und, gestützt auf die langsam aufblühenden Leistungen des Königsgutes und die Dienste der letzten Reichsabteien, die Bistümer nicht mehr in Anspruch nahm. Irgendeine Unterstützung gegen die Cluniazenser war von seiten des Königs also durchaus nicht mehr zu erwarten; er sah im Gegenteil in einer Schwächung des Episkopates und seiner Beschränkung auf priesterlich-geistliche Betätigung nur einen Fortschritt für seine eigenen Pläne. Waren erst einmal die geistlichen Fürsten aus der Reichsverwaltung verdrängt, so mußte die Kaltstellung der weltlichen um so leichter gelingen.

Das römische Reformprogramm brachte ja vorderhand der Krone keine nennenswerte Gefahr, seine Durchführung bedurfte sogar der Hilfe des deutschen Königs. Noch erstreckte es sich nur auf die rein kirchliche Forderung der Ehelosigkeit des Priesters und das Verbot der „Simonie", geistliche Ämter zu erkaufen. Zwar bedeutete die Anerkennung dieses Verbotes für die Krone den Verzicht auf nennenswerte einmalige Zuwendungen, aber bereits Heinrich III. hatte dieses Verbot anerkannt; außerdem aber, und das war das Entscheidende, die Kurie erklärte: „*Die Dienste, die dem König als Lehnsherrn der Bischöfe gebühren, wollen wir durchaus nicht hindern.*" Diese Dienste standen damit gleichsam in sicherer Reserve, aber die Leistungen der Krongüter und Abteien waren schon so machtvoll ausgebaut, daß der Verzicht auf simonistische Einnahmen in Anbetracht des Friedens mit Rom und auch im Interesse des Seelenheiles keine ausschlaggebende Rolle mehr spielte.

Dennoch konnte es Heinrich natürlich nicht verborgen bleiben, daß Bewerber um einträgliche Kirchenämter sich bei seinen in Konrads Geist aufgewachsenen Räten auf ihre Weise beliebt zu machen verstanden, wenn er selbst auch offiziell nichts davon wissen wollte und durfte. So kam es, daß in dem stark cluniazensisch gesinnten Konstanz der Klerus sich weigerte, einen von Heinrich investierten Bischof anzuerkennen. Er habe unzweifelhaft seine Würde simonistisch erschlichen. Solange es irgend ging, entzog Heinrich sich einer Stellungnahme. Schließlich erklärte er nicht ohne ironische Akzente, er selbst wisse nichts von einer simonistischen Verfehlung, ob allerdings der Bischof hinter seinem Rücken mit den Hofbeamten gewisse Verabredungen getroffen habe, entzöge sich seiner Kenntnis.

DER HOF

Ebendiese Hofbeamten, die Herren „Ministerialen", setzten sich ja aus dem Kreis lebenslustiger Altersgenossen des jungen Königs zusammen, manche kaum älter als er selbst. Wenig Hochgeborene waren darunter, die meisten vielmehr Söhne und Enkel jener „Leute niederen Standes" um Konrad II. Der düstere, von tief religiösem Ernst durchdrungene Geist Heinrichs III. schwand nun aus Goslar. Man verbrachte die Tage und Nächte in ausgelassener Lebensfreude, der Ton am Hof nahm ganz und gar weltliche Färbung an und versperrte sich völlig cluniazensischem Geist oder religiöser Schwärmerei. Aber dennoch verloren diese jungen Leute sich nicht in ihren leichtfertigen Vergnügungen. Vielmehr wuchs aus dem Goslar jener Tage trotz all seines sinnlich schillernden Glanzes der großartige, verwegen kraftvolle Aufstieg zur Seßhaftmachung des Thrones und seiner gewaltsamen Befreiung aus verfassungsmäßiger Bindung systematisch hervor. Der verschwommene Begriff eines „fränkischen"

Königtums, dessen Schwergewicht auf der Oberhoheit des fränkischen Stammes über die anderen Stämme lag, sollte nun der Bezeichnung des „*römischen*" weichen, um die Universalität staatlicher Einheit sicherzustellen, für die es den Ausdruck „deutsch" noch nicht gab.

Diese neue Jugend trat selbstbewußt in Opposition zu dem Asketentum ihrer Zeit, warf aber auch den bisherigen Trägern des weltlichen Gedankens, den Großfürsten, ihren Fehdehandschuh ins Gesicht. Hatte der deutsche König seit undenklichen Zeiten ein Wanderleben führen und im Reich herumziehen müssen, Heinrich erklärte jetzt das sächsische Goslar zum Sitz des ständigen Hofgerichts, ganz gleich, ob er sich damit zu dem angestammten Volksrecht in Widerspruch setzte, das jedem Volksgenossen den Anspruch sicherte, auf eigenem Stammesboden und nach eigenem Stammesrecht gerichtet zu werden. Inmitten eines der salisch-fränkischen Dynastie durchaus nicht wohlgesinnten Reichsgebietes, dessen Hochadel selber die Krone wollte; in dessen zähem Bauerntum noch immer der Groll gegen den fränkischen Eroberer Karl den Großen lebendig gehalten wurde; wo sogar unter der Tünche allerchristlichster Gesinnung noch unverkennbar die Reste altgermanischen Götterkultes die abergläubischen Gemüter erfüllte: in diesem Sachsen mußte die Errichtung einer salisch-fränkischen Königsresidenz eines besonderen Systems militärischer Sicherung bedürfen.

In klarer Voraussicht aller Schwierigkeiten, die mit der Durchführung seiner Pläne verbunden waren, hatte Adalbert nicht nur den verschlagenen Juristen und erfahrenen Verwalter, jenen Benno, zum Treuhänder der königlichen

Interessen in Sachsen gemacht, seine hervorragende Begabung als Bautechniker war für diese Ernennung mit entscheidend gewesen. Die Zeit war nun reif geworden, die geplanten Zwingburgen zu errichten, um das „königliche" Sachsen in fester Hand zu halten. Benno machte sich mit großer Sachkenntnis und viel Geschick ans Werk. Unmittelbar bei Goslar ward die Feste Harzburg erbaut, ein uneinnehmbarer Platz; nordwestlich davon entstand die Heimburg; im Thüringischen wurde die Hasenburg errichtet, der Sachsenstein und die Spatenburg. Kleinere Festungswerke verbanden sie untereinander zum einheitlichen System, in dem das Harzgebirge die Schlüsselstellung bildete.

Den sächsischen Bauern, die für die Arbeiten herangezogen wurden, sagte man, die Befestigungen würden im Interesse der Landesverteidigung errichtet, Zufluchtsplätze gegen Einbrüche der heidnischen Wenden und Liutizen. Anfangs erkannte niemand den wahren Sinn.

Heinrich erfüllte das Werk mit ungeheurem Stolz. Insbesondere die Harzburg erkor er fortan zu seinem Lieblingsplatz. In der Kapelle ließ er die Gebeine naher Anverwandter bestatten, die Wohnräume wurden mit allem erdenklichen Luxus eingerichtet, die ständige Besatzung setzte sich aus der Elite schwäbisch-fränkischer Soldaten zusammen. Auch die anderen Burgen wurden nicht mit einheimischen, sondern süddeutschen, landfremden Truppen besetzt. Ein uneinnehmbarer Festungsgürtel sollte das ganze Land zur Sicherung einer neuen Königsgewalt durchziehen, die den Boden der alten Reichsverfassung nunmehr mit festem Schritt verließ, um die deutsche

Thronmacht, verkörpert in der salischen Dynastie, in die höhere Sphäre absoluter Unabhängigkeit zu heben und das „*blühende Paradies*" Sachsen als wirtschaftlichen und militärischen Stützpunkt auszubauen.

Mit wachsendem Mißtrauen hatten nicht allein die sächsischen Herren, auch die übrigen Reichsfürsten die Entwicklung des jungen Königs und Adalberts Wiederkehr, verfolgt, einem Mißtrauen, das sich bald in feindseliger Verärgerung Luft machte. Man wagte nun nicht mehr gegenüber Heinrichs männlicher Entschlossenheit ein Fürstengericht zu berufen; selbst Hildebrand hielt es nicht für angezeigt, den Erzbischof von Hamburg-Bremen ebenso zur Rechtfertigung nach Rom zu laden, wie er es mit den Herren von Köln, Mainz und Trier gehalten hatte. Der König war nun wirklich jeder Bevormundung entzogen und seine Macht schon so ansehnlich geworden, daß ein Frontalangriff nicht mehr geraten war. So verlegte man sich denn auf eine systematische Wühlarbeit, um sein Ansehen von unten her auszuhöhlen.

Man begann sein zügelloses Leben zu beanstanden und erfand immer neue Greuelmärchen von dem unzüchtigen Treiben am Hof. Insbesondere in den cluniazensischen Klöstern wucherte der Klatsch um Heinrich in wilder Üppigkeit. „*Ich könnte die vielen Fälle namentlich aufzählen*", so raunte ein Mönch dem päpstlichen Stellvertreter in Deutschland, Gebhard von Salzburg, zu, „*in denen er mit Äbtissinnen und Nonnen Unzucht getrieben hat, wenn ich nicht höhere Rücksichten wahrzunehmen hätte. Aus demselben Grunde will ich auch übergehen*" – er schreibt es aber doch –, „*daß er seine beiden Schwestern geschändet hat. Ich weiß es nicht von anderen, sondern von tieferschütterten Augenzeugen* (!). Schlimmer aber als all das sind die Dinge, die er mit Männern getrieben hat, nachdem er der Weiber überdrüssig war!" Ja, man erzählt sich, der König sei obendrein noch ein Götzenanbeter, der ein ägyptisches Idol verehre, und *„so oft er von diesem eine Auskunft verlangt, muß er entweder einen Mord oder einen Ehebruch am höchsten kirchlichen Feiertag begehen . . ."*

„Man vermischte Wahres mit Falschem", sagt Heinrichs anonym gebliebener Biograph, dessen meisterhafte Schrift von größter Anhänglichkeit für den königlichen Freund erfüllt ist. *„Wir wissen nichts davon und glauben nichts"*, schrieb der deutsche Sachwalter Toskanas, der Bischof von Verdun, nach Rom. Unzweifelhaft war das höfische Leben mit cluniazensischem Asketentum unvereinbar, aber selbst die frömmsten Reichsfürsten, deren Gott wohlgefälligen Lebenswandel die Kurie immer wieder durch die Anrede *„Unsere geliebtesten Brüder!"* hervorhob, trieben es gewiß nicht anders. Rudolf von Schwaben hatte neben seinen Gemahlinnen drei anerkannte Maitressen; die sächsischen Herren warfen rücksichtslos ihre Ehefrauen hinaus, wenn sie ihrer überdrüssig waren oder eine bessere Partie machen konnten. Die sittliche Verwirrung war schon so weit vorgeschritten, daß in jenen Tagen eine französische Synode den bemerkenswerten Beschluß faßte: *„Wenn jemand eines verbotenen Verhältnisses verdächtig ist, so soll er nach dem Tode seiner Ehefrau seine Konkubine nicht heiraten dürfen; denn es kommt zu oft vor, daß Männer ihre Frauen um einer Beischläferin willen töten."* Das elfte Jahrhundert mit seinem Furioso an Gegensätzlichkeit forderte von einer weltlich

gesinnten Jugend sogenannte sittliche Verfehlungen geradezu heraus als eine Art von Reaktion gegen die graue Düsternis übersteigerter Mönchmoral.

OTTO VON NORDHEIM

Die Reichsfürsten, die wegen ihrer angeblichen Empörung über die königlichen Freveleien dem Hofe fernbleiben zu müssen meinten, machten also sicherlich aus der Not ihrer Kaltstellung eine sittliche Tugend. Nur einer ging nach wie vor als Heinrichs vertrautester Berater in Goslar aus und ein, der mächtige Nachbar und ungekrönte Herr von Sachsen, Otto von Nordheim, bayerischer Herzog. Sein großartiges Auftreten, die kraftvolle ritterliche Erscheinung, seine soldatisch knappe, aber unwiderstehlich eindrucksvolle Art, sich auszudrücken, ebenso bilderreich wie sarkastisch, die trotz aller Urwüchsigkeit immer höfisch bleibenden Manieren machten auf den Jüngling Heinrich einen faszinierenden Eindruck. Er war häufig bei ihm auf seinen Gütern zu Gast und machte ihn schließlich zu seinem engsten Vertrauten. Vergeblich suchten Adalbert und seine Freunde ihn vor dem gefährlichen Mann zu warnen, der trotz aller königlichen Gunstbeweise seine kühle Sprödigkeit nicht aufgab. Schon schien es so, als sollte der sächsische Aristokrat einen überragenden Einfluß auf den jungen König gewinnen und den Freundeskreis verdrängen. Vergeblich erinnerte man Heinrich an die Entführung von Kaiserswerth, an die Schmach von Tribur, an die Unzuverlässigkeit dieses

Sachsen, der sich so lange als Schützer des Königsgutes
ausgegeben hatte, bis er mit der bayerischen Reichsabtei
Altaich zum Schweigen gebracht worden war; er sei ein
Hagen von Tronje, sagten sie, der bei der ersten Gelegenheit seinem Herrn den Dolch in den Rücken stoßen würde,
um sich selbst zum König zu machen.

Als aber nichts verfing, Heinrich sich vielmehr immer
enger an den Nordheimer anschloß, berichtete man ihm
eines Tages, der Beweis für Ottos Treulosigkeit wäre nunmehr erbracht; es habe sich ein Mann namens Egino gemeldet, von Otto gedungen, den König bei einem Besuche
in Nordheim zu ermorden, der im allerletzten Augenblick
aber nicht den Mut dazu gefunden habe.

Heinrich erschrak. Egino ward vorgeführt, ein verkommener Abenteurer, Raufbold und Spieler von dunkler
Herkunft. Unter Tränen und Selbstanklagen wies er ein
Schwert vor, das Herzog Otto ihm gegeben habe, um die
geheiligte Majestät des Königs damit zu erschlagen. Ob
der König sich jener Nacht in Nordheim erinnere, als
zwischen den Leuten des Grafen und seinen Getreuen ein
Zwist ausgebrochen sei? Damals sollte es geschehen. Er,
Egino, hat sich im Hintergrund gehalten, bis der König,
von dem Lärm aufgeschreckt, den Seinen zu Hilfe kommen
wird. Aber er hat es nicht über sich gebracht, und so ist
die Untat unterblieben.

Gegen solche schwerwiegenden, vor versammeltem Hof
erhobenen Beschuldigungen mußte nun allerdings Stellung
genommen werden. Heinrich berief zur Klärung der
Angelegenheit einen Fürstentag nach Mainz, zu dem
auch Otto seine Ladung erhielt. Wie es nicht anders zu

erwarten war, der Nordheimer erklärte, diesen Egino niemals in seinem Leben gesehen, geschweige denn ihm den Auftrag zu einem Meuchelmord in seinem eigenen Hause gegeben zu haben. Die ganze Geschichte wäre eine plump ersonnene Intrige jener „Leute niederen Standes" in Heinrichs Umgebung.

Aber Egino blieb mit aller Hartnäckigkeit bei seiner Aussage und erbot sich, mit dem Herzog um die Wahrheit zu kämpfen. Schließlich erkannten die Fürsten, daß dieser Zweikampf in Goslar stattfinden müsse, da auf andere Weise als durch solch ein Gottesurteil das Recht nicht gefunden werden könne.

Otto erschien tatsächlich in Goslar, nicht aber, wie er dem König melden ließ, um mit einem in keiner Weise satisfaktionsfähigen Abenteurer die Waffen zu kreuzen, sondern um den König auf die Folgen aufmerksam zu machen, die zwangsläufig entstehen müßten, wenn er auf diesem ungeheuerlichen Duell bestünde. Aber Heinrich war durch den fürstlichen Spruch gebunden und zweifelte nun selber an Ottos Unschuld. Er solle der Entscheidung nicht durch Ausflüchte aus dem Wege gehen, ließ er ihm sagen. Die Satisfaktionsfähigkeit Eginos stände bei diesem Gottesurteil nicht zur Diskussion; im übrigen habe in Mainz die Gesamtheit der Reichsfürsten und des Hochadels, des sächsischen inbegriffen, die Waffenentscheidung angeordnet.

Aber man wartete vergebens. Ohne weitere Antwort zu geben, hatte Otto sich davongemacht.

Damit war nach gültigem Recht seine Schuld als Hochverräter erwiesen, und Heinrich blieb keine andere Wahl, als den Freund nunmehr abzuurteilen. Er forderte die in Goslar versammelten Fürsten auf, ein jeder solle unter Eid erklären, was nunmehr Recht oder Unrecht sei. Sie fällten einstimmig das Urteil; keiner von ihnen, auch nicht Ottos sächsische Standesgenossen, enthielt sich der Stimme. Der Nordheimer wurde für friedlos erklärt, sein bayerisches Herzogtum eingezogen, seine Güter konfisziert.

Otto hatte sich inzwischen in der richtigen Erkenntnis, daß man sofort zur Exekutive schreiten würde, auf thüringisches Gebiet begeben, um hier einen allgemeinen Aufstand gegen die Krone aufzuschüren. Während seine sächsischen Güter beschlagnahmt wurden, zogen seine Getreuen sengend und brennend durch die königlichen Domänen; er selbst traf Maßnahmen, um auch das sächsische Bauernvolk zum Abfall von dem verhaßten fränkisch-salischen König aufzuhetzen.

Noch sollte es allerdings nicht zum Äußersten kommen. Die Einmütigkeit aller Fürsten bei seiner Verurteilung hatte die sofort mit aller Wucht einsetzende Reichsgewalt gegen den friedlosen Hochverräter zur Folge gehabt; die Beschlagnahme seines Besitzes, ja auch die Ausfälle der schwäbischen Burgbesatzungen gegen seine Mordbrenner ließen ihn bald erkennen, daß weiterer Widerstand nutzlos sei. Schon hatte Heinrich unter dem Druck der Fürsten, statt es selbst zu behalten, wie sein Großvater oder Vater handelten, Bayern an Welf gegeben, Ottos ehrgeizigen Schwiegersohn. Schon hatte dieser daraufhin seine Gemahlin verstoßen und Otto wissen lassen, daß er die Tochter des Friedlosen nie wieder aufzunehmen gedenke. Wohin Otto sich hilfeflehend wandte, überall fand der vielbeneidete und wegen seines Reichtums und Einflusses verhaßte Graf verschlossene Türen.

Da erschien er endlich, fast ein Jahr nach seiner Verurteilung, vor dem König in Magdeburg. Heinrich atmete auf und ließ Gnade walten. Das Gespenst eines allgemeinen Aufstandes in Sachsen und Thüringen hatte zu deutlich vor seinen Augen gestanden, als daß er diese friedliche Beilegung des Zwistes nicht dringend gewünscht hätte. Es kam dazu, daß der Ankläger Egino inzwischen elend umgekommen und die ganze Affäre, um derentwillen er den mächtigen Freund hatte verurteilen müssen, dadurch erst recht ins Dunkel geraten war. Der Nordheimer erhielt den größten Teil seiner Stammgüter zurück und versprach unter den Friedensküssen des jugendlichen Königs mit den heiligsten Eiden, künftighin sein treuester Vasall bleiben zu wollen.

SCHWANKENDE POLITIK

Wenig später zerriß der Tod Adalberts von Bremen die gradlinige Politik am Königshof. Ottos Unterwerfung war sein letztes Werk gewesen. Schon seit längerer Zeit litt er an Ruhranfällen, die dieser gegen sich selbst immer spartanische Mann vor jedermann verschwieg. Als er sich schließlich niederlegen mußte, verbat er sich *„wegen der Unsauberkeit der Krankheit"* alle Besuche und ließ sich von niemandem helfen; *„selbst die heftigsten Schmerzen konnten ihm keinen Laut abpressen"*.

Nur einer durfte zu ihm: sein geliebter junger König.

Unter vielen Tränen empfahl er ihm seine zugrunde gerichtete Hamburger Kirche und flehte ihn an, sie wieder zu Glanz und Ehren emporzuführen.

In einer stillen Mittagsstunde, als alles bei Tische saß, endete sein Leben. Heinrich, den er zum Erben eingesetzt hatte, fand nur ein paar Reliquien, Bücher und Meßgewänder in seinen Truhen. Der Grandseigneur, durch dessen Hände die Schätze dieser Welt gegangen waren, hatte ja niemals an sich selbst gedacht.

Heinrich empfand sofort, daß er ohne die Autorität und den Rat seines Freundes auf dem bisherigen Weg nicht weiterkonnte, und entschloß sich daher, den Reichsfürsten eine freundschaftliche Geste zu zeigen. Die Einmütigkeit bei Ottos Verurteilung und der schnelle Zusammenbruch seines Aufstandes hatten ihm bewiesen, welche Kräfte aus dem verfassungsmäßigen Zusammenwirken des Königs mit seinen Fürsten flossen. Mußte er denn wirklich allzu schroffe Neuerungen einführen und sich mit jedermann überwerfen, womöglich auch mit dem Heiligen Vater?

Nun, da Adalbert ihm nicht mehr zur Seite stand, begann er ernsthaft an der Zielsicherheit seines „neuen Kurses" zu zweifeln. Schwankend und unsicher schickte er freundschaftliche Einladungen an Rudolf von Schwaben, an Berthold von Kärnten und den neuen Bayernherzog Welf mit der Bitte, sich doch öfters am Hofe sehen zu lassen. Aber die hohen Herren erwiderten, sie hätten nichts mit einem Könige zu tun, der doch nur auf den Rat seiner proletarischen Zechkumpane höre; im übrigen beweise auch Ottos Schicksal – dessen Unschuld durch den inzwischen erfolgten elenden Untergang seines Anklägers zur Genüge bewiesen wäre –, welchen Gefahren ein Hochgeborener an diesem neuen Königshof ausgesetzt sei.

Es war ein böser Affront, und schon wollte es scheinen, als würde aus der Versöhnungsaktion ein offener Konflikt. Aber da erschien in Worms eine große päpstliche Gesandtschaft unter Führung der Kaiserinwitwe im Büßergewande und Hugos von Cluny, Heinrichs väterlichem Freund und Taufpaten. Nachdem sich die Erzbischöfe von Köln und Mainz für ihre Sicherheit verbürgt hatten, fanden sich dann auch die Herzöge ein. Damit waren die führenden Persönlichkeiten des alten Reiches versammelt; es kam zu einer gründlichen Aussprache mit dem jungen König, der seine Politik vergeblich zu erklären und zu verteidigen suchte. Zum Schluß gab er seinem Bedauern Ausdruck, wenn er durch seine allzu schroffe Art über das Ziel geschossen sei, und ließ auch durchblicken, wie ärgerlich es ihm wäre, wenn der Heilige Vater seine Schlußworte in der Angelegenheit des Konstanzer Simonisten als zynisch und arrogant empfunden hätte. Alle rieten ihm freundschaftlich und dringend, sich künftighin niemals mehr vor Simonisten zu stellen oder sich gar selbst durch solche Todsünde zu beflecken. Die päpstlichen Herren durften den klaren Eindruck gewinnen, daß er nun endlich gewillt sei, sich dem verderblichen Einfluß seiner Herren Räte zu entziehen. Es wäre seiner Jugend ja vieles nachzusehen, meinten sie, aber daher erst recht seine Pflicht als Herrscher, verantwortungsbewußt und ehrfurchtsvoll Gottes Gebot zu achten, wie der Heilige Vater nicht müde würde, es ihm zu verkünden und auszulegen.

SCHWANKENDE POLITIK

Die Folge dieser Aussprache war sensationell. Kaum war die Gesandtschaft nach Rom zurückgekehrt, als der Papst und sein Erzkanzler Hildebrand in der bald darauf eröffneten Fastensynode auf Bitte der um das Seelenheil ihres Sohnes besorgten Agnes die fünf ersten Räte Heinrichs, seine vertrauten Freunde, wegen simonistischer Verfehlungen feierlich verfluchten.

Damit hatte sich die Kurie klar auf die Seite der um ihre verfassungsmäßigen Rechte besorgten Herzöge gestellt und sich deutlich in die innerdeutschen Angelegenheiten eingemischt. Nicht umsonst hatte ja Rudolf von Schwaben die römischen Herren in Worms seiner tiefsten Ergebenheit versichert! Der päpstliche Schritt machte in Deutschland gewaltiges Aufsehen und verschob mit einem Schlag die Fronten. Der hohe Klerus sah sich seines letzten Bundesgenossen im Kampf gegen Cluny, der Fürsten, beraubt, nachdem Rom sich offen gegen den neuen Kurs der Krone erklärt hatte. Die Kurie im Bunde mit den Fürsten schien jetzt Macht genug zu besitzen, auch den König unter das Joch der Reformer zu zwingen. Das aber mußte das Ende eines freien deutschen Episkopates bedeuten, asketisches Priestertum an Stelle weltlich ausgerichteter Herrschaft und blinden Gehorsam gegenüber dem römischen Kommando. Die fast föderalistisch zu nennende Kirchenverfassung mit all ihren volkstümlich bedingten Freizügigkeiten wurde nun gewaltsam in die cluniazensische Zwangsjacke gepreßt.

Heinrich erkannte, wie falsch er sich in Worms benommen hatte. Unter dem stürmischen Einfluß seiner über die römische Anmaßung empörten Freunde warf er das auf Versöhnung eingestellte Steuer herum und nahm mit vollen Segeln wieder den alten Kurs auf. Nicht nur, daß er sich um die Bannung seiner Freunde überhaupt nicht kümmerte und damit der gleichen Strafe verfiel; mit gutem politischem Instinkt suchte er jetzt den ganz und gar unsicher gewordenen Klerus an sich zu ziehen. Siegfried von Mainz erhielt endlich den Thüringer Zehnten zugesprochen, allerdings unter weitgehender Schonung der dort gelegenen Reichsabteien. Die verwaiste Bremer Kirche bekam in Liemar einen klugen, energischen und der Krone zuverlässig ergebenen Führer. Auch der alte Anno von Köln, der inzwischen gänzlich kaltgestellt war, erfuhr eine königliche Freundlichkeit, indem Heinrich seinen Schützling, den Propst Hermann, zum Bischof von Metz und einen Hersfelder Mönch, auf den Anno verschiedentlich aufmerksam gemacht hatte, zum Abt von Reichenau ernannte.

Wieder ward das Hoflager in Goslar aufgeschlagen, und das alte Treiben begann von neuem. Aber es war nicht mehr die wilde Laune fürstlicher Jugend, ein unheimlich Krampfhaftes, etwas wie Drang nach Betäubung, beherrschte diesen Kreis junger Menschen. An die Stelle ausgelassener Vergnügungen trat bissiger Hohn; die Lustbarkeiten bekamen etwas gewollt Zynisches, in dem sich das verbitternde Gefühl sinnloser Entwurzelung Luft zu machen suchte.

Auch Heinrich verlor seine Harmlosigkeit und die Naivität im Planen. Das Bewußtsein, im engen Umgang mit Menschen zu stehen, die nun dem Teufel preisgegeben waren, konnte nur überwunden werden, wenn er die feinen Schwingungen des Zweifels in sich gewaltsam zum Halten brachte und im rohen Gepolter es den Seinen gleichzutun suchte. Darüber mußte aber auch jenes Feingefühl verlorengehen, das Vorausahnen, das hinüberströmende Vorherwissen um den anderen, eben der Takt, den nicht Roß und Reisige ersetzen können, um die steile Höhe des Herrschertums zu sichern.

Zur gleichen Zeit rüstete sich in Rom einer der größten Revolutionäre der Weltgeschichte mit aller Systematik eines in jahrelanger Erfahrung spiegelglatt geschliffenen Intellektes zum Endkampf mit diesem lärmenden Jüngling um die Herrschaft über die Welt.

GREGOR VII.

Am 21. April 1073, kurz nach dem Vorstoß gegen Heinrichs Räte, starb Alexander, der Papst. Um die Nachfolge konnte es keinen Zweifel geben, wenn der seit 1059 allein wahlberechtigte Klerus den cluniazensischen Kurs fortsetzen wollte. Zu einer solchen freien Willensmeinung ließen Hildebrand und seine Anhänger es aber nicht erst kommen, zumal obendrein dabei zu befürchten war, daß die römische Adelspartei, die Reste der Kaiserlich-Konservativen, sich einmischte und ihre alten, von Hildebrand außer Kraft gesetzten Rechte geltend machte. Wenn auch politisch machtlos, umfaßte sie doch den immer größer werdenden Kreis aller derjenigen, die mit der cluniazensischen Diktatur nicht einverstanden waren, vor allem also auch die große Masse des durch Simonie und Eheverbot in erbitterten Gegensatz gedrängten italienischen Klerus. Die Cluniazenser arrangierten also eine spontane Volksbewegung, die schon am 22. April Hildebrand veranlassen sollte, als Gregor VII. die Tiara zu nehmen.

„*Wie die Wahnsinnigen drangen sie auf mich ein*", so berichtete der sonst nicht ängstliche oder willensschwache Diktator am Lateran entschuldigend den Seinen, dagegen habe kein Sträuben etwas genutzt; er habe schließlich erkennen müssen, daß dieser Tumult der Ausdruck des göttlichen Willens gewesen sei. So hat er denn, um sich nicht zu versündigen, die Würde und den ihm anbefohlenen Namen Gregor VII. angenommen.

Es war eine klare Durchbrechung der von ihm selbst vor vierzehn Jahren festgesetzten Regel für die Papstwahl und in jeder Beziehung ein ungesetzlicher Vorgang.

Dieser Name, auf den das „wahnsinnige" Volk sich mit bemerkenswerter Plötzlichkeit geeinigt haben mußte, bedeutete in mehr als einer Hinsicht ein Programm. Die Bezeichnung der Siebente war eine nachträgliche Rehabilitierung für den von Heinrich III. aus dem Papstregister gestrichenen Johann Pierleoni, den Erzsimonisten Gregor VI., Hildebrands väterlichen Freund; darüber hinaus sollte der Name Gregor des Ersten, des Großen, der zu Beginn des siebenten Jahrhunderts die Unabhängigkeit des römischen Papstes vom byzantinischen Kaiserreich begründet hatte, nicht allein die äußerliche Gleichrichtung deutlich machen, sondern zugleich eine Legitimation für Hildebrand sein.

Der Name Gregor VII., den der dreiundfünfzigjährige

Hildebrand seit dem denkwürdigen 22. April 1073 trug, blieb aber nicht allein ein programmatischer Begriff. Hildebrand wollte sich auch innerlich als ein Gregor fühlen und darum glauben, von Gott zum Vollender seines Werkes ausersehen zu sein. Bisher hatte er im Schatten von sechs päpstlichen Herren gestanden; mochte er sie auch noch so bestimmend beeinflußt haben, vor Gott waren sie und nicht er rechenschaftspflichtig. Nun, da er selbst zur höchsten Spitze des Priestertums emporgehoben wurde, belastete ihn diese höchste Verantwortlichkeit stärker, als daß er sie allein tragen zu können vermeinte. Hildebrand, dieser Mann des Willens und Intellekts, der ehrgeizige, gescheite und rücksichtslose Taktiker, hatte nun niemanden mehr, der ihn im Himmel deckte; darum suchte er in Gregor dem Großen gleichsam den Schutzpatron, dem er nicht nur nachzueifern, den er sogar nachzuahmen hatte.

Nicht allein, daß er in ihren Lebenswegen gewisse Ähnlichkeiten fand, der siebente Gregor glaubte auch bei dem ersten die gleichen Kraftquellen zu entdecken, die ihn selbst zwar in harmonischer Bewegung, aber in Stößen von nicht geringerer Gewalt vorwärtstrieben. Der erste Gregor war ebenso geschmeidig als Diplomat wie milde als Priester gewesen, der siebente hatte sich bisher nur starr und gewalttätig gezeigt. Intuitiv, mit feinfühligem Takt begabt, hatte Gregor der Große die Grenzenlosigkeit mehr empfunden als erkannt, die sich einem festen, von souveräner Idee beherrschten Willen öffnet, wenn die Geschlossenheit der Gegenwirkung fehlt; Hildebrand, halbgebildet, kraftvoll bis zur Brutalität, unerbittlich bis zur Gefühlslosigkeit, mußte sich dagegen erst im mühseligen Konstruieren ein System aufbauen, das dem anderen harmonische Ideenverbindungen in friedlicher Selbstverständlichkeit zusammenfügten.

Mochten in Wirklichkeit die Unterschiede beider Wesensarten auch grundlegend sein: Gregor VII. glich sich mit krampfhafter und unerbittlicher Willensgewalt seinem großen Vorbild an, erst dadurch und erst jetzt seine Kraft zum Charakter gründend. Die trotz oder gerade wegen aller Gewalttätigkeit deutlich zutage getretene Subalternität des Grobschmiedesohnes veredelte sich zum Ethos des *„Knechtes der Knechte Gottes"*; so nannte sich nun der siebente Gregor; auch der erste hatte sich ja damals so bezeichnet, um in feiner Diplomatie den anmaßenden Patriarchen von Konstantinopel, der sich *„Primas der gesamten Christenheit"* hieß, mit christlicher Demut zurückzuweisen.

Bis zum 22. April 1073 war Hildebrand Minister und Parteiführer; von nun an mußte Gregor VII. Herrscher und die cluniazensische Ideenwelt mit der christlichen überhaupt verschmolzen sein. Auch Gregor der Große hatte gegen Simonie und Priesterehe gekämpft; deshalb durfte es nun für Hildebrand keine Rücksicht mehr geben, mit neuer Verbissenheit sein Ziel zu erreichen. Alles, was er bisher an tatsächlichen Erfolgen erwirkt hatte, schmolz zusammen gegenüber der Unendlichkeit des Gedankens, die gottgewollte F r e i h e i t der Kirche durch die H e r r s c h a f t der Kirche für alle Ewigkeit zu befestigen. Was bisher politischer Trieb gewesen war, formte sich zum heiligen Willen, an den die Christenheit wie an eine Offenbarung von jetzt an zu glauben hatte, Anerkennung göttlicher Autorität an die Stelle zweifelhafter Gehorsamspflicht setzend. Wo aber Gottes Allmacht so sichtbarlich in seinem irdischen Stellvertreter zu wirken begann, da durften der päpstlichen Gewalt keine politischen Grenzen gesetzt sein. Das Priestertum sollte allem weltlichen Treiben übergeordnet und der heilige Petrus, das Fundament der Kirche, der Lehnsherr aller irdischen Machthaber werden.

Diese Erkenntnis mußte jedes Zurückweichen vor der Verwirklichung solcher Pläne, jede Scheu, ja sogar jede Vorsicht zur sündigen Schwäche werden lassen. *„Da wir nun einmal die Herrschaft über die ganze Kirche empfangen haben"*, schreibt der Papst, *„und damit den Dienst an Gott, wehe uns, wenn wir uns ihm entzögen!"* Der irdische Stellvertreter Gottes durfte nicht mehr mit sich handeln lassen wie ein päpstlicher Erzkanzler. Es ging ja nicht mehr um die möglichst weitgehende Inkraftsetzung eines Maximalprogrammes, es ging um die kompromißlose Erfüllung der Treupflicht gegen Gott.

Fast wollte es scheinen, als schöbe die Grenzenlosigkeit seiner Aufgabe den Realpolitiker Hildebrand, der er sein Leben lang gewesen ist, aus dem Bereich der „Kunst des Möglichen" in die Stratosphäre chaotischer Phantasien. Aber der neue Herr der Christenheit klammerte sich, fast erblindet von den Strahlen erdentrückten Himmelsglanzes, an sein Halteseil, das Vorbild Gregors des Großen, um tastend und kriechend wieder Boden zu gewinnen.

„Um das Beispiel Gregors nachzuahmen", sagt der Zeitgenosse, hielt er sich nach der Wahl tagelang verborgen.

„*Ich bin in die Tiefe des Meeres geraten, und die Flut will mich ersäufen*", so heißt es in einem Brief Gregors VII. aus jenen Tagen; genau das gleiche, wenig bekannte Psalmenzitat gebrauchte Gregor I. unmittelbar nach seiner Wahl. Wie dieser der erste Mönchspapst überhaupt gewesen ist, so war im feudalen elften Jahrhundert die Erhebung Hildebrands, des Mönches, ein ungeheuerliches Geschehen. Aber Gregor I. hat nur unter Zwang das Kloster verlassen, Hildebrand ist in Wirklichkeit nie Mönch gewesen. Um sich auch hierin dem Vorbild möglichst anzunähern, hat er unter dem Papstmantel immer die Kutte getragen.

„*Verflucht der Mensch, der davor zurückschreckt, sein Schwert in Blut zu tauchen*", hat Gregor I. gesagt, als es galt, die junge Freiheit Roms gegen den Ansturm der Langobarden zu verteidigen; schon zwei Wochen nach seiner Erhebung gebrauchte Gregor VII. die gleichen Worte und später noch öfter, um seinen Plänen, auch vom deutschen König den apostolischen Gehorsam zu erzwingen, die kanonische Rechtskraft zu geben.

Aber er wußte nicht, oder er wollte nicht wissen, daß derselbe erste Gregor ebenso erklärt hatte: „*Wenn keinem Laien erlaubt ist, in kirchlichen Dingen Anordnungen zu treffen, so muß man den König wohl ausnehmen, denn er ist mit dem heiligen Öl gesalbt und deswegen gleichsam am Priestertum beteiligt.*" Gregor der Große wurde vom byzantinischen Kaiser gezwungen, die Papstwürde anzunehmen. Erst als sein ehrlicher Widerstand dagegen nichts mehr half, gehorchte er und schrieb, in der Erkenntnis, daß der Kaiser sein Souverän sei, an dessen Schwester: „*Unser erlauchter Herr hat dem Affen befohlen, ein Löwe zu sein; er mag ihn so nennen, er wird ihn nie dazu machen* . . ." Aber diese ergebene Bescheidenheit hinderte ihn dennoch nicht, das römische Papsttum aus der byzantinischen Abhängigkeit mit Löwenkraft zu befreien.

Gregor VII. bewies im Grunde die gleiche Zurückhaltung, als er kurz nach seiner Wahl eine Gesandtschaft an Heinrich schickte und ihm anheimstellte, seine Zustimmung zu erteilen, wodurch dem zweifelhaften Manöver vom 22. April nachträglich Gesetzeskraft verliehen und der Opposition der Boden entzogen werden mußte. Es war der letzte Schachzug Hildebrands.

DER STELLVERTRETER GOTTES

Obwohl kein Zweifel herrschen konnte, daß Gregor eine Ablehnung durch die deutsche Krone nie hingenommen hätte, er wartete mit Krönung und Weihe auf Heinrichs Antwort. Am Hof in Goslar bildete sich sogleich eine heftige Opposition gegen den päpstlichen Wunsch, zu deren Führer als einziger Reichsfürst sich der *„bucklige"* Gottfried von Lothringen machte, der nach dem Tode seines Vaters, des „bärtigen", die Herrschaft geerbt und Mathilde von Toscana, seine Stiefschwester, geheiratet hatte. Mit ihm lagen Klerus und Ministerialen dem König in den Ohren, auf keinen Fall seine Zustimmung zu geben; *„käme er dem Ungestüm dieses Mannes nicht zuvor, das Übel würde ihn selbst am härtesten treffen"*. Heinrich schickte in königlicher Machtvollkommenheit eine Kommission zur Untersuchung des Wahlvorganges. Gregor nahm sie freundlich auf und versicherte, die höchste Würde sei ihm aufgezwungen worden, nie aber würde er sie endgültig annehmen, ohne das Einverständnis des Königs und der deutschen Fürsten zu besitzen.

Die Gesandten mußten sich davon überzeugen, daß die Cluniazenser in Rom tatsächlich die Macht besaßen, eine Ablehnung ihres Führers also nur mit Gewalt durchzuführen sei. Es mußte nach den letzten Vorkommnissen aber mehr als zweifelhaft erscheinen, ob die Reichsfürsten die dann notwendig werdende Italienfahrt mitmachen würden, die wohl die Kaiserkrönung des Saliers und die unermeßliche Stärkung der Dynastie zur Folge gehabt hätte. Heinrich erkannte, daß er es darauf nicht ankommen lassen durfte, und gab deshalb nun den königlichen „*accensus*", gleichzeitig damit deutlich machend, daß nur er und kein anderer trotz aller willkürlich aufgestellter „Wahldekrete" die letzte Entscheidung zu treffen habe. Der Bischof von Vercelli, sein Italienkanzler, nahm die Weihehandlungen vor; der ebenfalls in Rom anwesende Gottfried hielt sich den Feierlichkeiten ostentativ fern.

Schlagartig, auf allen Gebieten gleichzeitig ansetzend, begann Gregor nun seine Tätigkeit in stürmischem, atemraubendem Tempo. Gehetzt von einer Überzeugung, die in der geringsten Muße Diebstahl an der ihm von Gott gegebenen Zeit erblickte, erlitt er „*jede Stunde Todesangst*", ob es ihm wohl gelingen möge, die „*ohne Steuerung zum Schiffbruch dahintreibende Kirche*" zurückzureißen. Noch im Sommer des Jahres 73 fuhr er selbst zu den Normannen nach Apulien, um mit diesen endlich ein zuverlässiges Freundschaftsbündnis abzuschließen und in Süditalien

Papst Gregor VII.

künftighin Ruhe zu haben. Dabei spielte er Richard von Capua so geschickt gegen Robert „den Schlaukopf" aus, daß schließlich beide den ersehnten Lehnseid wiederholten. Kaum wieder in Rom, entbot er die frommen Tuszierinnen, die nach dem Tode des „bärtigen" Gottfried nun selbst gebietende Herzogin Beatrix und ihre Tochter, die seiner Persönlichkeit unwiderstehlich ergebene Mathilde vor sein Angesicht, sie priesterlich ermahnend, hinfort nur noch dem heiligen Petrus zu dienen. „*Mach ein Ende mit der Lust zur Sünde*", sprach er zu der in Schluchzen aufgelösten jungen Gattin des papstfeindlichen „buckligen" Gottfried, „*knie nieder und weine vor der Mutter Gottes zerkirscht und bußfertig deine Tränen aus!*" Solange die Frauen dem Einfluß des klugen, mächtigen und der deutschen Krone zuverlässig ergebenen jüngeren Gottfried ausgesetzt blieben, mochten sie dem päpstlichen doch noch entgleiten. Aber sie folgten seinem Rat, die alternde Mutter schon nonnenhaft gesinnt, wie die fromme Kaiserin in Rom, Mathilde dem Dämon dieses Mannes schwärmerisch untertan. Sie war ein merkwürdiges Gemisch aus männlicher Wildheit, den südländischen Erbteil ihres Vaters, einer neronischen Natur, und der gottesfürchtigen Demut ihrer deutschen Mutter. „*Sobald sie die schlimmen Fleischeslüste kennenlernte, schreckte sie zurück und schämte sich unaufhörlich. Sie konnte sich nicht so benehmen, wie sie wollte, und diente ihrem Gatten fast wie ein Mädchen.*" Dieses Zwitterwesen, von dem die einen sagten, sie sei dem Heiligen Vater in Buhlschaft verbunden, die andern, sie wäre bis an ihr Lebensende jungfräulich geblieben, Mathilde, hat nach den Schmerzen einer Fehlgeburt geschworen, nie wieder einem

Manne angehören zu wollen, und darum im Glauben an Gott und seinen irdischen Stellvertreter ihre Hingebungskraft verströmen lassen. Für Gregor bedeutete die willenlose Ergebenheit der beiden Frauen die Einbeziehung des Italien beherrschenden Herzogtums Toskana in seine Gewalt, so daß er nun im Süden von den Normannen, im Norden von den Tuszierinnen beschützt war.

Derselbe Mann, der in seiner Kanzlei nach dem Vorbild Gregors des Großen zum erstenmal wieder ein Register der päpstlichen Briefe und Dekretalen anlegte – in das die Vorgänge um die königliche Zustimmung allerdings nicht aufgenommen wurden –, der sich darum kümmerte, ob in Sardinien die Priester rasiert waren, die Schotten ihre Frauen nicht verkauften, die Dänen keinen Heidenspuk trieben und Hexen verbrannten, die Karthager ihren Erzbischof nicht mißhandelten, der Ehen stiften und lösen mußte – „*der Adel verdirbt, wenn Kinder aus ungesetzlichen Ehen stammen*", so sagte er –: derselbe Mann schrieb an die Fürsten aller Welt, sie sollten dem Heiligen Petrus den Lehnseid leisten!

Mochte er ein verheißungsvolles Vorzeichen darin erkannt haben, daß es seinem Legaten mühelos geglückt war, in Kroatien einen König von St. Petri Gnaden einzusetzen, seine Gesandtschaften durchzogen ganz Europa, Leos IX. dermaleinstige Bemühungen ins Ungeheuerliche erweiternd. Die Spanier mußten hören, daß „*das Königreich Hispanien von jeher Eigentum St. Peters*" sei; der König von Ungarn, der von Rom Hilfe in seinem Kampf gegen den Thronprätendenten der deutschen Krone erwartet hatte, erhielt die erstaunliche Botschaft: „*Dein Reich ist apostolisches Lehen. Du kannst St. Peters Gnade oder unser Wohlwollen nur durch die Anerkenntnis erringen."* In höchstem Schreck wandte sich König Geusa daraufhin dem griechisch-katholischen Interessenkreise in Konstantinopel zu.

Auch der König von Dänemark erhielt eine Gesandtschaft, die ihm für die Zusage der Ergebenheit und Waffenhilfe ein Reich in Aussicht stellte, „*am Meere gelegen, sehr reich und garnicht weit von hier. Willst Du es haben, so schicke einen Deiner Söhne zur Belehnung aus den Händen des Apostelfürsten; er kann dann Herzog und Verteidiger der Christenheit werden.*" Aber der König von Dänemark wollte es nicht haben und ließ nichts von sich hören.

Die gleiche Aufforderung zur Ableistung des Lehnseides erging nach England an Wilhelm den Eroberer, aber die Antwort war mehr als enttäuschend. „*Dein Gesandter, Heiliger Vater*", erwidert Wilhelm, „*fordert von mir, ich solle dem heiligen Petrus den Lehnseid schwören und mich um die Abführung der Gelder kümmern, die meine Vorgänger an die Hl. Kirche gezahlt haben. Das Geld will ich geben, aber die Treue schwöre ich nicht, denn meine Vorgänger haben das auch nicht getan.*"

Der französische König verspricht, sich hinfort dem päpstlichen Gebot unterwerfen zu wollen, aber kaum haben ihn die päpstlichen Legaten verlassen, erinnert er sich an nichts mehr. „*Ihr denkt vielleicht*", so schreibt Gregor daraufhin erbittert an den Grafen von Poitou, „*der Treueid, den Ihr Eurem König geleistet habt, verpflichte Euch noch! Im Gegenteil; nur der ist treu, der den König auch wider dessen Willen vom Schiffbruch der Seele rettet . . .*" Aber selbst die schon offen ausgesprochene Drohung, die Majestät des französischen Königs beim Verharren im Ungehorsam zu bannen, verfängt nicht. Man beginnt in Paris ganz offen über den allzu geschäftigen Papst zu spotten.

Der Vorstoß ins „Grenzenlose", einzig auf dem Glauben aufgebaut, alle Fürsten dächten wie er selbst und müßten sich darum willenlos seinen in Gottes Vollmacht erlassenen Befehlen fügen, dieser Vorstoß hatte geradewegs ins Leere geführt. Damit zerging auch die Aussicht, den deutschen König vor die vollendete Tatsache seiner Einkreisung zu stellen, um ihn alsdann mühelos zu dem auch von ihm ersehnten Gehorsam zu zwingen.

Seine Kanzlerschaft hatte Hildebrand mit dem ungeheuerlichen Erfolg beendet, die tatsächliche Befreiung der Kirche aus der deutschen Abhängigkeit vollbracht zu haben, Gregors VII. Pontifikat konnte nur eine Erfüllung bedeuten, wenn diese neugewonnene Freiheit durch die Unterordnung der weltlichen unter die kirchlichen Gewalten endgültig gesichert ward.

Um so schwerer traf den von seiner Berufung besessenen Papst die Erkenntnis vom Zusammenbruch dieser mit aller Systematik ins Werk gesetzten Politik. Die Urgewalt des von ihm ins Feld geführten göttlichen Willens war wirkungslos über die Gebieter der Welt hinweggebraust. Juden und Sarazenen seien treuere Diener ihres Gottes als die Christen, schrieb Gregor in der bitteren Erkenntnis seiner Mißerfolge, *„warum soll ich jetzt noch einen Simonisten absetzen? Es kommt ja nachher doch der Meistbietende an seine Stelle* . . ."

So erfolglos Gregor sich aber auch in seiner uferlosen Universalpolitik erwiesen hatte, er fand alsbald den festen

Boden wieder, als es darum ging, mit den bisherigen Methoden in die deutschen Angelegenheiten einzugreifen. Hier waren seine Erfolge begründet, hier kannte er sich aus und übersah das Auf und Nieder der Rivalitäten aus jahrzehntelanger Erfahrung, den Gegensatz zwischen Krone und Fürsten, die zunehmende Wurzellosigkeit des ehedem übermächtigen Klerus; er wußte um die Stimmen und Ströme in der Seele des deutschen Menschen, eben um all diese durcheinanderwogenden Widersprüche, die nur die starke Hand eines unbeirrbaren Herrschers zur furchtgebietenden Einheit zu formen vermochte. Statt dessen aber führte ein Jüngling das Zepter, der vom majestätischen Gedröhne schon taub geworden schien für die Fehlgeräusche im Mechanismus seiner Macht.

Dennoch aber, oder gerade deshalb, sollte dieser Heinrich dem Willen Gottes viel eher gehorsam werden können als irgendein anderer jener Großfürsten des Reiches, die seit der Zusammenkunft in Worms die Verbindung mit der Kurie geflissentlich aufrechterhielten.

Ein der päpstlichen Autorität unterworfenes, aber dennoch in sich kraftvolles Königtum erschien in der Person des jungen Heinrich herangezüchtet werden zu können, wenn der Heilige Stuhl in geeigneter Form seinen Einfluß geltend machte, sei es durch Einwirkung auf die Fürsten, sei es durch direkte Einmischung in die Reichsgeschäfte, soweit sich ein Zusammenhang mit den kurialen Interessen herstellen ließ.

Es lag daher in diesem Sinne, als Gregor ganz offen die Anerkenntnis seiner Legaten als Schiedsrichter zwischen der Krone und den in zunehmenden Aufruhr geratenden Sachsen beanspruchte, denn dieses Land sei von Karl dem Großen dem heiligen Petrus geschenkt worden, *„wie die dortigen Gelehrten sehr wohl wissen"*.

Es ist zwar nicht dazu gekommen, aber der auf klaren Fälschungen beruhende Anspruch blieb doch unwidersprochen. Mit ungleich größerer Wucht und völliger Unerbittlichkeit griff die Kurie gegen die deutschen „Simonisten" durch und lud, ganz unbekümmert, ob sie von Heinrich selber investiert worden waren, alle Verdächtigen vor das päpstliche Gericht. Mochte in solch einem verschärften Kurs auch unzweifelhaft eine verschärfte Drohung gegen den Hof erkannt werden, der sich durch die Annahme simonistischer Gelder ebenso strafbar machen mußte wie der Simonist selbst: Gregors gewalttätiges Vorgehen hatte in seiner kraftvollen Folgerichtigkeit etwas Populäres. Es kam so weit, daß der jeder cluniazensischen Einstellung völlig unverdächtige Erzbischof Liemar von Bremen, Adalberts tüchtiger Nachfolger, sich weigerte, bei einem Hoftag mit dem kompromittierten Bischof von Bamberg zu verkehren, obwohl derselbe als glänzender Verwaltungsbeamter, Finanzmann und Organisator der Sache seines Königs in Süddeutschland unschätzbare Dienste erwies. Man verstand eben Gregors Kampf gegen die Simonie als ein willkommenes Strafgericht gegen die Habsucht der großen und kleinen Pfaffen, ohne vorerst noch die politischen Hintergründe zu erkennen. Aber schon richtete sich die Strafe nach der neuesten Synodalauslegung nicht nur gegen den Simonisten selbst, sondern auch gegen einen jeden, der mit einem Verurteilten im Verkehr blieb; es war nun nicht mehr allzu weit bis zur

Verwirklichung jener alten These Leos IX., der jede Investierung Geistlicher durch einen Laien, selbst ohne jede Vergütung, als Simonie bezeichnet hatte.

Völlig unbegreiflich dagegen erschien den Deutschen Gregors Gesetz, das jedem Kleriker den Verkehr mit Frauen verbot, damit also auch die Auflösung aller bestehenden Ehen befahl. Mochte solche Maßnahme in dem ebenso lasterhaften wie asketischen Rom bis zu gewissem Grade durchführbar gewesen sein, für Deutschland mit seinen unzähligen, auf weite Landgebiete verteilten Pfarreien bedeutete es eine Ungeheuerlichkeit. Es hieß nichts anderes, als den freien Kleriker zum Mönch machen, ohne ihm dagegen die Vorteile klösterlicher Sicherheit zu geben. Es kam hinzu, daß die römische Phraseologie zwischen Ehe und Unzucht überhaupt nicht unterschied und damit die Erbitterung ins Maßlose steigerte.

Von allen Seiten brach ein Sturm der Empörung aus. Die aus den Klöstern und Propsteien hervorgegangenen hohen Kleriker, die unvermählt geblieben waren, suchten zu vermitteln und zu beschwichtigen. Aber hier gab es keine Verständigung. Der Bischof von Passau wurde bei dem Versuch, die Zölibatgesetze zu verkünden, halbtot geprügelt, einem ähnlichen Geschick entging Siegfried von Mainz nur durch vorzeitige Flucht. Selbst in den Klöstern regte sich die Opposition in Form gelehrter Flugschriften. Man bewies an Hand kanonischer Bücher, daß die Regel des heiligen Benedikt – Armut, Gehorsam, Keuschheit – nur den Mönch, nicht den Priester betraf, ja daß die überwiegende Mehrzahl der heiligen Väter sogar die Ehe gefordert habe, denn „*es ist besser, zu heiraten als zu brennen, und um Unzucht zu vermeiden, habe ein jeder sein Weib* . . ." Andere versuchten es mit Kompromissen. Wer sich von seiner Ehefrau trenne, solle belobt, wer sich weigere, nicht mehr befördert werden. Man könne wohl auch v o n j e t z t a n die Priesterehe verbieten, niemals aber mit rückwirkender Kraft.

Aber Gregor blieb allen solchen Vorstellungen gegenüber taub. Bei Strafe des Anathemas gebot er den Erzbischöfen, seine Befehle durchzuführen, und entsandte gleichzeitig einen Schwarm fanatischer Wanderredner, die nach der bewährten Mailänder Methode das Volk in Deutschland gegen die im Ungehorsam verharrenden Priester aufhetzen sollten.

Wieder beschied Siegfried seine Kleriker nach Mainz, aber fast niemand erschien, „*da des Papstes ungeheuerliches Gesetz ja jetzt durch die Laien gepredigt wird*". Noch weniger Glück hatte er auf einer Versammlung in Erfurt. Die thüringischen Pfarrer erklärten den Heiligen Vater kurzweg für einen Ketzer, weil er durch das Eheverbot der Unzucht Vorschub leiste. Es kam sogar eine Entschließung der Versammlung zustande, sie wollten lieber den Priesterstand als ihre Frauen verlassen; „*dann möge der Herr Papst zusehen, wo er die nötige Anzahl Engel zur Führung seiner Gemeinden findet, wenn die Menschen für diese Aufgabe unwürdig sind!*"

Aber nun floß auch durch Deutschland das Gift der Volksverhetzung, dem schon das reiche Mailand erlegen war. Wo die römischen Wanderprediger auftraten und mit ihren eingelernten Schlagworten um sich warfen, da geriet die Menge in Raserei. „*Zeigt sich ein Pfarrer, so hallt ihm das Geschrei des Pöbels entgegen, man weist mit Fingern auf ihn und schlägt auf ihn ein.*" Ihre Häuser werden geplündert, von Haus und Hof vertrieben fliehen die Gepeinigten als arme Bettler mit ihren Frauen davon, häufig noch zum Hohn an Haupt und Gliedern verstümmelt. „*Fragst du aber nach dem Ursprung solcher Frevel, so verweise ich dich auf jene päpstliche Verordnung, die den Gottesdienst eines verheirateten Priesters für ungültig erklärt hat . . .*"

Dennoch: es war alles vergebens. Trotz aller Verführungskünste der römischen Wanderredner, aller Unerbittlichkeit der päpstlichen Erlasse blieb das Gesetz ein starrer Buchstabe, weil es in einer dem Naturerleben noch nahen Volksseele nicht Wurzel schlagen konnte; „*wo alle Brünnlein fließen, da soll man trinken*", hieß es im Volksmund. Erst vierhundertfünfzig Jahre später, als durch das Auftreten Martin Luthers die entartete römische Kirche gezwungen wurde, sich wieder auf ihre Grundsätze zu besinnen, und auf die protestantische Reformation die katholische folgte, wurde es Ernst um die Keuschheit der Priester. Erst von nun an begannen sie Gregors Gewaltgesetz als ethische Grundlage ihres heiligen Berufes aufzufassen.

TYRANNENDÄMMERUNG

Aber nicht allein der Papst, auch Heinrich, der König, sollte erkennen lernen, daß die verborgenen Kräfte ihres Zeitalters sich absolutistischer Überspitzung verschlossen. Beide standen jetzt auf dem Gipfelpunkt diktatorischer Macht: der junge König im Kreise seiner verwegenen Berater, hoch oben auf der uneinnehmbaren Harzburg; die Fürsten waren beiseitegeschoben, die Bischöfe in Abhängigkeit gedrängt; schon hieß es, Heinrich IV. würde die Zeiten Karls des Großen wieder heraufführen. Der Papst, die Gottesgeißel, nur noch unter dem Schutz seiner toskanischen Hellebarden des Lebens sicher und dem Ausland ein Gespött, Gregor VII., schien das Werk Hildebrands schon so gut wie zerschlagen zu haben. *„Noch immer konnte ich der heiligen Kirche nichts nützen,"* so schreibt er zerknirscht, als habe er sich deshalb versündigt, *„ach, wüßtest du, wie müde mich diese täglich gesteigerte Verwirrung macht!"*

Die Idee, einen vom Papst geführten Gottesstaat auf Erden zu errichten, dem Könige und Fürsten untertan sind, war durch den allzu ungestümen Versuch, sie auf der Stelle zu verwirklichen, stumpf geworden. Aber aus solchen Erkenntnissen wuchs in Gregor ein Neues herauf, Vorstellungen von nie dagewesener Großartigkeit, visionär Geschautes im Durcheinander mit glühenden Phantasien des vom römischen Fieber Zerschlagenen. In seinen selbstquälerischen Zweifeln, auf der Suche nach einem Ausweg, womöglich schon einem „guten Abgang", öffnete sich ihm eine neue „Grenzenlosigkeit" für das irdische

Walten des ihm anvertrauten göttlichen Willens: erst war es nur der Gedanke, im byzantinischen Osten Ordnung zu schaffen, wo „*alle Gläubigen darauf warten, daß Petrus das Hin und Her der Meinungen schlichte*", aber an diesen mehr als geordneter Rückzug denn als Vorstoß in Neuland verstandenen Möglichkeiten entzündete sich alsbald das glühende Temperament des grübelnden Kranken. Die griechische Kirche konnte ja erst dann der römischen untergeordnet und der gemeinsame katholische, der weltumspannende Glaube aufgerichtet werden, wenn die Feinde der Christenheit, Sarazenen und Türken, die den Bosporus umlagerten, endlich und endgültig ausgerottet waren.

Kampf gegen die Ungläubigen! Ein Heer der Christenheit ausrüsten; auf tausend Galeeren von Brindisi nach Durazzo! Sind die Befreier aber erst in Konstantinopel, so wird die Heerfahrt weitergehen; an der Spitze der Christenheit soll ein einfacher Mönch im Papstgewande nicht als wegsuchender Pilger, sondern als Gottes auserlesener Führer den Ungläubigen das Heilige Grab entreißen!

Ob Fieberphantasien, ob vorausstürmende Intuition: Gregors erste Entwürfe zu einem „Kreuzzug" der ganzen Christenheit hingen gleichsam in der Luft eines Zeitalters, dessen religiöse Mystik mit all ihren düsteren Ausstrahlungen unmittelbar neben weltlicher Liederlichkeit emporschoß, maßlos in Gegensatz und Form. Nur eine solche Heerfahrt ins Heilige Land konnte die auseinanderstrebende Christenheit wieder zusammenschmieden, weil sie aus dem Gegeneinander eben eine Einheit schuf: weltabgewandtes Abenteuer und heilige Romantik. War aber erst einmal das Grab des Erlösers im festen Besitz der christlichen Kirche und der Apostelfürst zum siegreichen Feldherrn Gottes geworden, dann mußte der Kampf um Simonie und Priesterkeuschheit, um Gehorsam der Gläubigen und Zerschmetterung der Feinde in nichts versinken, weil Sankt Petrus nun eine von Gottes Odem erfüllte Welt unbestritten und für ewig gültig in seinen heiligen Händen hielt.

Schon bahnten sich deutlich in dem von solchen Ideen erfüllten Gregor die Erkenntnis an, seine bisherige Politik mildern zu müssen. Als habe die cluniazensische Reform ihr Ziel erreicht, ja die Bewegung ihren Höhepunkt überschritten, die ersten Anzeichen einer Verlagerung des Schwergewichts nach Osten wurden erkennbar. In den Veröffentlichungen des Lateran mehrten sich die Klagen über die Zustände am byzantinischen Hof, und zwischen Konstantinopel und Rom gingen die Gesandtschaften hin und her.

In diesem kritischen Augenblick, der den Kampf zwischen Krone und Kurie zu wenden schien, brach Heinrichs allzu steil aufgetürmte Königsgewalt jählings im Ansturm einer sächsischen Revolte zusammen. Bei Nacht und Nebel hatte er aus der Harzburg fliehen müssen; alle Versuche, sich zur Wehr zu setzen, waren gescheitert.

Verzweifelt und verlassen mußte er erkennen, daß seine Krone so gut wie verloren war. Nur eine einzige Hoffnung schien noch schwach zu schimmern: der Papst! Wenn es gelang, die Kurie am Fortbestand der salischen Dynastie zu interessieren, so konnten auch die ihr ergebenen Reichsfürsten, von denen allein sein weiteres Schicksal abhing, nicht länger abseits bleiben.

Diese päpstliche Anteilnahme am salischen Königtum war aber nur zu gewinnen, wenn die Krongewalt sich den Zielen der kurialen Politik willig zur Verfügung stellte, - oder wenigstens so tat. Da es um alles ging, war kein Opfer zu groß und keine Erklärung zu feierlich! Da galt es für den aus der Sphäre schimmernder Herrlichkeit auf den harten Boden der Tatsachen heruntergeschleuderten Heinrich, sich so schnell wie möglich zurechtzufinden. Und wirklich: der Vierundzwanzigjährige schüttelte den majestätischen Bombast von sich und nahm mit allen Künsten scharfsinniger Diplomatie in zäher Erbitterung und radikaler Entschlossenheit den Kampf um seine Krone auf.

Für Gregor bedeutete es aber mehr als einen Triumph, es war ein sichtbares Zeichen Gottes, ein Wunder fast, daß er gerade jetzt, wo er schon mit dem Gedanken umging, den Kampf um die Vorherrschaft abzubrechen, einen Brief des gedemütigten Königs erhielt, in dem es hieß:

„*Da wir uns durch das göttliche Erbarmen getroffen fühlen und in unser Innerstes eingekehrt sind, legen wir in eigener Anschuldigung vor Euer nachsichtigen, väterlichen Gesinnung ein Bekenntnis über unsere früheren Sünden ab. Ach, wir Verbrecher und Unglücklichen, wir haben teils infolge der Verführung schmeichelnder Jugend, teils wegen der Größe unserer herrischen Gewalt, teils auch durch die Täuschung derjenigen, deren Ratschläge wir Leichtgläubigen allzu gern folgten, gegen den Himmel und vor Euch gesündigt. Wir sind nicht nur in den Besitz der Kirche eingedrungen, wir haben auch die Kirchen selbst den ersten besten Unwürdigen, von simonistischem Gift Erfüllten gegeben und verkauft, statt sie pflichtgemäß zu verteidigen.* Jetzt aber, weil wir allein, ohne Eure Ermächtigung nichts mehr bessern können, bitten wir nachdrücklichst um Euren Rat und Hilfe, zugleich über diese wie auch über alle unsere Angelegenheiten, da wir hinfort nach Eurer Vorschrift handeln wollen . . ."

Das waren „*Worte voll Süßigkeit und Gehorsam*"*!* Wieder weitete sich dem „Knecht der Knechte Gottes" im strahlenden Glanz die Grenzenlosigkeit.

IV

DER SIEG DES KÖNIGS

„Denn dieser in Purpur geborene und erzogene Mann bewies im Unglück königlichen Sinn und wollte lieber sterben als besiegt werden..."

Annalen des Lambert, um 1080

DIE VORGÄNGE IN DEUTSCHLAND

Sächsische Herren hatten bei Heinrich in Goslar eine Audienz nachgesucht, um ihn über die Mißstimmung im Lande zu unterrichten, wie sie durch den Burgenbau und den Übermut der schwäbischen Besatzungen hervorgerufen wäre. Man wollte bei dieser Gelegenheit verbindliche Erklärungen des Königs erbitten und vor allem ausreichende Zusicherungen, daß die ehrwürdigen Sonderrechte Sachsens künftighin nicht angetastet werden würden.

Heinrich hatte keine Lust, Rechenschaft zu geben, und ließ die Abgeordneten, Vertreter des sächsischen Hochadels, drei Tage antichambrieren. *„Seht"*, sagte er zu seinen Freunden, *„den Genossen seiner Lust beim nächtlichen Würfelspiel"*: *„das sind die Leute, die mich um Hab und Gut gebracht haben!"* Endlich erschien ein Hofbeamter, um mitzuteilen, der König habe sich zur Jagd auf die Harzburg begeben.

Ob es die Laune eines unerzogenen jungen Mannes, ob es die wohlberechnete Absicht eines selbstbewußten Monarchen war: die Herausforderung mußte sich rächen. Die durch das lange Warten ohnehin nervös gewordenen Herren wollten zuerst ihren Ohren nicht trauen und gerieten dann in Wut. Jetzt habe ihre Geduld ein Ende, sagten sie, es sei an der Zeit, einen König davonzujagen, der seine Standesherren nur beleidigen und das freie sächsische Volk in die fränkische Knechtschaft zwingen wolle wie dermaleinst sein Urahn Karl der Große. Man verpflichtete sich untereinander durch Eid und Handschlag zu gemeinschaftlichem Vorgehen und beschloß, die für einen von Heinrich angeordneten Feldzug nach Polen im Gang befindlichen Rüstungen zu benutzen, um den sorglosen Hof in Sicherheit zu wiegen.

Der gesamte Adel Sachsens schloß sich der Verschwörung an, auch Otto von Nordheim vergaß seine Magdeburger Treuschwüre und stellte sich nach anfänglichem Zögern an die Spitze der Bewegung. Der König saß auf der Harzburg im Kreise seiner Freunde bei Tisch, als gemeldet wurde, der Burgfelsen sei von einer Menge kriegerischen Volkes umstellt. Noch wollte er glauben, es handle sich um die Versammlung des sächsischen Heeres zum polnischen Feldzug, da erschien eine Abordnung der Rebellen. Man bäte, hieß es, dem „sächsischen Volk" die Heerfahrt zu erlassen, da man das Land nicht schutzlos dem Einfall heidnischer Wenden preisgeben könne; man ersuche des weiteren den König, dem „sächsischen Volk" nunmehr unverzüglich eine seinen alten Rechten entsprechende Verfassung zu geben – völlige Autonomie mit Selbstverwaltung – und in diesem Zusammenhang die Schleifung der Burgen und Zurückziehung der landfremden Schwaben anzuordnen. Man ließ keinen Zweifel darüber, daß die Person des Königs im Weigerungsfalle vor der Wut des versammelten „sächsischen Volkes" nur schwerlich geschützt werden könne und ein Entrinnen unmöglich sei.

Heinrich mußte die Hoffnungslosigkeit seiner Lage erkennen; mochte die Harzburg sich auch in verteidigungsfähigem Zustand befinden, dem Ansturm einer solchen Übermacht war die Besatzung nicht gewachsen. Auch mußte befürchtet werden, daß der Aufstand bei einer langwierigen Belagerung auf andere Reichsgebiete übergriff. Es war daher mit größter Entschlossenheit zu handeln.

Er gab zunächst ausweichende Antwort; wenn jemand Grund zur Klage habe, so möge er dies auf einem allgemeinen Reichstage vorbringen, der unverzüglich einberufen werden solle. Währenddes war es Nacht geworden. Schon klangen aus dem Zeltlager zu Füßen der Burg Hohnworte und Waffenlärm herauf; es wurde klar, daß es zum Äußersten kommen sollte. Da verließ Heinrich mit wenigen Begleitern durch einen unterirdischen Gang die Burg und entkam in die dichten Wälder am Nordhang des Felsens. Zwei Tage später langte er vollkommen erschöpft in dem fünfzig Meilen entfernten Kloster Hersfeld an.

Der Aufstand verbreitete sich nun über ganz Sachsen. War der König auch wider Erwarten entkommen und damit der Hauptschlag mißlungen, man glaubte, auch ohne seiner Person habhaft geworden zu sein, das hieß ohne seine, wenn auch erpreßte Zustimmung, die Autonomie mit Gewalt durchsetzen zu können. Nach einheitlichem Plan wurde das um die Harzburg versammelte Heer geteilt und auf die einzelnen Burgen angesetzt. Des ganzen Landes bemächtigte sich ein separatistischer Freiheitstaumel. Liemar von Bremen, Heinrichs Stütze in Nordsachsen, der reichstreue Erzbischof, mußte ebenso wie Benno von Osnabrück, der Burgenbauer, fliehen. Eberhard von Naumburg konnte nicht mehr in sein Bistum zurück. Die königliche Feste Lüneburg fiel; die schwäbische Besatzung erkaufte sich freien Abzug gegen Haftentlassung eines gefangengehaltenen Billunger Grafen; ein Sachse sei siebzig Schwaben wert, spottete Otto von Nordheim.

Von Hersfeld aus versuchte Heinrich Verhandlungen anzuknüpfen, nachdem nun auch die Thüringer sich dem Aufstande angeschlossen hatten. Aber die siegreichen Rebellen forderten vorerst seine verhaßten Räte als Geiseln, so daß es zu keiner Aussprache kam. Schließlich verbürgten sich die Erzbischöfe von Köln und Mainz für sein Wort, mußten aber die Aussichtslosigkeit, zu einem Ausgleich zu kommen, sehr schnell erkennen, denn die Sachsen gaben der Meinung Ausdruck, die *„gegen alle Natur gehenden Verbrechen des Königs"* erforderten kirchliche Sühne. Der Mainzer, in seiner Eigenschaft als Primas der deutschen Kirche, solle daher Heinrichs Ehe lösen und ihm den Rittergürtel mit der Königswürde im Namen Gottes entziehen. Dann könne über die Neuordnung der Verhältnisse in Deutschland gesprochen werden.

Heinrich mußte erkennen, daß dem Aufstand nur mit Gewalt beizukommen war; dazu bedurfte es aber der Mitwirkung des Reichsheeres, also der ihm alles andere als wohlgesinnten Herzöge von Schwaben, Bayern und Kärnten. Ein Versuch, sie auf seine Seite zu ziehen, war so gut wie aussichtslos, dennoch glaubte Heinrich, ihn wagen zu müssen. In Kappel, einem kleinen Ort unweit Mainz, kam es zur Aussprache. Es wird berichtet, daß Heinrich sich schließlich seinen Vasallen zu Füßen warf, sie sollten das deutsche Königtum und damit die Ehre des Reiches nicht verderben und die ihm angetane Schmach nicht ungesühnt lassen. Es war vergebens. Ohne ihrer innerlichen Genugtuung über die Ereignisse Ausdruck zu geben, lehnten die Herren unter nichtigen Vorwänden ab; er könne nicht so lange seinem Herzogtum fernbleiben, sagte der eine, zu einem Feldzuge sei es zu spät, das Volk müsse zur Ernte, der andere. Vergeblich demütigte sich Heinrich bis zum äußersten und versprach feierlich, ihnen künftig alle gewünschte Mitbestimmung an den Reichsgeschäften einzuräumen. „*Niemand glaubte, daß er die Worte, die sein Mund aussprach, auch wirklich im Herzen trug.*" Man zuckte die Achseln; die salische Dynastie schien verloren.

Heinrich hatte nichts unversucht gelassen, er war vor keiner Demütigung zurückgeschreckt und mit seinen Zusagen bis an die äußerste Grenze gegangen, bevor er nun jenen Brief nach Rom sandte, der die Unterwerfung des deutschen Königs unter den päpstlichen Willen zum Ausdruck brachte. Erst die Erkenntnis, daß diese Unterwerfung das kleinere Übel sei und nur noch die Apostolische Macht, als einzige der irdischen Gewalten, ein Interesse an der Erhaltung der salischen Dynastie haben konnte, daß also ohne eine solche Unterwerfung die Krone mit Gewißheit verloren war: erst solche Erkenntnis veranlaßte den folgenschweren Schritt. Die Verhandlungen waren gescheitert, die Mittel der Königsgewalt, der Einsatz der Reichsexekutive, verschlossen. Da blieb kein anderer Weg, und Heinrich beschritt ihn mit dem verbissenen Entschluß, solche Schwenkung zu frommer Politik, sobald er wieder Boden unter den Füßen gewann, in politische Frömmigkeit auslaufen zu lassen.

Mochte sein Großvater Konrad das Reich mit derber Brutalität zusammengehalten, sein Vater Heinrich eine in sich schon gefestigte Krongewalt empfangen und durch feinsinnige Glättung der Gegensätze ausgebaut haben: Heinrich IV. war als unreifer und unerzogener Jüngling zu einem Zeitpunkt König geworden, als Reichsfürsten und Klerus, die verfassungsmäßig bestellten Hüter des Staates, sich nach zehnjähriger Vormundschaft an ihre Unabhängigkeit gewöhnt und den Respekt vor dem Thron verloren hatten. Heinrichs Versuch, sich im Mittelpunkt des reichen Königsgutes, „im blühenden Paradiese" Sachsen, Residenz und festen Halt zu schaffen, war nun gescheitert und dem dritten Salier vom Erbteil seiner Väter nur die zähe Energie, der helle Verstand und die königliche Überlegenheit geblieben. In einem Zeitalter des Faustrechtes, in dem nur der Dummkopf dem anderen glaubte, das den Begriff der Treue höchstens als verstiegenen Idealismus, niemals aber als bindende Verpflichtung anerkannte, wo der Betrug geradezu als Triumph des Schlaueren aufgefaßt wurde: in solcher Zeit konnte ein um seine Existenz kämpfender König kein Gefühl für Unrecht haben, wenn er seine Versprechungen mit dem inneren Vorbehalte machte, sie, sobald es irgend ging, wieder zu brechen.

GREGOR GREIFT EIN

Heinrichs Schritt sollte sofort vollen Erfolg haben. Schon hatte sich Rudolf von Schwaben nach Rom gewandt und angefragt, was der Heilige Vater zu tun gedenke, um „Priestertum und Königtum wieder mit dem alten Band der Eintracht zu umschlingen", und damit zu erkennen gegeben, daß man sich bei der bevorstehenden Neuordnung des päpstlichen Einverständnisses versichern wolle. Gregor gab seiner Genugtuung über solche Frömmigkeit freudigen Ausdruck, sagte aber dann: „Was den König Heinrich betrifft, so sollst Du wissen, daß wir ihm wohlmeinen, denn wir haben ihn zum König gewählt; von seinem Vater, Kaiser Heinrich, wurden wir bei Hof vor allen Italienern mit der größten Auszeichnung behandelt. Immerhin erscheint es aber gut, wenn wir uns gemeinschaftlich mit Dir, der Kaiserin Agnes, den Markgräfinnen Beatrix und Mathilde hier in Rom aussprechen." In einem anderen Briefe vom gleichen Tage nennt er Heinrich „nach Gottes Ratschluß den künftigen Kaiser" und verpflichtet sich, über seine Ehre zu wachen, wenn er nur im Gehorsam gegen Gott verharren und sein „kindisches Treiben" aufgeben wolle.

Diese eindeutige Stellungnahme des gefürchteten Mannes konnte auf die Reichsfürsten nicht ohne Einfluß bleiben. Es mußte daraus erkannt werden, daß der Papst einen Sturz Heinrichs nicht zulassen, von seiner Seite aus also ein Bruch der beschworenen Vasallentreue nicht hingenommen werden würde. Das änderte die Lage von Grund auf, und man begann einzulenken. Den Sachsenführern wurde freundschaftlich bedeutet, es läge in ihrem eigenen Interesse, sich nicht mit dem Heiligen Vater zu überwerfen, weshalb sie sich zu einer Aussprache bereitfinden sollten. Siegfried von Mainz erklärte dem König, er müsse ihre berechtigten Wünsche erfüllen. Heinrich, der wie ein Friedloser herumgeirrt und dann in schwere Krankheit verfallen war, bis die alte salische Heimat, das „*einzige Worms*", wie er es nannte, ihn in überschwenglicher Anhänglichkeit aufgenommen hatte, sah nun wieder etwas hoffnungsvoller in die Zukunft. Schon waren ihm von den Bürgern reiche Geldmittel zugeflossen, man wollte sogar eine kleine Truppe aufstellen. Er sei zu jeder Verständigung bereit, antwortete der König, wenn nur die Ehre gewahrt blieb. An der Aussprache mit den Hochverrätern teilzunehmen, verweigerte er jedoch, um sich vorzubehalten, einer Vereinbarung beizutreten, die den beiderseitigen Interessen gerecht würde.

Die Besprechungen gingen hin und her, schließlich kam es zu einem Kompromiß. Die Sachsen erklärten sich bereit, dem König die geforderte Genugtuung zu geben, sofern dieser – unter der Bürgschaft der Fürsten – sie nicht nur begnadigte, sondern ihre Forderung auf Autonomie Sachsens und Schleifung der Burgen erfüllte. Heinrich stimmte zu, um Zeit zu gewinnen; bis es zu der Niederlegung der Burgen und damit der endgültigen Aufgabe seiner absolutistischen Politik kommen würde, hoffte er, wieder über genügende Macht zu verfügen, um die erpreßten Zusagen außer Kraft setzen zu können.

Es gelang auch wirklich, während der nächsten Monate den Befehl zur Niederlegung der Burgen hinauszuschieben, eine Zeit, die Heinrich in höchster Aktivität mit Ausrüstung der für seine Sache begeisterten Wormser Bürger ausfüllte. Endlich glaubte er stark genug zu sein, um mit seinem „*Krämerheer*" zum Entsatz der immer noch belagerten Harzburg ausrücken zu können und, wenn es sein mußte, auch im offenen Felde die Waffenentscheidung zu suchen. Als er über Fulda in Hersfeld angelangt war, wo er sich durch die Truppen der Äbte der beiden Reichsklöster zu verstärken gedachte, mußte er jedoch deren Weigerung zur Heerfolge entgegennehmen; Otto von Nordheim stehe bereits mit vierzigtausend Sachsen an der Werra, sagten sie, um den Übergang zu sperren, da sei ein Kampf der sichere Selbstmord. Viel mehr Aussicht auf Erfolg biete sich aber durch Verhandlungen, denn die Sachsen litten unter Hunger und Kälte und würden nichts lieber sehen, als den ungewohnten Winterfeldzug abzubrechen. Heinrich mußte erkennen, daß sie recht hatten, und so kam es wieder zu Besprechungen.

Anfangs wollte es scheinen, als ob ein friedlicher Ausgleich ausgeschlossen sei, aber schließlich setzten die Unterhändler es durch, daß Heinrich die unabänderliche Bedingung der Sachsen, die Schleifung der Burgen, erst dann zu erfüllen habe, wenn die Unterwerfung und feierliche Huldigung der Rebellen in verbindlicher Form erfolgt sei. Es war ein guter Erfolg für die königliche Sache, denn eine solche Huldigung bedeutete das Ende des Aufstandes in einer Form, die die Würde Heinrichs wahrte und sein Ansehen wieder herstellte. Für die Ausführung der verhaßten Bedingung war außerdem wiederum Zeit gewonnen, so viel womöglich, wie Heinrich nach seiner Meinung brauchen würde, um wieder stark genug zu sein, die Ausführung überhaupt zu unterlassen.

Die Art, wie der vierundzwanzigjährige König nun die Huldigung entgegennahm, wie er seine Feinde demütigte und begnadigte, machte auf alle Beteiligten tiefen Eindruck. Vor wenigen Monaten noch ein friedloser Flüchtling, der nichts mehr besaß als verzweifelten Mut, ragte nun seine hochgewachsene Gestalt im Krönungsornat mitten unter seinen eben noch zum Äußersten entschlossenen Todfeinden empor, die vor solcher königlichen Würde das Knie beugten. „Das Volk der Sachsen" drängte sich heran, *„um des Königs Angesicht zu schauen",* und begrüßte ihn *„mit freudigem Zuruf und Siegesjubel".*

Freund und Feind auf der Harzburg wollten den Augen nicht trauen, als nun, seltsame Wandlung, eines Februarmorgens der König an der Spitze des sächsischen Volksheeres erschien. Schwaben und Sachsen, Königliche und Rebellen warfen die Waffen fort und führten ihren Herrn im Triumph den steilen Felsen hinauf, von dem er bei Nacht und Nebel als Flüchtling hatte weichen müssen.

Als im allgemeinen Verbrüderungstaumel niemand mehr von der Niederlegung der Festung sprach, als Freund und Feind aus den Händen des gnädigen Königs reiche Belohnungen empfangen hatten, glaubte Heinrich, das Land des Aufruhrs verlassen zu können, obwohl er mit einem baldigen Wiederaufflammen der Feindseligkeiten rechnete. Erst dann, sagte er zu seinen Freunden im Vertrauen, werde er Sachsen wieder betreten, wenn er die Macht zurückgewonnen habe, den Aufbau seiner Herrschaft gewaltsam zu vollenden.

Es kann kein Zweifel sein: Heinrich verdankte seine Rettung hauptsächlich dem Papst, dessen überstaatliche Macht damit erstmalig die Feuerprobe bestand. Trotz aller Fehlschläge der Gregorianischen Politik bedeutete die von Hildebrand begründete **F r e i h e i t** der Kirche nun doch schon so etwas wie ihre **H e r r s c h a f t**, wenn sie nur auf aktiven Imperialismus verzichten und das Schwergewicht der Apostolischen Autorität schiedsrichterlich einsetzen wollte. Gregors Eintreten für den deutschen König, seine Versicherung, über seine Ehre zu wachen, der Hinweis auf die ihm zustehende Kaiserkrone hatten den auf den Sturz der Monarchie hinarbeitenden Großfürsten eine schwere Enttäuschung bereitet. Sie, die sich in ihrem Kampf gegen das neue Ministerialen-System am Hof die päpstliche Bundesgenossenschaft gesichert zu haben glaubten und dafür bereitwillig ihr Desinteressement an der Erhaltung einer deutschen Nationalkirche erklärt hatten, waren nun darüber belehrt worden, daß der Heilige Vater sich nicht in die Thronstreitigkeiten hineinziehen ließ, sondern seine Souveränität als höchste richterliche Instanz zu wahren trachtete. Gregors wiederholt gegebener Hinweis, der Heilige Petrus habe die Macht, *„zu binden und zu lösen"*, seine brutale Energie und erbarmungslose Schärfe mußten erkennen lassen, daß diese Autorität nicht mehr auf die geistliche Leitung der Kirche beschränkt war, sondern schon alle die Rechte für sich beanspruchte, die der deutsche König seit Jahrhunderten in einer Art letzter Anknüpfung an das altgermanische Oberpriestertum als oberster Herr der Kirche ausgeübt hatte, ja ausüben mußte, um das ganz Mitteleuropa umfassende Reichsgebiet zu beherrschen. War Heinrichs Streben nach zentraler Königsgewalt gescheitert und dabei auch die altbewährte Verfassung ins Rutschen gekommen: die Wandlung der föderalistischen Feudalkirche zur straff organisierten römischen Behörde mußte sich nun zwangsläufig vollziehen. Nicht nur, daß die Gegenwirkung des um seine Existenz mit den Vasallen ringenden Königs ausblieb, diese Vasallen sahen in der Herauslösung der kirchlichen Gewalten aus dem Verfügungsbereich der Krone nur die willkommene Schwächung des Gegners. Das Interesse an der „Ehre des Reiches" war längst hinter dem eigenen zurückgetreten. Nicht der König sollte künftig in Deutschland der Herr sein, sondern die Gemeinschaft der Fürsten, die Führung der Reichsgeschäfte sich also auf nicht viel mehr als einen allgemeinen Interessenausgleich beschränken.

Die Krone mußte daher, wollte sie ihre traditionellen Rechte wahren, einen Zweifrontenkrieg führen: gegen die tatsächlichen Inhaber der Reichsgewalt, das Fürstentum, und jene unheimliche neue Macht des Geistes in Rom, die im sicheren Zuge war, ihr die Kirche, die letzte Kraftquelle, zu entziehen. In dieser Lage hatte Heinrich seinen Frieden mit der Kurie machen müssen, aber es war nur allzu selbstverständlich, daß es ihm nicht ernst dabei gewesen war.

Unterdes kamen aus Rom merkwürdige Nachrichten. Der Heilige Vater, so hieß es, habe dem Patriarchen von Konstantinopel versprochen, die *„Eintracht mit dem Apostolischen Stuhle wieder herzustellen"*, und wolle deshalb mit einem Heer der ganzen Christenheit aufbrechen. Der Bericht bestätigte sich bald, als ein Rundschreiben des heiligen Petrus „*an alle Getreuen, besonders diejenigen jenseits der Berge, zur Hilfeleistung für die Brüder im Reiche von Konstantinopel*" am Hofe einlief; es war von einem Privatbrief Gregors an den König begleitet, in dem er ihn bat, er solle sich von bösen Ratgebern fernhalten, die zwischen ihnen nur „*Zwietracht säen*" wollten. „*Wenn ich aber*" – so fährt er dann wirklich fort – „*mit Gottes Hilfe nach Konstantinopel gegangen sein werde, so lege ich in deine Hände die Ehre und das Wohl der römischen Kirche.*"

Heinrich konnte nichts sehnlicher wünschen, als daß der Heilige Vater mit solchen Absichten ernst mache, und geriet in triumphierende Stimmung, denn nun war es ja klar, daß man in Rom kein Mißtrauen mehr gegen ihn empfand. Aber Gregor hatte wieder eine böse Enttäuschung hinnehmen müssen, denn als er schon mit den Entwürfen zur Durchführung des Planes beschäftigt war, kam die Meldung, der byzantinische Kaiser habe in hellem Entsetzen über die römischen Ideen sich mit Robert Guiskard, dem Normannen, gegen Gregor verbündet! Diese Nachricht genügte, um den Plan gänzlich fallen zu lassen, ganz abgesehen davon, daß die „Getreuen" des Heiligen Petrus, Engländer Franzosen, Dänen und Ungarn, nichts von sich hören ließen.

Heinrich glaubte sich nun stark genug, um seine alten Rechte über die Kirche wieder auszuüben. Ohne sich im mindesten um seine eben erst abgegebenen Erklärungen zu kümmern, ohne päpstliche „Ermächtigung" nichts mehr in den Kirchen zu „bessern" und nur noch nach

Gregors „Vorschriften" zu handeln, setzte er jetzt in Speyer einen ihm ergebenen Dompropst zum Bischof ein und investierte in Lüttich sogar den Vetter des romfeindlichen buckligen Gottfried. Darin lag eine deutliche Parteinahme der Krone für diesen Gottfried, dem der Papst eben noch unter freudiger Zustimmung seiner Gemahlin Mathilde geschrieben hatte: *„Wir empfinden keine andere Verpflichtung mehr gegen Dich, als Dir insoweit unseren Rat zu geben, wie wir das jedem Christen schuldig sind."* Um so peinlicher mußte dieser neueste „Ungehorsam" Heinrichs in Rom empfunden werden. Die Antwort ließ auch nicht lange auf sich warten.

Gestützt auf Heinrichs Erklärung, die Kirche nach den päpstlichen Vorschriften „bessern" zu wollen, erschien in Nürnberg eine Gesandtschaft Gregors mit dem Auftrage, ein allgemeines deutsches Straf-Konzil abzuhalten. Nach der gültigen Auffassung bedeutete dies eine Anmaßung sondergleichen und das Ende jeder Freizügigkeit der deutschen Kirche. Es wäre Aufgabe des Mainzer Erzbischofs gewesen, dagegen Protest zu erheben, weil nur ihm das Recht zustand, in Deutschland Synoden zu veranstalten, aber Siegfried erklärte, seit Gregors Wahl seien *„die Himmel honigfließend geworden"*, süßer als gewöhnlich träufle der Tau der Gottesgnade herab, weil der, *„nach dem wir alle am meisten verlangten, endlich der Kirche vorgesetzt wurde, der keinem von uns je seine Hilfe versagt hat"*. Heinrich wurde schroff zur Rede gestellt, warum er immer noch mit den von Alexander gebannten Räten verkehre, worüber er, um einen Bruch zu vermeiden, innige Reue zu empfinden versicherte und die fünf Bösewichter bat, während der

Anwesenheit der gestrengen Herren dem Hofe fernzubleiben. Aber die Gesandtschaft mußte doch unverrichteter Sache abreisen, denn Liemar von Bremen sagte ihnen mit aller Deutlichkeit ins Gesicht, die deutschen Bischöfe seien keine Gutsbeamten, denen der Herr Papst nach Laune Befehle erteilen könne.

Gregor hielt schreckliches Strafgericht. Die fünf Räte wurden aufs neue gebannt und verflucht, mit ihnen der unbotmäßige Liemar, sowie die Bischöfe von Straßburg, Speyer und Bamberg. Alle Geistlichen, die ihr Amt durch Geld erworben haben oder trotz der kategorischen Verbote noch in der Ehe leben, sind mit sofortiger Wirkung suspendiert.

Dem König wurde privatim eine schwere Verwarnung erteilt. Der Heilige Vater würde nicht davor zurückschrecken, auch ihn mit dem Kirchenfluch zu treffen, wenn er weiter im Ungehorsam verharre, Bistümer selbständig vergebe und den weltlichen Einfluß auf kirchliche Investituren fernerhin dulde.

Es war deutlich geworden, daß Gregors Kämpfernatur ihre alte Kraft zurückgewonnen hatte und sich zum Endkampf bereitmachte.

DER SÄCHSISCHE KRIEG

Es kam, wie es kommen mußte: Nachdem die Verbrüderungsfeste verrauscht waren, wurde man in Sachsen ungeduldig und mißtrauisch, da der versprochene

Befehl zur Schleifung der Burgen noch immer auf sich warten ließ. Man begann in Worms vorstellig zu werden. Heinrich versuchte zunächst die unbequemen Mahner hinzuhalten, als es nichts mehr nützte, erklärte er, die Harzburg Otto von Nordheim, seinem Stellvertreter, zur ständigen Residenz zuweisen zu wollen, und verlangte, wenn man auch darauf nicht eingehen wolle, daß mit den königlichen Burgen alle übrigen in Sachsen niedergelegt würden. Eine allgemeine Verstimmung setzte ein. Der König wolle sein Wort brechen, hieß es. Die Unzufriedenheit wuchs, man machte die Sache zu einer Ehrenfrage und begann sich zu verschwören, nötigenfalls gemeinsam vorzugehen, wenn Heinrich sich weiter seinen Verpflichtungen entzöge.

Die Lage wurde ernst. Schließlich willigte Heinrich im Einverständnis mit den Sachsen in die Niederlegung der äußeren Ringmauer auf der Harzburg, um wenigstens den Prachtbau zu erhalten und ihn, sobald es ging, wieder zu befestigen. Mit den Arbeiten mußten allerdings sächsische Bauern betraut werden.

Es sollte sich nun aber zeigen, wie tief auch in diesen Menschen der Haß gegen die „Franken" verwurzelt war, deren großer König Karl mit seinen Blutgerichten vor dreihundert Jahren das sächsische Volk in dreißigjährigem Ringen zu Boden gezwungen hatte. Diese niedersächsischen Nachfahren der Freiheitskämpfer um Widukind glaubten, daß die Stunde der Rache nun endlich gekommen sei, vergaßen Gehorsam und Christentum und machten die ganze Burg mit Kirche und Grabkapelle dem Erdboden gleich. Die Gebeine der königlichen Anverwandten wurden aus den Gräbern gerissen und in alle Winde gestreut; es war eine Orgie der Zerstörungswut, die auch nicht vor dem Kreuzeszeichen haltmachte; in seiner ganzen Wildheit lohte jahrhundertelang unterdrücktes Heidentum zu alles verzehrender Flamme empor.

Des sächsischen Adels bemächtigte sich eine Panik. Nicht allein, daß man nun den Frieden gebrochen und sich in den Augen der ganzen Christenheit in schweres Unrecht gesetzt hatte, diese wilden Bauern mochten aus dem Freiheitskampf gegen den Salier womöglich einen Aufstand gegen den Grundherrn machen, von dem Ausbruch einer solchen unzähmbaren Volkswut war es bis zu einem Bauernkrieg ja nicht mehr weit. Man erinnerte sich der Gefahren, von denen die Überlieferung erzählte, als Widukinds Kampf gegen Karl den Großen sich zu einer Befreiung der Bauern vom grundherrlichen Joch auszuwirken begann, so daß der bedrohte Adel zum Schutz seines Besitzes mit dem Frankenkönig paktieren mußte. Man gedachte des Stellinga-Aufstandes hundert Jahre später, einer regelrechten Bauernrevolte, die nur mit genauer Not von den fränkischen Waffen unterdrückt worden war. Auch die Bischöfe von Magdeburg und Halberstadt, bislang die treibenden Kräfte gegen Heinrich, sahen sich und ihre Kirchen durch dieses mit schrecklicher Gewalt zum Ausbruch gekommene Heidentum der Bauern aufs äußerste bedroht.

Dieselben Herren, die noch eben in Worms auf ihrem Recht bestanden hatten, stellten sich nun verlegen und ängstlich bei Heinrich ein, um ihm ihre Unschuld an den verabscheuungswerten Ereignissen zu versichern. Man erbot sich zu jeder Genugtuung, vor allem der schwersten Bestrafung der Schuldigen.

Aber Heinrich fühlte, daß seine Stunde gekommen sei. Mit unerbittlicher Härte wies er die Abordnungen zurück. Nach solchen Freveln könne er keinen Sachsen mehr als Christen ansehen, Gottes Strafgericht würde sie treffen.

Er berief die Reichsfürsten zur Beratung, die den Grab- und Kirchenschändern unmöglich ihre Unterstützung gegen einen König leihen konnten, der die beleidigte Gottesehre zu verteidigen habe. Ob sie wollten oder nicht, sie mußten sich mit seiner Sache identifizieren. Heinrich vermied es, die eigenen Interessen auch nur im mindesten aufklingen zu lassen, immer nur sprach er von seinen Pflichten gegen den Himmel, in deren Erfüllung er sich sogar weigern müsse, die von den sächsischen Herren angebotene Genugtuung anzunehmen. Dennoch bedurfte es seines ganzen Verhandlungsgeschickes, um in gemeinsamen Sitzungen ebenso wie in Einzelbesprechungen schließlich die Stimmung für sich zu gewinnen. Gottes beleidigte Ehre immer in den Vordergrund schiebend, sprachen er und seine Helfer auf die zögernden Fürsten ein. Sein leidenschaftliches Temperament kam ihm dabei ebenso zu Hilfe wie die unermüdliche Ausdauer, das salische Erbteil; er schenkte, bestach, drohte und zürnte, er spielte den einen gegen den anderen aus und vereinte dann wieder alle unter dem Füllhorn seiner königlichen Gnaden.

So gelang es schließlich, die Entscheidung, ob es zur Reichsexekutive kommen sollte oder nicht, den einzelnen zu nehmen, die Strafexpedition vielmehr als religiöse

Pflicht hinzustellen, der sich niemand mehr zu entziehen wagte. Aber das genügte dem König noch nicht, um den Erfolg zu sichern. Ganz im geheimen knüpfte er nun auch mit führenden sächsischen Herren Einzelverhandlungen an und brachte es auf diese Weise wirklich zuwege, daß sich die einheitliche Abwehrfront verlief. Unsummen von Bestechungsgeldern gingen nach Sachsen, bis Heinrich endlich die Gewißheit hatte, daß von den Westfalen sich überhaupt niemand, die übrigen Stämme keineswegs geschlossen an der kommenden Auseinandersetzung beteiligen würden. Erschüttert schreibt der sächsische Mönch in seine Annalen, gerade die wildesten Hetzer gegen den König seien „*in arger Untreue nächtlich zu ihm übergegangen*".

Als nach solchen Vorbereitungen der Aufmarsch des Reichsheeres an der Unstrut begann, sollte Heinrichs Sieg nicht zweifelhaft sein. Es kam zu einer blutigen Schlacht, in der Otto von Nordheim die Sachsen führte. Sie wogte dennoch hin und her, bis schließlich Herzog Rudolf mit seinen Schwaben die Entscheidung für die königliche Sache herbeiführte. Von den berittenen sächsischen Führern entkamen alle, während das Fußvolk, das nicht fliehen konnte, „*wie das Vieh*" zusammengehauen wurde.

Das Ergebnis dieses Sieges bedeutete die völlige Niederwerfung Sachsens. Der Adel war auf seine Burgen geflüchtet, die überlebenden Bauern wollten nichts mehr vom Kriege wissen. „*Aus tiefstem Elend*" flehte Annos Neffe, der Halberstädter Bischof, um Mitleid. So groß sei der Kummer, daß man in seiner Heimat nie mehr froh werden könne.

Heinrich hatte nun wieder, wie nach dem Urteil über Otto von Nordheim, erfahren, daß die Kraftquellen des deutschen Kaisertums nur aus der Interessenverbundenheit zwischen Krone und Fürsten flossen, daß aber ein auf sich selbst gestellter König ein hohles Gefäß geworden war. Die Heiligkeit seiner Thronrechte hatte die mystische Gewalt verloren, weil ihre religiöse Verbrämung, nun von einer anderen Macht, der geistlichen, heruntergerissen und von der ottonischen Herrlichkeit nicht viel mehr als ein leeres Gerippe übriggeblieben war.

Heinrichs Versuch, sich neu zu drapieren, um durch Ausgestaltung des im sächsischen Gebiet brachliegenden Königsgutes eine straff gegliederte Hausmacht aufzubauen, war gescheitert. Sein politischer Instinkt hielt ihn von der Verlockung fern, nun, nach seinem Triumph über die Rebellen, aufs neue damit zu beginnen. Ein zweites Mal, Rudolf von Schwaben sprach es offen aus, würden dem Könige nicht die Kastanien aus dem Feuer geholt werden.

So mußte der Triumphzug durch das niedergeworfene Land unterbleiben – die Sachsen spotteten später darüber, der König habe sie nur gezüchtigt, statt sie verdientermaßen auszurotten; unter dem Vorwand, man dürfe die herrliche Königspfalz durch die Ansammlung so großer Truppenmassen nicht gefährden, kam es nicht zu der beabsichtigten Siegesparade in Goslar. Er habe nichts gegen das verführte sächsische Volk, ließ der König verkünden, er wolle nur seine Führer strafen.

Mit solcher Beschränkung auf das Erreichbare fuhr die königliche Politik wieder in die alten Gleise der ottonischen Verfassung ein. Heinrichs Persönlichkeit, deren geschmeidige Aktivität und spielerische Gewandtheit charaktervolle Kraft ersetzen mußte, war den Aufgaben, die ein konstitutionelles Königtum stellte, viel eher gewachsen als denen des Absolutismus. Zum Format eines Diktators hatte er nur den Mut des Tyrannen.

Vernünftige Zurückhaltung in der Ausnutzung des Sieges, liebenswürdige Rücksicht auf die Empfindlichkeit seiner Herzöge und nicht zuletzt die freigebige Verfügung über den konfiszierten Besitz der Rebellen verhalfen ihm nun auch zu dem letzten Erfolg, der noch vor wenigen Monaten nicht im entferntesten zu erhoffen war: die versammelten Fürsten huldigten ihrem jungen Könige aufs neue, erkannten dessen eben geborenen Sohn Konrad als Thronerben an und bestätigten somit die salische Dynastie im vierten Gliede!

Über die Rebellen konnte nun Gericht gehalten werden. Sie mußten waffenlos, barfuß, mit gesenkten Häuptern das Knie beugen und um Gnade flehen. Otto von Nordheim, die stolzen Billunger, die Bischöfe von Magdeburg und Halberstadt und wie sie alle hießen. Obwohl ihr Leben verwirkt war, ließ der König Milde walten und gab sie seinen Getreuen in Franken, Schwaben, Bayern, in Burgund und Italien zu strenger Kerkerhaft. Nur einer unter ihnen, der vielgewandte Otto von Nordheim, entging diesem Geschick. Mitleid und Erinnerung an die freundschaftlichen Gefühle, die er für diese glänzende Persönlichkeit empfunden hatte, veranlaßten Heinrich, ihm vollkommen zu verzeihen und von nun an wieder zu vertrauen. Auch die Empfindung, ihm im Zusammenhang mit der Egino-Affäre unrecht getan und damit womöglich das ganze Unglück heraufbeschworen zu haben, sprach bei diesem Entschlusse mit. Otto erhielt nicht allein seine Stammgüter zurück, er wurde sogar zum königlichen Statthalter auf der wieder aufzubauenden Harzburg ernannt und so für die Zukunft, zur Wut seiner gedemütigten Standesgenossen, in die Interessen der Kronpolitik verflochten.

Als Heinrich von Goslar schied, wollte es so scheinen, als sei die deutsche Königsmacht wieder im alten Glanz erstanden. Aber es war in Wirklichkeit nur das Licht, das von einem zur Führung der weltlichen Geschäfte emporgestiegenen Fürstentum widerspiegelte. Mochte es im Augenblick auch hell aufgestraht sein, es mußte doch ein flackerndes Scheinen bleiben. Denn die andere Leuchte der deutschen Krone, die Kirche, war ja im Verlöschen, weil ein anderer, über den Bergen, sein eigenes Licht daran entzündet hatte.

RÖMISCHE FANFAREN

Heinrichs schwierige Verhandlungen um das Zustandekommen des sächsischen Feldzuges hatten sich viele Monate hingezogen; noch im Frühjahr 1075 war es nicht entschieden, ob er sich durchsetzen und damit seine Stellung noch einmal festigen würde. Gregor hielt diese kritische Zeit nun für den rechten Augenblick, um zu einem Generalangriff gegen die deutsche Krone vorzugehen, deren Unzuverlässigkeit und feindselige Einstellung gegen die kuriale Reform-Politik ja nunmehr außer Frage stand. Mochte es zur vernichtenden Bestrafung der sächsischen Kirchenschänder kommen oder nicht: keinesfalls durfte ein königlicher Sieg zum Triumph werden, der das beste Werkzeug Roms im Deutschen Reich, die Fürsten, ihrer neugewonnenen Unabhängigkeit beraubte und womöglich die brutale Königsmacht eines Konrad II. wieder heraufführte.

„*Wir wenden uns an Euch und alle, auf deren Frömmigkeit und Gehorsam wir bauen dürfen*", schrieb der Papst an Rudolf von Schwaben und Berthold von Kärnten, ihnen zu ihren Verhandlungen mit dem König erkennbar den Rücken stärkend, „*damit Ihr solche Priester an der Abhaltung des Gottesdienstes hindert von denen Ihr wißt, daß sie Simonisten oder Hurer sind. Macht diese Befehle auch am Königshof bekannt und geht gegen Widersätzliche mit Gewalt vor. Wer dagegen einwendet, es sei nicht Eures Amtes, den weist nur an uns . . .*"

Der um die Wahrung seiner nur in seiner Person gipfelnden Zentralgewalt leidenschaftlich besorgte Apostelfürst überging nun also schon deutlich den um die alleinige Führung der Reichsgeschäfte ebenso bemühten König und wandte sich an dessen Vasallen; ja er bevollmächtigte sie, diese seine „Befehle" dem König „bekanntzumachen".

Es war ein wohlberechneter Schritt, der nicht allein die fürstliche Unabhängigkeit und damit die Schwierigkeiten des Königs weiter verstärken sollte, er zielte auch gegen die zunehmende Opposition der deutschen Bischöfe, die an einer wiedererstarkten Thronmacht Halt und Hilfe gegen Rom zu finden hofften. Liemars von Bremen selbstbewußtes Auftreten gegen die päpstlichen Legaten war eine Warnung gewesen; mochten ihn inzwischen auch St. Petri's Fluch getroffen haben, schon war der bisher römisch gesinnte Erzbischof von Trier seinem Beispiel gefolgt und hatte Gregors Gesetze gegen die Priesterehe als eine *„neue und keineswegs zu billigende Maßnahme, ein schweres und nicht zu ertragendes Joch"* bezeichnet; das bittere Wort machte in Deutschland die Runde, der Papst handle wie ein Mensch, *„der einen Ertrinkenden aus der Mosel zieht, um ihn in den Rhein zu werfen"*.

Selbst in Lothringen, wo man den cluniazensischen Ideen viel näher stand als im rechtsrheinischen Deutschland, mehrten sich die Stimmen der Unzufriedenheit. *„Wenn ich Deine Dekrete zur Annahme empfehle"*, so berichtet der Bischof von Verdun mit sarkastischer Sachlichkeit seinem Apostolischen Herrn, *„so fragt man mich, ob ich es denn gutheiße, daß der Priester durch den Wahnsinn der Laien zum ehelosen Leben gezwungen werden dürfe. Ob ich denn in dem Honig das Gift nicht erkenne? ..."*

Gegen solche Stimmungen mußte mit aller Schärfe vorgegangen und darüber hinaus nun endlich auch der entscheidende Schlag gegen den deutschen König geführt werden, den Hort des Widerstandes. Auf der großen Fastensynode von 1075, der zu einer Art von Befehlsempfang gewandelten Jahresversammlung der Reformpartei, wurden daher die bekannten Vorschriften gegen Simonie und Priesterehe in radikaler Verschärfung wiederholt und nunmehr kirchenamtlich dem christlichen Volk verboten, dem Gottesdienst der Ungehorsamen beizuwohnen. Dann ließ Gregor die Türen schließen und gab den Wortlaut eines Gesetzes bekannt, dessen Verkündung den Ausbruch des offenen Kampfes mit der deutschen Krone bedeuten mußte. Es lautete:

„Wenn jemand künftig ein Bistum oder eine Abtei aus der Hand eines Laien annimmt, so soll er weder als Bischof noch als Abt gelten. Wir versagen ihm die Gnade St. Peters und den Eintritt in die Kirche, solange er sein Amt nicht aufgibt. Dasselbe wird für die niederen Würden festgesetzt.

Wenn ein Kaiser, König, Herzog, Markgraf, Graf oder sonst irgendein weltlicher Machthaber sich die Investitur eines Bistums oder sonst einer kirchlichen Würde anmaßt, so verfällt er derselben Strafe ..."

Es war die ungeheuerliche Erweiterung des Simoniegesetzes und den früheren Entwürfen Leos IX. angelehnt, als dieser im stillen Einverständnis mit Heinrich III. gegen den französischen König vorzugehen beabsichtigte. Seine Durchführung mußte den Zusammenbruch des deutschen Königtums zur Folge haben, dem auf diese Weise nicht allein die Erträgnisse aus dem in Jahrhunderten der Kirche zu Lehen gegebenen Königsgut verlorenzugehen drohten, von den simonistischen Einnahmen ganz abgesehen, es sollte vor allem das Ende der für die königliche Regierung unentbehrlichen Einwirkung auf die Kirchenpolitik bedeuten, die nunmehr auf römisches Kommando zu hören hatte, und den König unentrinnbar in die Abhängigkeit seiner fürstlichen Vasallen verweisen.

Das immer noch durch die Jahrhunderte bewahrte Erbteil der deutschen Krone aus dem karolingischen Gottesstaat, das dem deutschen König die Herrschaft über Welt und Kirche zuerkannte, wurde endgültig zerschlagen, um an die Stelle des karolingisch doppelpoligen den einseitig priesterlichen Gottesstaat zu setzen, auf dessen Führer, den Apostelfürsten, somit die souveräne Lenkung der Weltgeschicke überging.

Zur Begründung dieses Gesetzes legte Gregor eine Zusammenstellung aus kanonischen Aussprüchen und Synodalbeschlüssen vor, zum größten Teil rabulistische Verbiegungen der Logik oder aus dem Zusammenhang gerissene Sätze. Diese willkürlich hervorgezerrten „Beweismittel" für den kanonisch unanfechtbaren Charakter seines Investiturgesetzes verrieten sogar einen erstaunlichen Mangel an historischer Bildung im Lateran, denn ein zeitlich und inhaltlich für Gregors Absichten tatsächlich wie gerufener Präzedenzfall blieb unerwähnt: die wiederholten Drohungen eines Papstes Nicolaus I. gegen den merovingischen Frankenkönig Lothar II., ihn bei weiterem Verweilen im Ungehorsam zu bannen und abzusetzen!

Die Versammlung geriet in hochgehende Erregung. Niemand verkannte die weltumwälzende Bedeutung der Stunde, aber es ergab sich aus den bewegten Diskussionen doch der Eindruck, für die Inkraftsetzung des Erlasses sei der gegenwärtige Zeitpunkt noch nicht geeignet. Nicht allein, daß die Entscheidung, ob es in Sachsen zur Reichsexekutive kommen würde, allem Anschein nach im positiven Sinne zu erwarten sei und nach dem dann vorauszusehenden Siege des Königs dessen Stellung unzweifelhaft eine erhebliche Festigung erfahren würde, das Gesetz konnte womöglich auch die Fürsten dem König in die Arme treiben, denn auch ihnen wurde ja das Investiturrecht genommen. War es nicht klüger, die Verkündung zum mindesten so lange hinauszuschieben, bis die Verhältnisse sich geklärt hatten? Unterlag der König in Sachsen, so hatte der Papst ohnehin gewonnenes Spiel, siegte er, so war mit Sicherheit vorauszusehen, daß die Fürsten ihre Verbindung mit Rom verstärken würden, um eine unerwünschte Steigerung der Königsmacht von hier aus zu stören. Ihre dadurch erhöhte Abhängigkeit vom Heiligen Vater würde erst gar nicht den Gedanken eines Widerstandes entstehen lassen!

So kam man zu dem Entschluß, dem Papst freie Hand zu geben, damit er später nach eigenem Gutdünken das Gesetz verkünde; bis dahin sollte es als „Geheimerlaß" behandelt werden. Man war sich aber dabei im klaren, daß es nicht nur nichts schaden könnte, daß es sogar erwünscht wäre, wenn die Öffentlichkeit gerüchtweise davon erführe. Die richtige Form für geeignete „Indiskretionen" zu finden, durfte den römischen Propagandisten getrost überlassen werden.

„DICTATUS PAPAE"

Wenige Wochen vor dieser bedeutsamen Tagung hatte Gregor dem Nestor der abendländischen Christenheit, Abt Hugo von Cluny, als Antwort auf dessen neuerliche Beanstandung seiner allzu radikal gewordenen, mit den cluniazensischen Forderungen nicht mehr in Einklang stehenden Politik, eine Art von Beichte über seine Nichtswürdigkeit vor Gott abgelegt; noch immer sei es ihm nicht gelungen, die sündige Menschheit zu bessern, so schrieb er. Im Gewande bitterer Selbstanklagen stellte er fest, daß er kaum einen Bischof wüßte, der nach den neuen Gesetzen sein Amt weiterführen könne, und daß es keine weltlichen Fürsten gäbe, *„die Gottes Ehre und das Gemeinwohl ihrer Habsucht überordnen"*.

Dieser Brief war Gregors erste Vorbereitung auf die ungeheuerliche Gewaltanwendung, wie sie das allgemeine Investiturverbot mit sich bringen mußte. Nicht etwa, daß er Zweifel an der Durchführbarkeit seines Willens angesichts dieser hoffnungslosen Verfassung der Menschheit Ausdruck geben wollte, die Bekenntnisse sollten im Gegenteil als innere und äußere Rechtfertigung dienen, seinen Weg dennoch bis ans Ende zu gehen. Jetzt, da es ernst wurde, da es in seine Hand gelegt war, die Welt aus den Angeln zu heben, und der kleine braune Hildebrand die irdischen Machthaber, voran den deutschen König, in die Rolle abhängiger Trabanten verweisen wollte: der „Knecht der Knechte Gottes" mußte sich nun zur letzten übermenschlichen Anstrengung sammeln.

Diese Christenheit, die *„schlimmer als Juden und Heiden"* war, konnte nur noch von der Faust des Riesen zum Heil zurückgerissen werden und mußte, ob sie wollte oder nicht, die Neuordnung der Dinge hinnehmen, die sie unter das unerbittliche Joch des Apostelfürsten zwang. Schon Gregor I. hatte ja für wahr erkannt, daß einzig und allein der römische Oberhirt die Eignung zur Universalherrschaft besitze, weil nur er, von weltlichen Interessen unberührt, zum Vollstrecker des göttlichen Willens bestimmt ist.

Aber dieser Wahrspruch seines heiligen Vorbildes genügte nun nicht mehr. Die Diktatur des Papstes konnte sich auf diese Äußerung allein nicht gründen. Solange ein Streit der Meinungen über die Grenze der päpstlichen Machtvollkommenheit wogte, mußte ihr noch die letzte Stoßkraft fehlen.

Unmittelbar nach der Synode ließ Gregor als Entwurf zu einer gesetzmäßigen Neuordnung der päpstlichen Gewalt, aber vorläufig nur als gottgewollte Richtlinien für ihn selbst bestimmt, siebenundzwanzig Leitsätze unter der Überschrift *„Diktat des Papstes"* in das neue Register eintragen, Fundament und Grundriß gleichsam für den Neuaufbau der Welt.

„Von Gott allein ist die Kirche begründet", so beginnt er, um ein für allemal kritische Einwendungen gegen seine Maßnahmen auszuschließen. Es war gleichzeitig das autoritäre Schlußwort zu dem alten Meinungsstreit, ob auch die Kirche, wie alles hienieden, Menschenwerk sei. Darum darf auch nur der Papst die kaiserlichen Abzeichen tragen, und der alten Sitte gemäß haben alle Fürsten ihm den Fuß zu küssen. Nur er allein hat das Recht, Gesetze zu verordnen und neue Völker zusammenzuführen, also die nationalen Grenzen ebenso zu verschieben, wie er ein *„reiches Bistum teilen und arme miteinander vereinigen"* darf. *„Seine Name ist der einzige in der Welt"*, er kann ebenso, wenn es ihm gutdünkt, *„Kaiser fortjagen"*, wie die Bischöfe von einem Stuhl zum andern versetzen, abberufen und ernennen. *„Sein Legat steht allen im Konzil voran."* Mit päpstlicher Erlaubnis kann hinfort, gegen alles gültige Recht, *„ein niederer Grad einen höheren anklagen"*, der Papst hat auch die Macht, *„Untergebene von ihrem Treueid gegen*

Ungerechte" zu entbinden, denn *„die römische Kirche irrt nie und wird niemals irren!"* Das päpstliche Urteil ist hinfort die letzte Instanz, gegen die es keine Berufung gibt, der Heilige Vater selbst aber kann *„von niemandem gerichtet werden"*.

Mochte dieses „Diktat" auch von kanonischen Aussprüchen – echten ebenso wie gefälschten – beeinflußt sein, kein Weltbeherrscher ist jemals mit solcher Rücksichtslosigkeit gegen Recht und Gewohnheit vorgegangen. Es war eben mehr als das Regierungsprogramm eines machtberauschten Tyrannen, es war die explosive Gewalt, die sich aus dem Zusammenprall von Glaubensraserei, Willenszwang und Titanenkraft entladen mußte.

Aber dennoch sollte der nüchterne Taktiker Hildebrand den besessenen Gregor, die Realpolitik die himmelstürmende Ekstase noch einmal verdrängen, als die Meldungen aus Deutschland erkennen ließen, daß dem Sieg Heinrichs über die Sachsen eine unerwartet große Bedeutung zugemessen werden mußte. Nicht allein, daß der deutsche König sich nun wieder die Machtmittel schaffen mochte, seine Kirche gegen die verhaßte römische Zentralgewalt zu schützen, auch die Fürsten hatten durch ihre Huldigung vor dem Königssohn eine bedeutsame Schwenkung zu erkennen gegeben. Der Zeitpunkt für die Verkündung des „Geheimerlasses" war nun wirklich nicht mehr gegeben – die gerüchtweise Bekanntgabe hatte an Heinrichs Hof schon Stürme der Entrüstung hervorgerufen –, auch der „Dictatus papae" sollte noch nicht die Welt in Flammen setzen; aber unter der Oberfläche priesterlicher Milde mochte die Glut weiterschwelen, bis der allzu heiße Boden unter Gregor zusammenstürzen oder das göttliche Feuer doch noch hervorbrechen wird, als ein Wahrzeichen des Himmels für die sündige Welt.

Schon glaubte der kaiserlich gesinnte Adel in Rom, die Stunde wäre gekommen, um mit dem verhaßten Tyrannen ein Ende zu machen. Als Gregor in S. Maria Maggiore die Weihnachtsmesse las, drangen vermummte Burschen mit gezückten Schwertern in die Kirche, rissen den zelebrierenden Papst vom Altar und schleppten ihn an den Haaren unter Schlägen und Hohngebrüll in den *„Turm des Cencius"*. Aber nur wenig später hatte ihn das römische Volk befreit und warf sich in mystischer Verzückung vor seinem Abgott zu Boden, der, noch blutend, aber würdig und gelassen, als sei nichts geschehen, im Morgendämmern das unterbrochene Hochamt zu Ende führte.

V

CANOSSA

„Laß ab, ich beschwöre dich, ruhmreicher König, laß ab von dem Wagestück, das Haupt der Kirche aus seiner Höhe zu stürzen..."

„Er erreichte durch diese eine Handlung zweierlei: er erhielt die Zurücknahme des Bannes und hinderte durch sein persönliches Eingreifen die bedenkliche Zusammenkunft des Papstes mit seinen Gegnern."
Der anonyme Biograph Heinrich IV.
(1106)

NOTENWECHSEL

Seinen *„teuersten Sohn"* nennt Gregor VII. nun wieder den König, der sich *„der heiligen Kirche auf doppelte Weise empfohlen"* hat: *„weil Du den Simonisten männlich widerstehst und Deine Geistlichen zur Keuschheit bringst. Aus diesen Gründen glauben wir, daß wir noch größere Taten von Dir erwarten dürfen."*
Mochte mit dieser Erwartung „noch größerer Taten" auch vieldeutig auf deren Belohnung durch die Kaiserkrone hingewiesen sein: diese erneute Festlegung auf das gregorianische Programm wollte Heinrich jetzt nicht mehr widerspruchslos hinnehmen. Es galt dies um so mehr, als das Gerede über den „Geheimerlaß" noch immer nicht verstummt war.

Dennoch antwortete der König, auch er wolle *„durch die Wohltat des Friedens"* mit dem Heiligen Vater verbunden sein, wenn auch *„fast alle Fürsten meines Reiches mehr Freude an unserer Zwietracht als unserer gegenseitigen Friedensgeneigtheit hegen"*. Darum schicke er nun seine vertrautesten Räte, um durch diese seine Willensmeinung über *„die dem Heiligen Petrus geschuldete Ehrfurcht"* darlegen zu lassen. *„Ich wünsche aber, daß niemand etwas über meine Vorschläge erfährt, ausgenommen meine Herrin und Mutter, die Muhme Beatrix und ihre Tochter Mathilde."*

Es kam nur zu einer kurzen Aussprache, denn Gregor

erkrankte wieder, und die königliche Gesandtschaft wollte „*wegen der Ansteckungsgefahr*" – wie er sich ausdrückte – nicht länger bei ihm verweilen; das Ergebnis wurde von der Kurie in die wohlabgewogenen Worte zusammengefaßt: „*Ich bin bereit, nach dem Rat Deiner Gesandten, Dir den Schoß der hl. Kirche zu öffnen und Dich wie einen Herrn, Bruder und Sohn aufzunehmen; dafür verlange ich nichts von Dir, als daß Du Dich nicht dagegen sträubst, Deinem Schöpfer Ruhm und Ehre darzubringen.*"

Wenn auch diese Aussprache ergeben hatte, daß die päpstliche Bedingung, „dem Schöpfer Ruhm und Ehre darzubringen", im gregorianischen Sinne zu verstehen und von einer Aufhebung des Geheimerlasses noch keine Rede war, die königliche Regierung legte die strittigen Worte mit dem gleichen Recht in der herkömmlichen Weise aus. Es wurde daher bekanntgegeben, der König werde im kommenden Frühjahr in voller Übereinstimmung mit dem Heiligen Vater die immer wieder aufgeschobene Romfahrt antreten, um sich von Gregor VII. zum Kaiser krönen zu lassen. Diese Verlautbarung mußte auf die Fürsten tiefgehenden Eindruck machen, weil ihnen die päpstliche Bundesgenossenschaft damit aus der Hand geschlagen war.

Aber Gregor wich sofort zurück. „*Der König will alles öffentlich vor den Fürsten verhandeln*", so schrieb er statt einer offiziellen Antwort an den Hof den tuscischen Damen, damit sie es in geeigneter Form weitergäben, „*aber ich will nicht darauf eingehen, denn ich glaube nicht, daß es den Interessen des Heiligen Petrus dienen könnte. Will er aber hinter verschlossenen Türen mit mir weiter verhandeln, so soll uns das recht sein.*"

Hatte Gregor auch die Verhandlungen damit nicht abgebrochen, ja ihre Fortsetzung geradezu als erwünscht bezeichnet: Heinrich und seine Helfer erkannten ihre Zwecklosigkeit. Weder er noch der Papst war zu dem entscheidenden Entgegenkommen in der Investiturfrage gewillt, denn hier gab es keinen Kompromiß. An solchen Erkenntnissen vorbeizugehen und sich womöglich im Gehege kurialer Diplomatie zu verlieren, bedeutete nur gefährlichen Zeitverlust und überdies ein sinnloses Schwächebekenntnis. Der Sieger über die sächsischen Rebellen durfte sich stark genug fühlen, jetzt auch in Rom seinen Willen zur Geltung zu bringen.

In Deutschland und der Lombardei hatte der hohe Klerus ohnehin nicht aufgehört, ihn zu bestürmen, seine Rechte als Herr der Kirche wiederherzustellen. Die nur noch als verworrene Phantasterei begriffenen Kreuzzugspläne Gregors; die von England, Frankreich, Dänemark, Ungarn, Spanien, ja auch Byzanz ihm auf seine anmaßenden Forderungen erteilten Zurechtweisungen; die mehr als zweideutige Haltung der Normannen; ja selbst das deutliche Abrücken Hugos von Cluny, der sich mit dieser Art von Reformpolitik nicht mehr identifizieren wollte: das alles war für jeden Realpolitiker Grund genug, den asketischen Reformer im Lateran für erledigt zu halten. So sah auch der deutsche Hof jetzt den richtigen Zeitpunkt, nachdem die Bemühungen um einen Ausgleich gescheitert waren, endlich wieder die starke Hand zu zeigen.

Um seine Auffassung über die Investiturfrage nicht, wie Gregor es wünschte, „hinter verschlossenen Türen", sondern in aller Öffentlichkeit zu dokumentieren, entsandte Heinrich den gebannten Eberhard von Nellenburg mit dem Italienkanzler Gregor von Vercelli in doppelter Mission nach Italien. Sie erklärten zunächst in Mailand im Namen des Königs alle „Paterener" zu Reichsfeinden; um den Zwist zwischen einem vom Mailänder Klerus zum Erzbischof gewählten Gottfried und dem von Gregor dagegen aufgestellten Atto zu beenden, setzten sie kraft königlicher Vollmacht den Mailänder Subdiakon Thedald, dessen Zuverlässigkeit Heinrich auf dem Sachsenzuge erprobt hatte, auf den Ambrosianischen Thron. Die beiden anderen waren damit entlassen. „*Es war ein unerhörtes Ereignis*", so urteilte man darüber, „*daß für eine einzige Stadt zu einer und derselben Zeit, wo ein Führer erwählt, ein zweiter geweiht ist, ein dritter hervorbricht.*"

Aber damit nicht genug: die Königsboten fuhren nun von Mailand über Spoleto und Fermo, wo sie ebenfalls neue Bischöfe einsetzten, nach Apulien zu Robert Guiskard, um ihm den Befehl ihres Herrn zu überbringen, das von ihm eroberte Land rechtmäßig von der deutschen Krone zu Lehen zu nehmen. Aber der „Schlaukopf", der eine bessere Übersicht besaß, erklärte, nur Gott als Lehnsherrn anerkennen zu können; wolle Heinrich ihm aber ganz Süditalien übereignen, so ließe sich, unter gewissen Vorbehalten, über die Sache reden. Tief beeindruckt von seinem großartigen Auftreten sagten die Gesandten später, „*er ist der größte Herr der Welt*", als ob sie damit ihre Erfolglosigkeit entschuldigen wollten.

Gleichzeitig mit solchen Demonstrationen betonte Heinrich auch in Deutschland ostentativ das angestammt-heilige Königsrecht als Herr der Kirche. Bei einem Wettbewerb seiner Kleriker um die freigewordenen Reichsabteien Lorsch und Fulda – man glaubte, der „Zuschlag" würde dem Meistbietenden erteilt wie in der „guten alten Zeit" Kaiser Konrads – gab er die Hirtenstäbe an zwei unscheinbare Mönche; es war mehr als eine an Karl den Großen erinnernde Laune des Königs; diese populäre Ernennung, die sich schnell herumsprach, sollte noch einmal seine Übereinstimmung mit dem Papst gegen sündhafte Simonie deutlich machen, gleichzeitig aber jeden Widerspruch gegen solche Laiengewalt von vornherein entkräften.

Gregor hatte diese Wendung der Dinge nicht erwartet. Immer noch fiebrig, überarbeitet, durch die Mißerfolge der letzten Zeit unsicher geworden, verlor er fast die Nerven. *„Zu der schweren Last, die ich zu tragen habe, hast Du nun einen weiteren Kummer hinzugefügt"*, so schrieb er an den neuen Mailänder Erzbischof, und an die vertraute Beatrix: *„Ich bin leider genesen!"* Dann aber riß ihn seine Dämonie wieder empor, vor deren Glut *„die Waffen des Königs, seine Ritter und Rosse zu Asche"* werden mußten. Der dunkelfahle Hildebrand, der wie kein anderer die unbezähmbaren Kräfte des religiösen Überschwangs seines Zeitalters kannte und im Bunde mit ihnen endlich den wahren Gottesstaat auf Erden begründen wollte, der von seiner gottgewollten Aufgabe über und über erfüllte Gregor zweifelte auch in dieser Stunde der Gefahr nicht einen Augenblick, daß er als Gottes Stellvertreter auf Erden *„die Macht habe, dem König Reich und Seligkeit zu nehmen"*. Diese Macht war anderer Art als die königliche; es war gleichsam die Vollmacht Gottes, seinen Willen zu vollstrecken, deren Wirkungskraft keine Grenzen und Enden hatte und in jeder Christenseele mit scheuer Angst vielleicht, aber unbestreitbar anerkannt sein mußte.

Wie ein letzter Versuch, das Äußerste zu vermeiden, mutet das Schreiben an, in dem er nun den König zur Rechenschaft zieht. Der als Begrüßungsrede übliche Segen wird nur unter der Voraussetzung erteilt, daß Heinrich hinfort der heiligen Kirche den geziemenden Gehorsam erweise. Warum er noch immer mit den gebannten Räten verkehre? Durch Briefe und Boten versichere er zwar seinen Gehorsam, aber *„in Wirklichkeit bist du der schärfste Widersacher der kirchlichen Gesetze"*. Es wäre eine ganz unbegreifliche Haltung, daß der deutsche König, ohne die Möglichkeit vertrauensvoller Aussprache mit dem Heiligen Vater zu erschöpfen, über dessen Kopf hinweg nun vollendete Tatsachen geschaffen habe. *„In Fermo und Spoleto hast Du sogar uns völlig unbekannte Leute zu Bischöfen gemacht"*, von seinem mutwilligen Eingriff in Mailand ganz zu schweigen. Dabei wäre doch der päpstliche Standpunkt zur Investiturfrage nichts als eine *„Rückkehr zu den Lehren der Väter"*. Sollte das königliche Recht dadurch verletzt worden sein, so sei er, Gregor, bereit, nach Milderungen auszuschauen. Darüber möge Heinrich sich nun mit seinen Gesandten aussprechen, vorher aber deren mündlich gestellte Fragen in befriedigender Weise beantworten. Bis zu ihrer Rückkehr wolle die Kurie von weiteren Maßnahmen Abstand nehmen.

DER BRUCH

Hätte dieser Brief auch noch seine diplomatische Erledigung finden können, die mündlichen Vorstellungen der Legaten verursachten den endgültigen Bruch. Nicht allein, daß die Herren um Milde für die sächsischen Hochverräter baten, sich damit also in die inneren Angelegenheiten des Reiches mischten; daß sie verlangten, der König solle öffentlich Buße tun, weil er immer noch mit seinen gebannten Räten verkehre: sie machten sich nun auch das Gerede über sein Privatleben zu eigen, jene *„angeblichen Schandtaten, die mich beim Schreiben, dich beim Lesen anwidern würden"*, und forderten im Namen des Papstes als Sittenrichter des deutschen Königs dessen Rechtfertigung. Ja, das Wort ist gefallen, entweder wolle der Papst sterben oder dem König Seele und Reich entreißen, wenn Heinrich seinem Gott die schuldige Sühne verweigere.

Der eben fünfundzwanzig Jahre gewordene Heinrich flammte in wilder Leidenschaftlichkeit auf und machte Miene, die Beleidiger seiner Ehre auf der Stelle zu erschlagen; heimlich und in aller Hast mußten die Legaten flüchten, ohne einer Antwort gewürdigt zu sein. In furchtbarer Erregung berief der König sofort seine Räte und teilte ihnen, noch bleich vor Wut, das Geschehene mit. Hatte die Unterhaltung mit den Legaten auch in aller Vertraulichkeit stattgefunden, Heinrich ermächtigte, ja beauftragte seine Getreuen, die ihrem Herrn zugefügte Beleidigung überall bekanntzumachen. Jede weitere Zusammenarbeit mit einem Gregor VII., dessen ungesetzmäßige Erhebung ihm ohnehin das Recht nähme, als Papst zu gelten, sei künftighin ausgeschlossen. Kraft seines angestammten und unbestreitbaren Rechtes als deutscher König werde er ihn nun seines angemaßten Amtes entsetzen. Mit äußerster Beschleunigung sei eine Reichsversammlung nach Worms zu berufen, um diesem Entschluß die erforderliche Rechtskraft zu geben.

Für die königlichen Räte, von denen fünf ja bereits gebannt waren, die übrigen mit Sicherheit darauf zu rechnen hatten, war damit das erlösende Wort gefallen. Nach der Behandlung, die Heinrich den päpstlichen Legaten hatte zuteil werden lassen, ja auch nur nach seiner Weigerung, ihnen die geforderte Rechenschaft zu geben, konnte über die von Gregor daraus zu ziehenden Folgerungen ohnehin kein Zweifel mehr bestehen. Sollte man abwarten, bis der Emporkömmling im Lateran gegen den deutschen König den Bannstrahl schleuderte? War er aber erst einmal abgesetzt und damit nicht allein die dem König zugefügte Beleidigung gesühnt, vor allem auch seiner, auf die Vernichtung der Kronmacht ganz offen abzielenden Politik ein Ende gemacht, so mußte dem Mönche Hildebrand von diesem Augenblick an die Verfügungsgewalt über die ewige Seligkeit der Christenmenschen genommen sein. An der Rechtskraft solcher Absetzung durch den König brauchte aber um so weniger gezweifelt zu werden, als seine unkanonische Wahl zwar bislang von der deutschen Krone toleriert worden war, dieser als Provisorium aufgefaßte Zustand aber jederzeit wieder aufgehoben werden konnte.

Schon am 24. Januar 1076 trat die Reichsversammlung

unter dem Vortritt des Mainzer Siegfried zusammen, der damit seinen „honigträufelnden" Vater in Rom den Rücken kehrte. Fast alle deutschen Kleriker waren erschienen, aber von den Herzögen nur Mathildens sogenannter Gemahl, der bucklige Gottfried. Damit mußte es von vornherein klar sein, daß auf die Beschlüsse der Versammlung die Reichsexekutive nicht unmittelbar folgen konnte. Die Frage, ob es unter solchen Umständen überhaupt noch ratsam erschien, die Absetzung Gregors auszusprechen, ohne Schlag auf Schlag zu führen und den König an der Spitze des Reichsheeres auf die Romfahrt lassen zu können, entschied die Erwägung, daß man dem Papst zuvorkommen und ihm durch die rechtsgültige Absetzung die Legitimation zu dem unvermeidlichen Bannspruch entziehen müsse. War aber dem Mönch Hildebrand die Führung des Papstnamens und die Ausübung der apostolischen Amtsgeschäfte erst einmal verboten, so mochte er ruhig versuchen, sich mit seiner dann völlig wirkungslosen Bannerei lächerlich zu machen.

Daß allen Anwesenden bei solcher Argumentation wohl zumute war, ist zu bestreiten. Zwar erklärte der König, daß er offiziell Gregor niemals anerkannt habe, was zumindest zweifelhaft war; wohl führte der Kardinal Hugo Candidus aus Rom, ein zum drittenmal exkommunizierter ehemaliger Freund und jetzt erbitterter Gegner Hildebrands, mit höchster Geschicklichkeit die Anklage und bewies, daß die vorgenannte Papstwahl nichts als ein Putsch der Reformpartei gewesen sei und die Römer nichts von diesem „Papste" wissen wollten, um alsdann mit einem feierlichen Schwur Gregors Privatleben als eine einzige Hurerei und Simonie zu bezeichnen – natürlich unterhalte er mit Mathilde, womöglich auch mit deren Mutter, ein Liebesverhältnis, so sagte er –: als es aber zur endgültigen Abstimmung kam, versuchten verschiedene Teilnehmer der Versammlung, sich zu entfernen. Es bedurfte eines Machtwortes des Bischofs von Utrecht – der nicht zustimme, sei des Königs Feind –, bis alle ohne Ausnahme auf Heinrichs ausdrückliches Verlangen folgende Erklärung eigenhändig unterschrieben: „*Ich versage dem Hildebrand die Unterwerfung und den Gehorsam von dieser Stunde ab und künftighin; ich werde ihn von nun an weder als Papst ansehen noch ihn so benennen.*"

In einer umfangreichen Schrift wurden die Gründe aufgesetzt, die den gesamten deutschen Klerus zu seinem Schritt gezwungen hätten: Hildebrand hat den Bischöfen alle Gewalt entrissen und dem Pöbel überantwortet; die vom Apostel Paulus eingerichtete Ordnung ist von ihm mutwillig verwirrt; er beansprucht alle kirchliche Gewalt nur für sich. Er hat dem seligen Kaiser Heinrich III. geschworen, nie selbst die Papstwürde anzunehmen, und diesen Eid schmählich gebrochen. Das berüchtigte, von der Krone im übrigen nie anerkannte Papstwahldekret von 1059 ist von ihm entgegen allem kanonischen Recht entworfen und eingeführt, aber er ist, ohne diese seine eigenen Vorschriften zu beachten, Papst geworden und deshalb dem von ihm selbst jedem Zuwiderhandelnden angedrohten Anathema verfallen. Auch des Ehebruchs mit Mathilde ist er schuldig, „*Frauen besorgen nun die Rechtsangelegenheiten für die ganze Welt*".

Dieser bischöflichen Absage fügte Heinrich das Absetzungsdekret bei, das von seinem vertrauten Notar entworfen war, einem Mainzer Kleriker unbekannten Namens, dessen Stil sich unverkennbar aus allen Dokumenten hervorhebt, die sich gegen die Kurie richten. Es lautet:

„Heinrich, nicht durch widerrechtliche Anmaßung, sondern durch Gottes Gnaden König, an Hildebrand, nicht mehr den Papst, sondern den falschen Mönch. Während ich von Dir bisher väterliche Handlungen erwartete und Dir gegen den Willen unserer Getreuen immer wieder gehorchte, habe ich von Dir nun den Lohn empfangen, den nur ein Reichsverderber auszuteilen vermag. Erst hast Du mir die schuldige Ehrerbietung des Heiligen Stuhles in übermütigem Dünkel verweigert, um mir sodann mit allen Künsten die Herrschaft über Italien zu entfremden. Aber damit nicht genug, hast Du meine ehrwürdigen Bischöfe, die wie die liebsten Brüder mit uns vereinigt sind, gegen göttliche und menschliche Vorschrift – wie sie selbst sagen – frech beleidigt und angegriffen.

Während ich dies alles geflissentlich übersah, hast Du diese meine Geduld für Feigheit gehalten und Dich unterstanden, mir durch Deine Gesandten sagen lassen, Du wolltest – um Deine eigenen Worte zu gebrauchen – entweder sterben oder mir Seele und Herrschaft nehmen. So habe ich mich zu der Erkenntnis durchringen müssen, daß solche unerhörte Frechheit nicht mit Worten, sondern mit Taten zurückgewiesen werden muß. Auf ihre eigene Bitte habe ich nun eine Versammlung aller Reichsbischöfe einberufen. Hier ist alles ans Licht gekommen, was man bisher aus Ehrfurcht und Angst verschwieg; man hat daraufhin öffentlich bekanntgegeben, nachdem die einwandfreien Aussagen, wie Du aus dem Schreiben der Bischöfe entnehmen kannst, protokolliert wurden, daß Du unter keinen Umständen auf dem Apostolischen Stuhl verbleiben kannst. Ich bin diesem Urteil beigetreten, weil ich es vor Gott und den Menschen als gerecht und richtig erkannt habe.

Darum untersage ich Dir hiermit die Ausübung der päpstlichen Gewalt, die Du auch nur zu Unrecht Dir angemaßt hast, und befehle Dir kraft meines Amtes als Schirmherr des bischöflichen Stuhles Deiner Stadt, das mir durch Gottes Gnade und den Treuspruch der Römer zusteht:

Steige herab! Steige herab, für alle Ewigkeit Verdammter!"

Die Bischöfe von Speyer und Basel wurden beauftragt, diese Schreiben und ein Manifest an die „*getreusten Römer*" – sie sollten notfalls mit Gewalt den Hildebrand aus dem Lateran vertreiben – nach Rom zu bringen. Währenddes werden die drei ältesten deutschen Bischöfe auf Grund der nunmehr erwiesenen Anklagen gegen Gregor VII. diesen auf einem Konzil feierlich exkommunizieren, und der König wird unmittelbar danach einen neuen Papst ernennen; Herzog Gottfried versprach, diesen nach Rom zu bringen. Zu Pfingsten will Heinrich mit dem Reichsheer folgen, um sich zum Römischen Kaiser krönen zu lassen.

So war alles gründlich bedacht und zielbewußt in die Hand genommen.

GREGORS ANTWORT

Schon acht Tage später erreichten die Königsboten Piacenza, wo man sofort die italienischen Fürsten und Bischöfe zu einer Synode zusammenrief. Mit Begeisterung schlossen sie sich den deutschen Beschlüssen an und bekräftigten sie obendrein durch feierliche Eide. In großartiger Einmütigkeit waren nun alle Feinde der Reform unter der Führung des deutschen Königs zusammengeschlossen; der Endsieg sollte nicht mehr zweifelhaft sein. Dennoch aber konnten sich die königlichen Gesandten nicht dazu entschließen, ihre Reise nach Rom fortzusetzen, um dem Papst das Absetzungsdekret und den Römern Heinrichs Manifest zu überbringen. Dabei war höchste Eile erforderlich, denn schon in wenigen Tagen trat die Fastensynode in Rom wieder zusammen, vor der die Schriftstücke zur Verlesung gebracht werden sollten. Es fand sich ohne weiteres auch kein anderer für diese Gesandtschaft. Erst das Versprechen, ihn mit einem Bistum auszustatten, veranlaßte schließlich einen unbekannten Kleriker Roland von Parma, den Gang in Begleitung eines königlichen Kanzleibeamten zu wagen.

Pünktlich bei Eröffnung der Synode am 14. Februar 1076 trafen die beiden ein. Sie wurden sofort vor die Versammlung geführt, die Gregor eben begrüßt hatte. Unerschrocken entledigte sich Roland seines Auftrages, übergab dem Papst die für ihn bestimmten Schreiben, nachdem· er sie verlesen hatte, und sagte dann mit lauter Stimme: *„Der König, mein Herr, sowie die Bischöfe Deutschlands und Italiens befehlen dir, von deinem Stuhl herabzusteigen,* *den du entgegen dem Recht durch gewaltsamen Raub innehast. Ihr aber, Römer, werdet am nächsten Pfingstfest aus der Hand des Königs einen anderen Papst erhalten; denn dieser da ist nicht Papst sondern ein reißender Wolf!"* Die Wirkung dieser Rede übertraf die schlimmsten Erwartungen.

Gregor blieb kalt und unbewegt, aber die Anwesenden, die ihren Ohren nicht zu trauen glaubten, prallten zurück, um dann in leidenschaftliche Wut zu geraten. Unbeschreiblicher Lärm erhob sich, man sprang von den Sitzen, man zog die Schwerter und stürzte sich auf Roland und seinen Begleiter, sie wurden zu Boden gerissen, mit Füßen getreten und wären wohl erschlagen worden, hätte sich Gregor nicht geistesgegenwärtig und furchtlos dazwischen geworfen. Es gelang ihm endlich, die Ruhe wieder herzustellen und die Halbtotgeschlagenen auf den Platz zu Füßen seines Thronsessels zu bringen.

An eine Fortsetzung der Sitzung war nicht mehr zu denken. Gregor vertagte sie daher auf den nächsten Morgen, nachdem noch eine Art von Resolution zustande kam, der Heilige Vater solle unverzüglich die Gotteslästerer vor ein Gericht stellen.

Ohne einen Augenblick Schlaf zu suchen, faßte Gregor nun seine Entschlüsse. Die gänzliche Wirkungslosigkeit des königlichen Manifestes an die Römer hatte bewiesen, daß diese nur in ihm ihren Herrn sahen. Von ihrer Seite drohte also keine Gefahr. Es war im Gegenteil klar geworden, daß man von ihm die endgültige Lösung aus der deutschen Vorherrschaft und eine furchtbare Bestrafung des gotteslästerlichen Königs erwartete. So fest hatte dieser erste italienische Papst aus dem niederen Volke seine kaum

Burgruine Canossa bei Reggio Emilia

dreijährige Herrschaft bereits gegründet, daß sie mit einer Art nationaler Leidenschaft der Römer verschmolzen war; ihre Bedrohung mußte mit dem religiösen nun auch einen chauvinistischen Fanatismus wachrufen. Dennoch galt es, die ungeheuerliche, nie dagewesene Verkündung des endlich reif gewordenen Bannfluches gegen den bisherigen „Herrn der Welt", die erlauchte Majestät des deutschen Königs in eine Form zu kleiden, die auch jenseits der Alpen in die Seelen drang. Auch auf das Rechtsgefühl der Deutschen war dabei Rücksicht zu nehmen und die durchaus nicht erfundene Beanstandung der ungesetzmäßigen Papstwahl durch unerschütterlichen Gegenbeweis aus der Welt zu schaffen.

Heinrich selbst hatte Gregor in die Notwehr gedrängt. Der furchtbare Schlag gegen das deutsche Königtum bedeutete nun kein unheimliches Wagnis mehr, sondern das Strafgericht Gottes gegen einen Lästerer. Jetzt war der Mönch Hildebrand, ganz gleich, ob er mit Recht oder Unrecht die Tiara trug, zum Rächer der beleidigten Kirche, ja Gottes selbst, erkoren und damit jedem irdischen Wahrspruch entrückt.

So kommt er am nächsten Morgen, umgeben von den Gebete murmelnden Kardinälen, übernächtig, bleich und unnahbar hart. Stumm sinken die Versammelten ins Knie, um in lautloser Stille den päpstlichen Segen zu empfangen, unter ihnen auch eine Frau im Nonnenschleier, des sündigen Königs büßende Mutter.

Niemand wagt die Blicke zu erheben, da klingt des Heiligen Vaters Stimme auf, rauh zuerst und dunkel, dann laut und immer lauter, glühend, ja besessen, als habe der

Heilige Geist ihn in ein Flammenmeer getaucht. Er steht nicht mehr, er ist niedergesunken, hat die Hände betend gen Himmel erhoben, es ist ein inbrünstiges Gebet:

„*Heiliger Petrus, du Fürst der Apostel, neige, ich flehe, dich liebevoll zu uns herab und höre deinen Knecht, den du von Kindheit an geschirmt und bis zu diesem Tage vor der Gewalt der Bösen bewahrt hast, die ihn hassen, weil er dir immer die Treue gehalten. Sei du nun mein Zeuge und mit dir die heilige Mutter Gottes und Sankt Paulus, dein Bruder in Christo, daß deine heilige römische Kirche mich gegen meinen Willen zu ihrer Lenkung erkoren hat, daß mich kein Raub zu deinem Stuhl emporsteigen hieß, daß ich vielmehr mein Leben in frommer Pilgerschaft zu enden gedachte und nie und nimmer mit weltlicher Schlauheit aus eitlem Ruhm vor den Menschen deinen Platz an mich gerissen habe. Aus deiner Gnade, nicht wegen meiner Werke, hat es dir so gefallen, das ist mein Glauben. Darum muß das Christenvolk, das du mir anvertrautest, mir gehorsam sein, denn du machtest mich zu deinem Stellvertreter hienieden. Weil du es gewollt hast, ist mir Gottes Vollmacht gegeben, zu binden und zu lösen im Himmel und auf Erden.*

Darum verbiete ich nun in solcher Zuversicht, zur Ehre und Verteidigung deiner Kirche, im Namen des allmächtigen Gottes, Vaters, Sohnes und Heiligen Geistes, kraft deiner Gewalt, dem König Heinrich die Leitung des ganzen Reiches der Deutschen und in Italien, weil er in nie dagewesenem Übermut gegen deine heilige Kirche sich erhoben hat. Ich löse alle Christen vom Bande des Treuschwurs, den sie ihm leisteten oder leisten werden; ich untersage, daß irgendeiner ihm noch als König diene.

Wer deine Ehre verletzt, muß selbst die Ehre verlieren. An deiner Statt verfluche ich ihn nun, weil er es unterlassen hat, wie ein Christ zu gehorchen, und nicht zu seinem Herrn zurückgekehrt ist, den er verraten hat, deshalb, weil er mit Ausgestoßenen verkehrte und viele Sünden beging. Meine Mahnungen hat er verschmäht, die ich an ihn – du bist mein Zeuge – zu seinem Heile richtete. Von deiner Kirche hat er sich abgewandt und will sie zerreißen.

Du bist Petrus, du bist der Felsen, auf dem der Sohn des lebendigen Gottes seine Kirche erbaut hat; im Glauben an dich schlage ich ihn nun in Fesseln vor aller Welt.

Amen . . ."

Eine lange Pause dumpfen Schweigens, dann erhebt sich der Heilige Vater und mit ihm die Gemeinde. Sein Arm gebietet Ruhe, in tiefer Erschütterung horcht man auf, was er noch zu verkünden hat. Der Dämon ist von ihm gewichen, nüchtern und geschäftsmäßig verliest er das Urteil gegen die Mitschuldigen. Siegfried, Erzbischof von Mainz, ist von der weiteren Verrichtung des bischöflichen Amtes suspendiert und von der Teilnahme am Abendmahl künftig ausgeschlossen, „*denn er hat versucht, die Bischöfe und Äbte des Reiches der Deutschen von der heiligen römischen Kirche, seiner Mutter, loszureißen*". Die gleiche Strafe soll die übrigen treffen, die etwa aus freien Stücken und nicht unter des Königs Druck unterschrieben haben. Alle andern haben bis zum 1. August sich in Rom zu reinigen. Die lombardischen Bischöfe, „*die mit Verachtung des Kirchenrechts sich durch heiligen Eid gegen Sankt Petrus verschworen haben*", werden samt und sonders aus der Gemeinschaft der Christen ausgestoßen.

Gregor blickt auf, und nun löst sich die Beklemmung seiner treuen Gemeinde in brausendem Zuruf; ein eifriger Disput hebt an; man lobt die Weisheit des Heiligen Vaters, der nur die „Rädelsführer" unter den Deutschen, den König und seinen Kirchenprimas, verfluchte, in den übrigen Unterzeichnern des Manifestes aber Verführte sah, denen Gelegenheit gegeben wird, das Unrecht wieder auszulöschen; der die Lombarden dagegen von dieser Gnade ausschloß, deren durch die Mailänder Volksbewegung schon unterwühlte Stellung für die Reformpolitik keine nennenswerte Gefahr mehr bedeutete.

Eine Welle unerschütterlichen Vertrauens brandet zu Gregor, dem Führer, empor; sie schwören ihm unwandelbare Treue – Kardinäle, Bischöfe, Priester und Römer.

DER KÖNIG GEBANNT!

Der König gebannt! Mit unheimlicher Schnelle verbreitete sich die unfaßbare Nachricht in Deutschland. War es zuerst noch ein Gerücht, bald erschienen Italienfahrer, es zu bestätigen, dann kamen Pilger und Wanderredner, die schon den Wortlaut des päpstlichen Gebetes verlasen und mit ihm eine Botschaft des Heiligen Vaters: *„An alle Deutschen."* Nun gab es keinen Zweifel mehr. Der König ist gebannt und verflucht, ein jeder von seinem Treueid losgesprochen. Da fragte man nicht mehr nach Recht oder Unrecht, ob der Heilige Vater Gregor VII. hieß oder Hildebrand der Mönch: Gott hat gerichtet. Es ist die Strafe für *„seine Beleidigungen des Heiligen Stuhles, wie eure Väter es nie erlebt haben, ja wie sie nicht einmal ein Heide oder Ketzer gewagt hat".* Aber dennoch lehrt die christliche Liebe, nicht zu verzagen. *„Bittet und betet nun, flehet die* *göttliche Barmherzigkeit an, daß sie die Herzen der Gottlosen zur Reue bringe oder aber durch ihre Zerschmetterung zeige, wie verblendet die Toren sind, die den von Christus begründeten Fels umzustoßen und die göttlichen Rechte zu verletzen suchen!"*

War es ein Gottesgericht, daß des gebannten Heinrichs einziger Getreuer unter den Weltfürsten, der einzige, der in Worms unter den Bischöfen war, daß Herzog Gottfried am gleichen Tag, als der Heilige Vater seinen Fluch ausstieß, von Mörderhand eines schrecklichen Todes starb?

Der König wollte eben im Kreise der noch seit der Reichsversammlung bei ihm verbliebenen Bischöfe in Utrecht das Osterfest begehen, da wurde ihm die päpstliche Bulle überbracht. Der ganze Hof geriet in unbeschreibliche Aufregung. Man erging sich in beispielloser Beschimpfung des Papstes; ein Ketzer, Mörder und Ehebrecher habe es gewagt, die heilige Majestät des Königs von seiner eigenen Kirche auszuschließen! Vor allem Volk sollte er nun am heiligen Ostertag endgültig verflucht und vernichtet werden. Der Bischof von Toul ward dazu ausersehen, von der Kanzel der Utrechter Stiftskirche das Anathema zu verkünden, aber noch in der Nacht zum Ostersonntag entwichen er und andere heimlich aus der Stadt. An seiner Stelle fand sich Wilhelm von Utrecht bereit. Heinrich erschien zu dem feierlichen Hochamt im vollen Königsornat im Kreise seiner gebannten Räte. Der Bischof zelebrierte die Messe und verlas das Evangelium. Dann bestieg er die Kanzel. Es war eine sonderbare Osterpredigt. Mit derbem Hohn erzählte er, da habe im fernen Rom ein falscher Prophet, der des Meineides und Ehebruches schon überführt sei, den König der Deutschen aus der Kirche gestoßen. Natürlich habe dieser „Fluch" nicht den geringsten Wert, im Gegenteil, dieser sogenannte Papst habe sich selber gerichtet. Kraft seines Amtes verkünde und wiederhole er nun der ganzen Christenheit, daß Hildebrand, der falsche Mönch, seines angemaßten Amtes entsetzt und für alle Ewigkeit verflucht worden sei. In bangem Schweigen nahm die Gemeinde die Botschaft auf.

Als man die Kirche verließ, hatte der sonnige Märzhimmel sich verfinstert. Es begann zu wetterleuchten, ferne zuerst, dann immer näher grollte das Gewitter. Plötzlich schlug ein Blitz unter krachendem Donnerschlag ein; aus dem Dach der Stiftskirche fuhr eine gelbe Flamme empor, wenig später stand der Holzbau in loderndem Brand.

Entsetzt schlugen die Menschen das Kreuzeszeichen und flohen den unheiligen Platz vor Gottes Strafgericht.

Ob es Gift oder ein für Heinrichs Sache unseliger Zufall war: nur wenig später verschied unter qualvollen Leiden dann auch der getreue Bischof von Utrecht. Vielleicht sprach er in seinen Delirien wirklich jene Worte, die Bruno, der *„sächsische Mönch"*, Heinrichs erbitterter Gegner, überliefert: *„Die Teufel umstehen mein Bett, um mich davonzutragen, wenn ich erst verschieden bin. Darum bitte ich euch und alle Gläubigen, müht euch nicht erst um meine Seele mit euren Gebeten."*

Er konnte nun nicht mehr an der in Worms für die Pfingsttage vorgesehenen Zusammenkunft der drei ältesten Bischöfe teilnehmen, aber auch der Brixener erschien nicht, weil ihn – war es schon offene Auflehnung? – der

Dillinger Graf gefangengesetzt hatte. Nur der Naumburger Bischof kam, um achselzuckend wieder umzukehren. Zu dem Treffen in Mainz, von wo Heinrich mit dem Reichsheer zur Romfahrt hatte aufbrechen wollen, fand keiner der Fürsten sich ein; mit Entsetzen mußte der König erkennen, daß er verlassen war.

DER ABFALL

Als erster wallfahrtete der Erzbischof von Trier über die Alpen, um Gregors „goldene Brücke" zu betreten und seine nur unter Gewaltandrohung geleistete Unterschrift von Worms zurückzuziehen. Es folgte Mathildens lothringischer Vertrauensmann, Theoderich von Verdun, gleichzeitig, um seine Vermittlerdienste anzubieten. Schließlich war die große Mehrheit der Unterzeichner zu Gregor übergegangen, hatte von ihm Absolution und aus seiner Hand „Ring und Stab" zurückerhalten.

Unmittelbar nach Ostern begannen die Reichsfürsten sich zu verständigen; auf Veranlassung Rudolfs von Schwaben trafen sich zuerst die drei süddeutschen Herzöge in Hersfeld. Bald kamen andere dazu, auch der Erzbischof Gebhard von Salzburg wird im Kreise der Bischöfe von Würzburg, Metz, Passau und Worms genannt. Man stellte fest, der junge König stehe nach wie vor unter dem Einfluß nichtswürdiger Emporkömmlinge, sein Vorgehen gegen die geheiligte Person des Papstes sei zum mindesten ein unverzeihlicher Leichtsinn gewesen, er habe das Reich an den Rand des Abgrundes geführt. Im übrigen leite ihn als Erbteil seines Vaters und Großvaters immer noch unselige Herrschsucht, verbunden mit zynischer Grausamkeit. Man erzählte, nach der Schlacht an der Unstrut habe er die siegreichen Feldherren, Rudolf an der Spitze, meuchlings ermorden lassen wollen, weil der Sieg zu wenig Opfer unter den Fürsten gekostet hätte! Es kam schnell zu einmütiger Verständigung.

Heinrich erfuhr von alledem erst durch die alarmierende Nachricht, daß Hermann von Metz die ihm anvertrauten sächsischen Gefangenen freigelassen habe und andere diesem Beispiel gefolgt seien. Noch glaubte er, der Gefahr Herr werden zu können, da er sich auf die Treue Ottos von Nordheim, der für ihn in der Harzburg residierte, verließ. Um seine und seiner Landsleute Stimmung für die Krone günstig zu beeinflussen, teilte Heinrich ihm mit, er habe sich zu einer großzügigen Amnestie entschlossen und daher alle Staatsgefangenen freigelassen. Die Bischöfe von Magdeburg, Merseburg und Meißen, Herzog Magnus von Meißen, Pfalzgraf Friedrich und alle übrigen wurden nach Ableistung eines feierlichen Treueides wirklich entlassen; kaum erreichten sie die Heimat, war der Schwur nicht nur vergessen, sie wiegelten sogleich die Bevölkerung auf, die Entrichtung noch ausstehender Strafgelder zu verweigern, und bestürmten Heinrichs Sachwalter Otto, sich ihrem Vorgehen anzuschließen.

Da hielt es den König nicht länger in Mainz. Mit einem kleinen Heer, nicht viel mehr als seiner Leibgarde, zog er in Eilmärschen durch Böhmen in die Meißener Mark, da der direkte Weg schon versperrt war. Von hier aus entbot er Herzog Otto, um alsdann mit ihm vereint in das gärende Aufstandsgebiet einzurücken. Der Nordheimer erschien wie befohlen, aber er weigerte sich, an der geplanten Heerfahrt teilzunehmen. Zur Rechenschaft gezogen, erklärte er kurz, er habe den König nun genügend gewarnt; die Sache seiner Landsleute sei gerecht. Dann ritt er davon.

Heinrich erkannte, daß der als eine Art letzter Rettung zur Erhaltung seiner Autorität geplante Zug undurchführbar wurde. Zum Dank für „erwiesene Treue" übertrug er dem Böhmenherzog die Meißner Mark als Königslehen und zog nach Regensburg, um von hier aus zu versuchen, den Markgrafen von Österreich zu gewinnen. Durch großartige Schenkungen erhielt er auch wirklich dessen weitgehende Zusagen, die sich aber bald als wertlos erwiesen.

Planlos, verwirrt und in völliger Unklarheit, was nun zu beginnen sei, entschloß er sich, das Hoflager bis auf weiteres in dem treuen Worms aufzuschlagen, um hier die weitere Entwicklung der Dinge abzuwarten.

Inzwischen hatte auch Gregor nicht müßig gesessen. Ununterbrochen gingen seine Wanderprediger über die Alpen, um die Stimmung in Deutschland zu bearbeiten. Immer wieder ließ er verkünden, daß ihm nur an Heinrichs Reue gelegen sei. *„Was auch immer er gegen uns unternehmen mag, stets wird er uns zur Verzeihung bereit finden. . . . Betet ohne Unterlaß, daß sich das Herz des Königs zur Buße wende, damit auch er selbst erkenne, um wieviel mehr wir ihn lieben als seine schlechten Ratgeber."* Aber dann heißt es wieder: *„Nicht länger soll er die heilige Kirche für eine Magd halten, die ihm unterworfen ist, sondern für seine übergeordnete*

Herrin!" Das fromme Angedenken seines hochseligen Vaters und der demütigen Mutter, „*deresgleichen in unserem Zeitalter an Befähigung zur kaiserlichen Herrschaft nicht gefunden werden können*", wird heraufbeschworen. Er läßt erklären, die Kaiserin selbst habe ihm gelobt, alle seine Schritte zu billigen. Nur mit ihrem Einverständnis wird Heinrich deshalb weiterhin im Banne bleiben oder, wenn er sich endlich gefügig erweist, „*kraft der Machtvollkommenheit des Apostolischen Stuhles aus seinen Fesseln gelöst werden, die dann überflüssig sind*".

Heinrich und seinen Ratgebern blieb nichts von alledem verborgen. Der immer wiederkehrende Hinweis auf seinen Vater ließ ihn aufhorchen. War das nicht ein Zeichen, daß man in Rom den endgültigen Sturz der salischen Dynastie keinesfalls wollte? Lag hierin eine Absage an die Fürstenkoalition? Zur Durchführung des Gregorianischen Programmes war eine geschlossene Königsmacht in Deutschland unerläßliche Voraussetzung; die nicht mehr zu verkennende Absicht der Fürsten, mit dem – gewiß nicht kampflos zu erreichenden – Sturz der salischen Monarchie ihre eigene Selbständigkeit zu erweitern, mußte also auf jeden Fall die Einheitlichkeit einer geschlossenen Kirchenpolitik verdünnen, ja, sie womöglich nur noch auf repräsentative Pflichten beschränken. Unzweifelhaft: hier war der entscheidende Interessengegensatz zu erkennen.

DER FÜRSTENTAG

Heinrich wollte daher aufatmen, als er in Erfahrung brachte, daß eine päpstliche Gesandtschaft in Deutschland eingetroffen war, obwohl sie sich nicht mit ihm in Verbindung gesetzt, sondern sich auf einem für den 16. Oktober ausgeschriebenen Fürstentag nach Tribur am Rhein begeben hatte. Die deutschen Herren waren also nicht mehr unter sich; ihre ganz unverkennbare Absicht, in Tribur Heinrichs Absetzung auszusprechen und einen Gegenkönig zu wählen, bedurfte nun der päpstlichen Zustimmung. Die immer stürmischer werdende antisalische Tendenz mußte sich dadurch aufstauen und in direkten Gegensatz zum entscheidenden Willen Gregors geraten, wenn sie etwa gewaltsam zum Durchbruch kommen sollte.

Heinrich brauchte daher dem Ablauf der Geschehnisse nicht mehr tatenlos zuzusehen. Er begab sich, kaum hatte der Zuzug der Fürsten nach Tribur begonnen, auf das entgegengesetzte Rheinufer nach Oppenheim und bezog hier inmitten einer für seine Sache begeisterten Schar ein befestigtes Lager.

Als erster Überläufer zu Heinrichs Feinden erschien in Tribur Siegfried von Mainz, nun wieder nach Gregors Milde dürstend, der in seiner Eigenschaft als Führer der deutschen Kirche den Vorsitz der Wormser Versammlung geführt und als erster das Manifest unterschrieben hatte. Aber auch ein anderer hoher Kirchenfürst traf in Tribur ein, der diesen innerdeutschen Angelegenheiten völlig fern stand: der greise Abt Hugo von Cluny, Heinrichs Taufpate, der vertraute Freund des salischen Hauses.

Es wurde eine glänzende Tagung, die sich zu einer großartigen Repräsentation der deutschen Reichsgewalt ausgeweitet hätte, wenn sie von der machtgebietenden Persönlichkeit eines Königs angeführt worden wäre. An seine Stelle traten aber nun die römischen Legaten mit der klaren Absicht, diese angestammte, aus dem deutschen Leben nicht fortzudenkende Krongewalt durch den Schiedsspruch eines Italieners aus dem niederen Volke zu ersetzen. Für diese Verminderung der „Ehre des Reiches" hatte aber nur ein einziger das richtige Gefühl, der am anderen Ufer von der Mitwirkung ausgeschlossene, noch nicht sechsundzwanzigjährige König. *„Als er sah und hörte, daß so viele seiner Fürsten sich dem Ansehen des Papstes unterworfen hatten, da tat er, obwohl ungern, widerwillig und vor Schmerz darüber dem Wahnsinn nahe, als gebe er nicht nur dem Papst, sondern auch den Fürsten in allem nach."* Ja, er ging so weit, daß er sich erbot, *„freiwillig auf sein Recht zu verzichten, wenn ihm nur die Abzeichen der königlichen Würde und die Ehre verbürgt blieben. Denn er habe sie nun einmal rechtmäßig empfangen und könne sie daher auch nur zur höchsten Schande aller verlieren. Wer dürfe zugeben, daß die Ehre des Reiches, die durch Jahrhunderte sich fleckenlos erhalten habe, durch solche Schmach besudelt würde?"*

Aber es schien alles vergebens zu sein. Otto von Nordheim, der sich mit Welf von Bayern durch einen Bruderkuß ausgesöhnt und erklärt hatte, seine Ansprüche auf das Herzogtum Bayern bis zur Entscheidung des neu zu wählenden Königs zurückzustellen, Otto, dieser urwüchsige, ganz und gar unsentimentale Sachse, setzte die Ablehnung aller königlichen Angebote durch. „Ohne jeden

Verzug werden wir nun einen Mann wählen, der uns voranschreite und des HERRN Krieg führe", ließ er an Heinrich antworten, „*um jeden Menschen zu zerschmettern, der sich auflehnt gegen Gott und das Ansehen der heiligen römischen Kirche.*" Es war die neueste Beweisführung für die Bedingtheit von Treueschwüren.

Eine blutige Auseinandersetzung schien unvermeidlich. Schon rüstete man auf beiden Seiten des Rheins zum Endkampf, der angesichts der fürstlichen Übermacht zur Vernichtung der salischen Sache führen mußte. Da gelang es in zwölfter Stunde den vereinten Bemühungen Hugos von Cluny, Theoderichs von Verdun, Mathildens Sachwalter, und der päpstlichen Herren, Gregors Standpunkt durchzusetzen und einen Aufschub der Entscheidung herbeizuführen. Der Hinweis auf die Ungesetzmäßigkeit des beabsichtigten Königssturzes, die nur nach einer gründlichen Untersuchung vor einem unparteiischen Gericht und dessen Urteil Rechtskraft erlangen könne, verhalf schließlich der kirchlichen Auffassung zum Siege. Für die Abgabe eines solchen Schiedsspruches konnte natürlich nur der Heilige Vater in Frage kommen.

So einigte man sich schließlich auf ein Kompromiß. Dem König wurde aufgegeben, allen Regierungsgeschäften zu entsagen, die Abzeichen seiner Würde abzulegen und bis zum 2. Februar, Mariä Reinigung, in voller Zurückgezogenheit zu leben. An diesem Tage würde der Heilige Vater in Augsburg „*eine feierliche Versammlung aller Reichsfürsten abhalten, um nach Erörterung der beiderseitigen Beweisgründe den Angeklagten* (König) *zu verurteilen oder freizusprechen*". Sollte Heinrich aber bis zum Jahrestage seines

Bannes, das war der 15. Februar 1077, nicht absolviert, man meinte damit, in Augsburg freigesprochen worden sein, so habe er schon jetzt seine königliche Würde als verwirkt anzuerkennen.

Den römischen Legaten schlossen sich fürstliche Gesandte „*von gutem Ruf*" an, denen ein Schreiben für Gregor mitgegeben wurde. „*Man flehte ihn an und beschwor ihn bei Gottes Mitleid in aller Unterwürfigkeit, daß er nach Deutschland zu kommen geruhe, um den Zwiespalt beizulegen.*"

Endlich hatte Heinrich, dem man den Titel „*Von Gottes Gnaden König*" noch nicht bestritt, alle seine Ratgeber aus seiner Umgebung zu entfernen, in Gegenwart der Versammlung eine demütigende Erklärung mit „*seinem Bilde*" zu siegeln und sich in einem von der Versammlung aufgesetzten Schreiben bei Gregor zu entschuldigen.

Er schickte sich ins Unvermeidliche, aber er konnte es doch nicht unterlassen, dem Brief an Gregor heimlich noch den Satz anzufügen: „*Es ziemt sich aber auch Deiner Heiligkeit, das, was über Dich allgemein zum Ärgernis der Kirche verbreitet wird, nicht zu übersehen, sondern, nachdem Du auch diese Besorgnis aus dem öffentlichen Gewissen beseitigt hast, die allgemeine Ruhe der Kirche wie des Reiches durch Deine Weisheit zu befestigen.*"

Bevor die Fürsten auseinandergingen, hielten sie es immerhin für zweckmäßig, sich „*das Versprechen gegenseitiger Hilfe zu geben, wenn sie etwa von dem in höchsten Zorn gegen sie geratenen König etwas Feindliches erdulden sollten*". Erst dann zogen sie „*frohlockend in die Heimat zurück*", fest darauf vertrauend, das, was sie unter der „Ehre des

Reiches" verstanden, bei dem Italiener in besserer Obhut zu wissen als bei dem Träger der angestammten Krongewalt.

HEINRICHS GENIESTREICH

Niemals ist ein deutscher König so gedemütigt worden. Mochte Heinrich auch Fehler und Taktlosigkeiten begangen haben: der Tag von Tribur war nicht als ein an ihm selbst vollzogenes Strafgericht zu verstehen, nicht als Folge seines Vorgehens gegen Gregor, sondern als Abschluß der alten Kämpfe zwischen Krone und Standesherren. Endlich war es der Fürstengewalt gelungen, die Kronmacht zu brechen. Der unerfahrene Heinrich war das Opfer. Daß dieser Erfolg lediglich eine Verschiebung der Kräfte darstellte, indem an Stelle des Königs nun der römische Papst trat, bekümmerte sie wenig, oder sie erkannten es nicht. Kein deutscher König, ganz gleich, wer es war, konnte ohne das nunmehr von den Fürsten dem Papst zuzusprechende Investiturrecht regieren. War aber nun der Staatsstreich so gut wie gelungen und durch die unzweifelhaft zu erwartende Absetzung Heinrichs in Augsburg die ottonische Reichsverfassung gebrochen: der gedemütigte König, der außer den Abzeichen seiner Würde so gut wie nichts mehr besaß, gab seine Sache nicht auf.

Nie und nimmer, das war ihm schon in Oppenheim klar geworden, als er „dem Wahnsinn nah" die fürstlichen Bedingungen hatte annehmen müssen, niemals durfte das päpstliche Schiedsgericht zustande kommen. Da er aber schon im voraus auf die Krone hatte verzichten müssen, falls er nicht bis zum 15. Februar, also innerhalb von vier Monaten, vom Banne gelöst war, so bedeutete andererseits die Augsburger Tagung für ihn die einzige, wenn auch geringe Chance, die rechtmäßige Lösung durch ein freisprechendes Urteil zu erreichen. Aber schon hatte Gregor bekanntgegeben, daß er, *„wenn die Gerechtigkeit es zuläßt, die fürstliche Partei begünstigen"* wolle, ja kaum hatte er die Beschlüsse von Tribur erfahren, war er von Rom aufgebrochen, um rechtzeitig zu seinem Triumph in Augsburg einzutreffen. Nicht mehr an Heinrich, sondern an „*meine geliebtesten Brüder*", die deutschen Fürsten, war das Ersuchen um sicheres Geleit ergangen.

Die Lage war für Heinrich verzweifelt; trotz all seiner Bemühungen hatte er nicht mehr erreicht als einen viermonatigen Aufschub der Absetzung. Die revolutionäre Strömung, von dem unerbittlichen Willen eines Otto von Nordheim und Rudolf von Schwaben vorwärtsgetrieben, konnte mit diplomatischen Mitteln nicht aufgehalten werden. Durch ihre Anerkennung des römischen Programms hatten sie den Papst fest auf ihrer Seite. Sollte er da gottesfürchtig abwarten, wie sich das Verhängnis erfüllte?

In den zwei Monaten, die er zurückgezogen und büßend zu Speyer in einer Art von Ehrenhaft zubrachte, reiften die Pläne. Allem voran stand der Zwang, sich vom Banne zu lösen. Dazu aber erschien keine andere Möglichkeit als das hoffnungslose Augsburger Gericht gegeben zu sein. Und doch war er hier verloren und gleichzeitig die „Ehre des

Kaiser Heinrich IV. kniet vor der Markgräfin
Mathilde von Canossa

Reiches" aufgegeben. Wie aber, wenn es ihm gelänge, schon v o r h e r die Absolution zu erwirken? Wenn er, so schnell es irgend ging, dem schon in Florenz gemeldeten Gregor in den Weg trat, bevor er auf deutschem Boden war, und sich gleichsam als Privatmann den für einen „reuigen Sünder" vorgeschriebenen Bußübungen unterwarf? Demütigung? Was galt sie noch nach den Tagen von Tribur! Im übrigen bedeutete eine solche Buße durchaus keine Ehrenkränkung. Es war die rein persönliche Angelegenheit des um sein Seelenheil besorgten Menschen Heinrich, der vor Gott seine Sünden bereute und sie deshalb in der vorgeschriebenen Form vor dessen Stellvertreter auf Erden büßte. Ob dieser Mensch als König der Deutschen mit der Person des absolvierenden Priesters Gregor VII. in einem nur politisch zu begreifenden Konflikt lag, mußte angesichts des Mysteriums von wahrhaft empfundener Reue ganz unerheblich sein. Auch der fromme Heinrich III., sein Vater, hatte mehrfach sich solchen Bußübungen unterworfen und nichts von einer Demütigung dabei empfunden. Es war die rettende Idee!

Sofort hatte Heinrich seine ganze Spannkraft wieder. Schon vor Weihnachten verließ er in aller Heimlichkeit mit der Königin Berta und seinem zweijährigen Sohn Konrad die Stadt Speyer, wenige Tage später war er in Genf, wo man ihm ehrenvoll entgegenkam, um ihn zur Markgräfin Adelheid, Bertas Mutter, zu begleiten. Er wollte so schnell wie möglich weiter, aber Adelheid forderte nun für ihre Genehmigung zur Überschreitung des Mont Cenis, des einzigen Alpenpasses, den Rudolf und

Welf nicht hatten sperren können, die Überschreibung von fünf Bistümern in Italien! Heinrich legte sich aufs Verhandeln, wertvolle Zeit verstrich, aber er verlor trotz seiner drängenden Eile nicht einen Augenblick die Nerven. Schließlich begnügte Adelheid sich mit einer reichen Abtei am Genfer See. An die Besitzübertragung war aber die Bedingung geknüpft, daß sie sich sogleich nach Italien aufmache, um auch ihrerseits auf Gregor einzuwirken. Da die geschäftstüchtige Frau einsehen mußte, daß der ganze Handel erst dann einen Wert hatte, wenn ihr Schwiegersohn die Verfügungsgewalt über das Königsgut zurückerhielt, also vom Banne gelöst war, so willigte sie ein. Der seiner Sache wieder ganz sicher gewordene Heinrich hatte damit die Erpressung in eine Interessengemeinschaft gewandelt und sich die gewichtige Unterstützung der einflußreichen Markgräfin gesichert.

Nun stand dem Alpenübergang nichts mehr im Wege. Es herrschte ein ungewöhnlich strenger Winter; noch bis in den März hinein war der Rhein zugefroren. Die Paßhöhe starrte von Eis und Schnee. Mit Hilfe einheimischer Bergführer gelang der Übergang unter unsäglichen Strapazen. *„Bald auf Händen und Füßen kriechend, bald auf die Schultern der Führer gestützt, bisweilen auch, wenn man auf dem Eise ausglitt, fallend und weiterrollend, gelangten sie doch endlich mit großer Lebensgefahr in die Ebene. Die Königin und die anderen Frauen setzte man auf Ochsenhäute, die die Führer abwärts gleiten ließen."*

Die Nachricht von der Ankunft des Königs ging wie ein Sturmwind durch die Lombardei, die Weiterreise war ein einziger Triumph. Aus allen Ortschaften strömten die

Menschen herbei, des Königs Angesicht zu schauen und ihm ihre Ehrerbietung zu erweisen. Schon in Vercellae erschien eine Anzahl fürstlicher Lombarden und wurde nach Reggio beschieden, wo Heinrich seine Verhandlungen mit Gregor aufzunehmen gedachte.

Hier erklärte er seine Absichten, gegen die sich sogleich leidenschaftlicher Widerstand erhob. Endlich habe der König die von allen Italienern mit Sehnsucht erwartete Fahrt über die Alpen angetreten, endlich solle für alle seine Getreuen die Befreiungsstunde schlagen, und nun sei das Ganze nichts als schimpfliche Kapitulation? Man bestürmte den König. Er solle doch sehen, mit welcher Treue die Lombarden ihm verbunden seien, nun dürfe er sie nicht wieder im Stich lassen wie seinerzeit seine Vormünder den getreuen Cadalus. Jetzt endlich müsse er ein Ende mit jenem verbrecherischen Hildebrand machen, der sich schon als Herr der Deutschen fühle und unter dem Schafpelz der Gottgefälligkeit die ganze Welt wie ein Wolf verschlingen wolle.

Man gab ihm Gold, man stellte ein Heer zusammen, man erbot sich zu einem Romzug, aber Heinrich blieb fest. Wenn es ihm nicht gelang, die Lösung vom Bann noch rechtzeitig zu erreichen, so war seine Herrschaft in Deutschland verloren. Sie etwa mit lombardischer Hilfe zurückerobern zu wollen, war Phantasterei. Mochte die Verlockung auch noch so groß erscheinen und Heinrichs gefühlsmäßiger Einstellung ganz und gar entsprechen: er ließ sich nicht beirren und überzeugte schließlich auch die Einsichtigen unter seinen Freunden von den politischen Notwendigkeiten.

Gregor, der den Apennin bereits überschritten hatte, um im Raume von Verona das Geleit zu seiner Reise nach Augsburg zu erwarten, geriet auf die Nachricht von Heinrichs Ankunft in große Besorgnis. Auch in Deutschland war man aufs peinlichste überrascht und erschrocken, ja die Entsendung der Eskorte für Gregor unterblieb; man wollte nun erst seine Entscheidungen abwarten.

Auf den dringenden Rat der getreuen Mathilde, sich vor Heinrich und seinem lombardischen Heer in Sicherheit zu bringen, bezog Gregor in erkennbarer Hast die tuscische Stammburg Canossa, eine stark befestigte Anhöhe, nicht viel mehr als ein Wachfort, dessen beschränkte Räumlichkeiten nur ganz primitive Unterkunft ermöglichten. Heinrich folgte ihm und schlug in dem nahegelegenen Bianello sein Hauptquartier auf.

Von hier gingen nun seine ersten Boten an den Papst, ihm in Ehrfurcht seine Ankunft anzuzeigen. Gleichzeitig sollten sie Mathilde und Hugo von Cluny, die sich in Gregors Begleitung befanden, zu einer Aussprache bitten. Es war ein tränenreiches Wiedersehen. Heinrich erklärte, wie unerträglich er unter dem Banne litt, der ihn als Christenmenschen zwar verdient getroffen habe, weshalb er bereit sei, jede Kirchenstrafe auf sich zu nehmen; nun aber, da er bereit sei, Buße zu tun, müsse Gregor ihn lösen. Nicht allein sein Seelenheil, auch der Fortbestand der salischen Dynastie, ja die ihm anvertraute Ehre des Reiches stände auf dem Spiel. Mit solchen Andeutungen wirkte er besonders auf Mathildens Familienstolz; nichts konnte sie weniger wünschen als den Untergang der Salier, zu deren Sippe sie sich gerne bekannte. Auch für Hugo von Cluny war die Erhaltung seines Patenkindes auf dem deutschen Thron ein Herzenswunsch. Die Freundschaft, die ihn mit seinem Vater verbunden hatte, wirkte noch auf seine Machtstellung als Abt. Auch wollte es dem Greis nicht in den Sinn, daß Heinrichs III. Sohn die ihm allein gebührende Krone durch Überspitzung des frommen cluniazensischen Programms verlieren dürfe.

Man versprach, mit allen Kräften auf Gregor einzuwirken. Auch die inzwischen eingetroffene Adelheid setzte sich energisch für ihn ein. Aber man erreichte nichts. Der Papst erklärte, erst nach der gründlichen Untersuchung durch das Fürstengericht in Augsburg seine Entscheidung treffen zu wollen. Zu ungeheuerlich seien die Beleidigungen, die Heinrich der heiligen Kirche zugefügt habe. Wieder gingen die Botschaften hin und her. Immer aufs neue ließ Heinrich dem Papst mitteilen, wie heiß er seine Verfehlungen bereue, es war alles vergebens.

Da griff er zu seinem letzten Mittel. Ohne Gregors Aufforderung abzuwarten, unterwarf er sich freiwillig der für die Erlangung der Absolution vorgeschriebenen Buße. Es war nicht die Unterwerfung unter den Willen eines Stärkeren, nicht die Kapitulation des deutschen Königs vor dem päpstlichen Herrn, hier lag ein gepeinigter Sünder, barfuß, im Pilgergewand, vor seinem Gott. Drei Tage dauerte dieser Kampf. Wenn die lange Januarnacht vorüber war, stand Heinrich – und mit ihm einige Schicksalsgenossen – in seiner Büßertracht vor der Burg, rief mit lauter Stimme Gottes Barmherzigkeit an, klopfte an das verschlossene Tor, denn wer „da anklopfet, dem wird aufgetan", betete, schrie, immer stürmischer Einlaß begehrend. In scheuer Beklommenheit sahen die Burgbewohner dem ergreifenden Schauspiel zu. Eis und Schnee und Winterkälte ließen die barfüßigen Sünder da unten unberührt. Ununterbrochen klang dieses schreckliche Klopfen durch die Burg. Die Frauen weinten und bestürmten den Heiligen Vater um christliches Erbarmen. Es sei nicht mehr *„der Ernst der Apostolischen Strenge, sondern schon die Grausamkeit tyrannischer Wildheit"*, so sagten sie, wenn er sich noch länger weigere, Milde und Barmherzigkeit zu üben.

Gregor kämpfte einen nicht minder erbitterten Kampf mit sich selbst. Sein politisches Gefühl ließ ihn mit überwacher Klarheit erkennen, daß diese vorzeitige Absolution den Heiligen Stuhl um den sicheren Endsieg bringen müsse, denn er nahm ja damit das Augsburger Urteil vorweg. Aber dagegen stand seine priesterliche Pflicht. Vergeblich suchte er sich klarzumachen, daß sein politisches Wollen nicht weltlicher Art sei, daß der „Knecht der Knechte Gottes" als Stellvertreter Christi auf Erden eine höhere Sendung zu erfüllen habe, als reuigen Sündern zu verzeihen. Vergebens mühte er sich um die Erkenntnis, daß er durch diesen Akt der Barmherzigkeit die höhere Aufgabe gefährde, Gottes Reich auf dieser Welt zu errichten; den kläglichen Jammerrufen der frierenden Büßer vor dem Tore, ihrem nervenzerreißenden ununterbrochenen Klopfen, den Tränen der ihn kniefällig bestürmenden Frauen, denen sich nun auch die Männer anschlossen, erlag er endlich. Schon neigte sich mit dem 28. Januar der dritte Tag, schon merkte Heinrich in unbeschreiblicher Zerknirschung, daß ihm die Kräfte schwanden, und schickte sich an, umzukehren, um dem Elend ein Ende zu machen, da rasselte der Schlüssel, die schweren Keile fielen, und das Tor ging auf.

Den erschöpften Büßern streckten sich Mathildens und Hugos schwankende Arme entgegen und führten sie hinauf. Als Gregor sie kommen sah, wollte er sich abwenden, um seine Ergriffenheit zu verbergen, aber da lag Kaiser Heinrichs gedemütigter Sohn, die Arme kreuzweis ausgestreckt, vor ihm am Boden, *„in einem Strom von Tränen gebadet"*. Gregor versuchte zu sprechen, aber das Schluchzen nahm ihm die Stimme. So erhob er nur segnend die Arme, und der Priester verzieh.

Papst und König standen sich nun zum ersten- und letztenmal gegenüber: zum ersten- und letztenmal einander nahe, ein jeder vom andern überwunden. Es sind die beiden Menschen, in denen die Kräfte ihres Zeitalters münden, die Macht der Idee und die Idee der Macht: der hochgewachsene, eben erst sechsundzwanzigjährige Heinrich, auch in seinem elenden Aufzug ein Fürst von unfehlbarer Noblesse; der dunkel-fahle Gregor, schon vom Alter gezeichnet, die Insignien seiner Würde lässig über das Mönchsgewand geworfen, unscheinbar, keuchend, mit flackerndem Blick.

Das lösend-erlösende Wort war gesprochen. Heinrich reckte sich auf, immer größer schien er zu werden, fast sichtbarlich wuchs aus dem Büßerhemd die Majestät des deutschen Königs empor. Gregor wich zurück, als zweifle er an sich selbst, endlich erkennend, daß auch in solcher weltlichen Königsmacht der Wille Gottes wirkt, auf seine

Weise, auf andere unfaßbare, nicht minder große, als sie sich in seinem Priestertum offenbart.

Gregor begann zu sprechen; unheimlich schallte seine rauhe Stimme durch das Schweigen. Man soll drinnen die Sitze richten und Fackeln bringen. Er will jetzt die Einzelheiten nennen und einen Vertrag aufsetzen. Denn Heinrichs Absolution ist nur bedingt gewährt. In *„ungeschminkter Rede, wie es unsere Art ist, haben wir nun zu sagen, was er von uns hoffen kann, worin wir ihm zu seinem Heil und seiner Ehre ohne Gefahr für unsere und seine Seele helfen können"*.

Er wandte sich ab; die andern folgten, Mathilde und Adelheid, der Abt von Cluny, Bischöfe, Kardinäle, Sekretäre. Als letzter kam Heinrich, nun wieder in der mitgeführten königlichen Gewandung, dem geflammten Pelz, der Lanze, dem Schwert, dem Ring.

Gregor spricht; aber er sagt nichts von Heinrich Sünden, nichts von Mailand und all seinen andern Widersetzlichkeiten. Nur das eine verlangt er, daß Heinrich die Entscheidung, ob er die Krone behalten dürfe, dem päpstlichen Schiedsspruch überlasse. Doch Heinrich lehnt ab; mit der Lösung vom Bann ist das Kernproblem erledigt, das haben selbst die Fürsten in Tribur anerkannt, als sie ihm aufgaben, sich innerhalb Jahresfrist zu absolvieren. Gregor widerspircht. Er habe ihn nur „bedingungsweise" gelöst, und der Fluch des Heiligen Petrus trete sofort wieder in Kraft, wenn Heinrich sich künftighin ungehorsam bezeigen sollte. Niemals kann das so verstanden sein, ruft Heinrich, niemand darf ihm jetzt noch seine heiligen Rechte nehmen, denn Sankt Petrus ist versöhnt. Die Reden gehen hin und her; mehrfach greift Hugo von Cluny vermittelnd ein; Gregor weicht immer weiter zurück und willigt schließlich müde in einen Vergleich. Heinrich verspricht, sich in seiner Auseinandersetzung mit den Fürsten einem päpstlichen Schiedsspruch zu unterwerfen. *„Nach seinem Urteil werden wir Gericht halten oder Frieden schließen."* Er verpflichtet sich, dem Papst über die Alpen, oder wohin es sei, das Königsgeleit zu stellen. *„Er soll vor jeder Verletzung an Leib und Leben von meiner Seite wie von derjenigen sicher sein, auf die ich Einfluß habe. Wenn ihm irgend jemand etwas zuleide tut, so werde ich ihm mit aufrichtiger Treue und nach besten Kräften helfen."* Als Gregor verlangt, er solle diese Abmachung beeiden, wehrt Heinrich ab; es sei unter der Würde eines deutschen Königs, sein Wort zu beschwören.

„Ich König Heinrich", so unterschreibt er den Vertrag, *„gegeben zu Canossa am 28. Januar im Jahre unseres Herrn Jesus Christus 1077."*

In der kleinen Burgkapelle nehmen nun alle das Abendmahl, das Gregor – wie immer – unter Tränen bereitet. Heinrich drängt fort. Aber die Sitte fordert, daß man die Versöhnung mit einer gemeinschaftlichen Mahlzeit beschließt. Sie setzen sich also schweigsam *„an ein und denselben Tisch und erquicken sich in Ehren an einfachen Speisen"*. Kaum hat Gregor jedoch das Dankgebet gesprochen, erhebt sich Heinrich. Noch einmal ermahnt ihn der Papst, dann *„erhielt er die Apostolische Verabschiedung und entfernt sich mit den Seinen"*.

Der 29. Januar 1077 war ein strahlender Wintertag. Über knirschenden Schnee und krachendes Eis sprengte der deutsche König Heinrich IV. siegesbewußt davon. Nie und nimmer wird er dem Papst das versprochene Geleit geben müssen, denn nie und nimmer soll die Augsburger Tagung jetzt noch zustande kommen!

VI

GREGORS ENDE

„So jemand auf Erden sich um der Wahrheit willen vor den Menschen fürchtet, so hat er den Zorn der Wahrheit im Jenseits zu ertragen ..."
    Gregor VII. (um 1075)

„Schüttelt das Joch der Knechtschaft ab und bleibt frei, wie es einem Erzbischof von Canterbury geziemt ..."
   Wilhelm der Eroberer,
  nach Gregors Tod, um 1085

DER GEGENKÖNIG

Die Nachricht von der Absolution Heinrichs schlug wie ein Blitzstrahl in Deutschland ein. Das Augsburger Staatsgericht war nun überflüssig, sein Spruch vorweggenommen, ja die ganze Streitfrage in ihrem Kern verkehrt worden. Die unentbehrliche Mitwirkung des Heiligen Vaters am endgültigen Sturz der salischen Dynastie, die in Tribur in sicherer Aussicht gestanden hatte, mußte wieder in Frage gestellt sein; es wollte sogar scheinen, als habe der König die Kurie für die nun unvermeidliche Endauseinandersetzung mit den Rebellen auf seine Seite gebracht.

Die festen Ansätze zur gründlichen Machtverlagerung im „Römischen Reich", die aus der deutschen Nationalkirche eine päpstliche Behörde machen und von dem Königtum nicht viel mehr als eine Art von beschränkter Präsidialgewalt übriglassen wollte: die ganze Entwicklung von Kaiserswerth bis Tribur war nun unmittelbar vor ihrer staatsrechtlichen Verankerung wieder zergangen; schon begann der eben noch macht- und rechtlose Salier seine Herrschaft von der Lombardei aus neu aufzubauen.

Rudolf von Schwaben, der sich im geheimen eine Königskrone hatte anfertigen lassen, gedachte nicht, unmittelbar vor dem Ziel umzukehren, dem er in Tribur schon zum Greifen nahe gewesen war. Mochte dieses neue Königtum auch nur ein schwacher Abglanz des alten sein:

es bedeutete doch, und nur darauf kam es an, die Sicherstellung der Herzogsgewalt im „Römischen Reich", deren Niederhaltung, wenn nicht gar vollständige Zertrümmerung, das Ziel aller Innenpolitik der bisherigen Königsdynastien gewesen war und für alle Zukunft bleiben mußte.

Feudalgewalten und Königsmacht, Partikularismus und Einheitsstaat, ewiger Gegensatz und staatspolitisches Spiegelbild des deutschen Individualismus: dieses immer wogende Spiel der Kräfte sollte jetzt alle Ansätze zur einheitlichen Geschlossenheit des Reiches zertrümmern. Wo mit dem Königtum nun auch die „Ehre des Reiches" zu versinken begann, da mußte der letzte Ideengehalt dahingehen, aus dem sich die Anfänge eines Nationalgefühls bilden konnten, und an seine Stelle eine andere, stärkere Idee treten: die einende Kraft des Christentums. Das konnte aber nichts anderes im Gefolge haben als die Anerkennung einer päpstlichen Oberherrschaft, denn nur im Papsttum sammelten sich alle Glaubenskräfte zur übernationalen Einheit. Solche Gedanken wurden schon offen ausgesprochen. *„Es wird noch dahin kommen"*, schrieb wenig später ein fanatischer Anhänger der päpstlichen Universalität, *„daß die goldene Säule des Königtums ganz zertrümmert und jedes große Reich in Fürstentümer aufgelöst wird. Erst dann wird die Kirche unter dem Schutz des großen Priesterfürsten triumphieren!"*

Aber die deutschen Großfürsten, unter denen Rudolf von Schwaben am deutlichsten hervortrat, hatten für solcherlei Überlegungen kein Organ. Über die Sicherung ihrer Territorialgewalt und den Haß gegen das salische Königtum hinauszusehen vermochten sie nicht. So bedenkliche Formen nahm die Erregung über Canossa in ihrem Lager an, daß Gregor sich veranlaßt sah, von sich aus über die Geschehnisse Aufklärung zu geben. Auch er empfand in zunehmender Beklemmung, daß er die große Linie seiner Universalpolitik in Gefahr gebracht habe; das wertvollste Faustpfand für die endgültige Aufrichtung seiner Souveränität über das deutsche Königtum und damit die endgültige Umwandlung der weltlichen Macht zum priesterlichen Gottesstaat war nun mit der Absolution Heinrichs so gut wie ohne Gegenwert aus der Hand gegeben. Die ihm von den deutschen Großfürsten in Tribur übertragenen Trümpfe, mit deren Hilfe das große Spiel um die päpstliche Weltherrschaft nicht mehr verlorengehen konnte, hatte er nur halb und überdies noch ungeschickt ausgespielt. Aus seiner Vollmacht, den einer päpstlichen Universalpolitik feindlich gegenüberstehenden deutschen König endgültig abzusetzen und an dessen Stelle einen gefügigen Lehnsmann des Heiligen Petrus zu ernennen, war nun nicht mehr geworden als bestenfalls die Garantie für eine Straflosigkeit der aufsässigen Großfürsten. Nichts anderes hatte Heinrich ja zugestanden, als nach päpstlichem *„Rat Gericht zu halten"*, das heißt die Fürsten zu verurteilen *„oder Frieden zu schließen"*, sie zu begnadigen. Aber selbst dieses schmale Ergebnis des Vertrages von Canossa schien bereits in Frage gestellt, denn Heinrich beschied den Heiligen Vater auf dessen Anfrage nach dem versprochenen Geleit, er sei im Augenblick derart mit Geschäften überhäuft, daß er die Lombardei vorerst nicht verlassen könne.

„*Hättet Ihr das zugesagte Geleit rechtzeitig geschickt*", so schrieb der Papst schlecht gelaunt an die bestürzt um Auskunft bittenden Fürsten, *„so hätten wir zu Euch kommen können. So aber vermochte der nach Italien eilende König unsere Behinderung auszunutzen."* Im übrigen sei aber noch nichts entschieden, so daß er nach wie vor an seiner Reise nach Deutschland festhalte.

Als Rudolf die dem päpstlichen Schreiben beigefügte Erklärung Heinrichs gelesen hatte, erkannte er sofort, daß in der Hauptsache doch entschieden sei, wenn Gregor auch versicherte, daß er *„dem König nur dann zur Seite stehen"* wolle, wenn er es *„im Rahmen der Gerechtigkeit und der christlichen Liebe ohne Gefahr für unsere und seine Seele"* vermöge. Damit war in die bisher mit unwiderstehlicher Gewalt und eindeutiger Klarheit geführte päpstliche Politik eine merkwürdige Verschwommenheit getreten. Mochte Gregor mit seinen Vorbehalten auch zum Ausdruck bringen wollen, daß die Absolution Heinrichs nur bedingungsweise erfolgt sei, so mußte dies doch eine Auslegungssache bleiben. Die in Canossa abgegebene Erklärung Heinrichs, der verbindliche Staatsvertrag, enthielt nicht nur kein Wort davon, sie konnte nur als feierliche Rehabilitierung aufgefaßt werden.

Da galt es, mit höchster Beschleunigung die Gegenmaßnahmen zu treffen und die Kurie auf die zu schaffenden vollendeten Tatsachen festzulegen. Schon auf den 13. März, also nur sechs Wochen nach dem Tag von Canossa, beriefen die Fürsten einen Reichstag nach Forchheim. Der Termin war so kurz gestellt, daß an eine Abholung Gregors nicht mehr zu denken war, ganz abgesehen davon, daß Heinrich die Lombardei wieder be-

Grabmal König Rudolfs von Schwaben im Merseburger Dom

Konrad, Sohn Heinrichs IV.

Kampf Heinrichs IV. gegen seinen Sohn Heinrich V. am Fluß Regen bei Regensburg

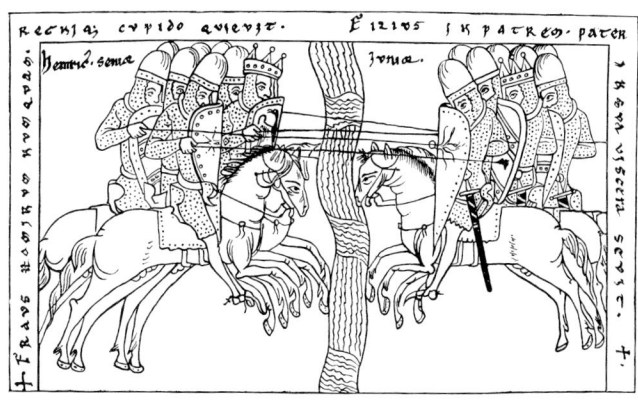

herrschte; so mußte der Papst sich mit der Entsendung seiner Legaten begnügen, ohne dabei auf die letzten durch ihn selbst zu treffenden Entscheidungen zu verzichten.

Die päpstlichen Herren erklärten denn auch, ihre Vollmachten seien nur begrenzt; *„es erschiene ihnen zwar am besten, Heinrich noch eine kurze Zeit geduldig zu ertragen und eine Neuwahl bis zur Ankunft des Papstes zu verschieben; aber die ganze Angelegenheit sei nicht ihre, sondern Sache der Fürsten, die das Wohl und Wehe des Reiches besser zu beurteilen vermöchten als sie"*. Dem wurde entgegengehalten, der Heilige Vater habe sich ja bereits eindeutig gegen Heinrich festgelegt, indem er kategorisch verboten habe, *„dem König weiter zu dienen und die Treue zu halten . . . Es ist nicht unsere Sache zu untersuchen, ob der Mann rechtmäßiger König sein kann, dem der Heilige Vater das Reich genommen hat. Eine solche Untersuchung hätte vor dem Urteilsspruch erfolgen müssen"*.

Als die Kardinäle ihre Zurückhaltung nicht aufgaben, legte man eine Anklageschrift gegen Heinrich vor, deren Verlesung einen ganzen Tag in Anspruch nahm. Aber die Legaten änderten ihre Haltung nicht und meinten nur sarkastisch, es sei verwunderlich, daß unter solchen Umständen ein deutscher König so lange geduldet worden sei.

Schließlich einigten sich Schwaben und Sachsen, deren Repräsentanten vollzählig erschienen, während das salisch eingestellte Franken nicht vertreten war und aus *„den anderen Gegenden Gesandte sich eingefunden hatten"*, auf die Person Rudolfs von Schwaben zum König. Dieser Einigung ging ein regelrechter Kuhhandel voraus. Otto von Nordheim knüpfte an seine Einwilligung die Bedingung, daß ihm Bayern zurückerstattet würde, was jedoch wieder den heftigsten Widerspruch Welfs hervorrief. Auch die übrigen meldeten ihre Forderungen an, und schon wollte es scheinen, als ginge die antisalische Partei in die Brüche und damit für die päpstliche Politik das unentbehrliche Instrument zur wirksamen Einwirkung auf die innerdeutschen Verhältnisse verloren: da traten die Kardinäle endlich aus ihrer Reserve. Eine vorherige Verpflichtung der künftigen Kronpolitik auf die Gewährung von Zugeständnissen irgendwelcher Art habe einen Beigeschmack von simonistischer Ketzerei, sagten sie. Nur e i n e Festlegung des künftigen deutschen Königs müßten sie im Namen des Heiligen Petrus verlangen: die bindende Zusage der Krone, auf das sogenannte Investiturrecht zugunsten der heiligen Kirche ein für allemal zu verzichten. Nur unter dieser Voraussetzung würden sie gegen die beabsichtigte Neuwahl nicht protestieren. Diese Bedingung wurde allgemein angenommen. Ebenso herrschte Einigkeit über die künftige Stellung des Königtums. Die ausdrücklich als Gewohnheitsrecht bezeichnete Erbfolge wurde feierlich außer Kraft gesetzt und dem künftigen König mit aller Eindeutigkeit untersagt, irgendwelche Anstrengungen zu machen, seinen Sohn, und wenn er noch so geeignet für die Herrschaft sei, zu seinem Nachfolger zu machen. Damit sollte ein für allemal mit der jahrhundertealten Tradition gebrochen und dem Königtum Präsidialcharakter gegeben werden, etwas von jener Beamtenart, wie sie in der Kirchenverwaltung unter dem Druck der Kurie sich mehr und mehr durchgesetzt hatte.

So kam man endlich zur Vollziehung der Wahl, die einstimmig auf Rudolf von Schwaben fiel. Den Legaten

Gregors wurde eine amtliche Erklärung überreicht, in der man den Rechtsstandpunkt formulierte; man habe die Absolution Heinrichs „*nicht so verstanden, daß er wieder in seine Königsrechte eingesetzt worden ist und auch jetzt noch verstehen wir nicht, daß an seiner Absetzung irgend etwas geändert werden könnte. Wir werden es auch nie hinnehmen, daß die Lösung vom Treueid rückgängig gemacht wird. Da also der Eid der Treue nicht mehr bindet, so ist es auch unmöglich, daß Heinrich das Königsamt noch weiter verwaltet. Nachdem wir nun ein Jahr ohne Herrscher sind, ist durch die Wahl unserer Fürsten deshalb ein anderer auf den Thron erhoben worden.*"

In Mainz fand Rudolfs feierliche Krönung nicht ohne Schwierigkeiten statt. Schon war das Hochamt im Gange, da lehnte Rudolf einen der zelebrierenden Priester ab, den er für simonieverdächtig hielt. Der peinliche Zwischenfall brachte die Mehrzahl der anwesenden Kleriker in erhebliche Aufregung, weil man sich von dieser päpstlicher als päpstlichen Gesinnung des neuen Herrn auf angenehme Zukunftsaussichten gefaßt machen durfte. Aber der „*Pfaffenkönig*", wie er alsbald hieß, gab nicht nach, und so konnte die Krönung erst mit erheblicher Verspätung erfolgen. Bei dieser Störung allein sollte es aber nicht bleiben. Als die Festgesellschaft beim Mahle saß, verhöhnten die Mainzer Bürger ihren neuen König und sein Gefolge; es kam zum Handgemenge, aus dem schließlich ein regelrechter Aufstand wurde. Hals über Kopf mußten die Feierlichkeiten abgebrochen werden und der neue König mitsamt seinem Gefolge die Stadt fluchtartig verlassen. Er wollte dann in Worms einziehen, aber die Bürger schlossen die Tore und verwehrten ihm mit seinem „*un-*

ersättlich verfressenen" Bruder, ihrem sogenannten Bischof, den Eintritt. Unstet umherziehend, schrieb Rudolf einen Fürstentag nach Ulm aus, aber es erschien so gut wie niemand, denn das Gerücht ging, König Heinrich sei nach Deutschland aufgebrochen. „*Ich weiß nicht, welcher Unstern über ihm schwebte*", so schreibt Rudolfs getreuer Chronist, „*alle zogen sich von ihm zurück. Nicht nur die neuen, auch die alten Anhänger vergaßen ihren Eid und fielen ab.*"

BRUDERKAMPF

Umsonst spotteten die Rebellen, der „*sogenannte König Heinrich*" sei in Italien gefangen, weil sie die Alpenpässe in ihrer Gewalt hatten. Aber es waren seit der verunglückten Tagung in Ulm kaum zwei Wochen vergangen, da hieß es schon, König Heinrich sei mit „*unermeßlichen Schätzen*" heimlich in Kärnten eingetroffen, wenig später bestätigte sich das Gerücht seiner Ankunft von der bayerischen Grenze, dann gab es keinen Zweifel mehr: Heinrich IV. zog, umjubelt von der Bevölkerung, mit königlichem Pomp geradenwegs nach Schwaben, dessen Herzog, nun ein friedloser Rebell, in aller Hast entwich.

Wieder ward nach Ulm, der schwäbischen Residenz, ein Reichstag ausgeschrieben, und dieses Mal blieben nur wenige aus. Es wurde eine glänzende Versammlung; sogar der Patriarch von Aquileja und der Bischof von Metz waren erschienen, vor dem Tage von Canossa Heinrichs erbitterte Gegner. Der König hielt Gericht. Männlich und hart stand er unter den Seinen, *„sie alle überragend und gleichsam über sich selbst hinauswachsend, die Augen der ihn Anblickenden wie mit Blitzen schreckend"*; mochte er auch noch so feierlich versichert haben, nur „nach dem Rat" des Papstes die Rebellen zu strafen oder zu begnadigen; sie wurden nun in die Reichsacht erklärt und ihr Besitz von der Krone eingezogen. Gleichzeitig erging ein allgemeines Heeresaufgebot nach Worms. Der dritte Salier begann den Kampf um seine Krone und die Ehre des Reiches.

Rudolf hatte indessen in Sachsen gerüstet und machte sich mit seinem starken Heer in Eilmärschen auf den Weg, um Würzburg zu besetzen, die eine Verbindung zwischen Süden und Norden beherrschende Festung. Obwohl die dagegen aufgebotenen nordbayerischen und böhmischen Kontingente noch nicht eingetroffen waren, stürmte Heinrich ihm in den Weg. Aber seine Truppe war viel zu schwach, um den Kampf wagen zu können. Er mußte sich darauf beschränken, ein befestigtes Lager zu beziehen. Alle Versuche Rudolfs, seinen Gegner zur Schlachtentscheidung zu bringen, scheiterten; Heinrich vertraute auf das baldige Eintreffen der Böhmen und fränkisch gesinnten Bayern, ohne die der Kampf aussichtslos war. Aber auch Rudolf wagte einen Angriff nicht. So kam es schließlich zu Verhandlungen. Heinrich ließ ausdrücklich verbreiten, man habe hinter seinem Rücken damit begonnen, um sich in keiner Weise festzulegen oder gar ein Schwächezeichen zu geben. Im übrigen dachte er nicht einen Augenblick daran, wozu Rudolf sich bereit erklärt hatte, den Streitfall in Gegenwart päpstlicher Legaten durch ein Fürstengericht aus beiden Lagern entscheiden zu lassen.

Zwar tat er so, als wolle er sich dieser Bedingung fügen, jedoch mit der ausdrücklichen Einschränkung, daß päpstliche Herren nicht mitzusprechen hätten, in Wirklichkeit wartete er mit Ungeduld auf die Hilfstruppen, um den verhaßten Feind zu vernichten. Immerhin war auf diese Weise ein Waffenstillstand erreicht.

Es konnte und sollte zu keiner Einigung kommen. Heinrich bevollmächtigte seine Abgesandten nur zur Abgabe nichtssagender Erklärungen. Inzwischen begann der Horizont sich vom Widerschein brennender Dörfer zu röten, ein uraltes Recht slawischer Könige, ihr Herannahen anzuzeigen – da hielt es Heinrich nicht länger.

Er setzte den nach Schwaben abziehenden Hilfstruppen Rudolfs nach, die in wilder Flucht auseinanderstoben und das Land freigaben. Ob Heinrich der wilden Böhmen nicht Herr werden konnte, ob es seine maßlose Rachsucht war: der nun offen zum Ausbruch gekommene Krieg wurde systemlose Mordbrennerei. Das feindliche Gebiet zu „bestrafen", Dörfer und Fluren zu zerstören, die Menschen abzuschlachten, war der einzig erkennbare Sinn, den man als Sieg empfand, weil der Gegner die Grenzen preisgegeben hatte. Bis zur Feste Tübingen wälzte sich die Vernichtungswelle, alles Leben erbarmungslos zerstampfend. Es wird berichtet, die böhmische Soldateska sei auch vor der Heiligkeit der Kirchen nicht zurückgescheut, habe die an die Altäre geflüchtete Bevölkerung herausgezerrt, die Männer verstümmelt, die Frauen zu Tode geschändet. Wie der leibhaftige Antichrist soll Heinrich, vom roten Brandrauch halb verhüllt, auf den schwelenden Trümmern verbrannter Ortschaften seinen Anhängern die erledigten Kirchen geschenkt haben.

Dann heißt es wieder, die Partei des Gegenkönigs habe die Oberhand gewonnen. Ein Bauernheer, das zu Heinrich stoßen wollte, wurde von Rudolfs Rittern zusammengehauen und die Überlebenden *„in barmherziger Züchtigung entmannt"*. Auch zu regelrechten Schlachten kam es, bei denen diejenige der beiden Parteien, als sei es eine vereinbarte Spielregel, sich Sieger nannte, die nachts auf dem Kampfplatz lagerte. Irgendeine Entscheidung konnte bei solcher Kriegführung natürlich nicht herbeigeführt werden; es war geistloser Zermürbungskrieg von unübersehbarer Dauer, denn die Hilfsmittel für seine Fortsetzung flossen ebenso unerschöpflich aus Franken, Nordbayern, Südschwaben, ja auch den Rheinstädten für Heinrich wie aus dem reichen Sachsen für seinen Gegner.

Vergleicht man gegen diesen „Krieg" die meisterhaften Feldzüge Karls des Großen im achten Jahrhundert, die nie ohne gründlichste Vorbereitung und strategische Grundidee unternommen wurden, jene Aufmärsche über weite Räume, Umfassungsmanöver größten Stils, glänzende Zusammenwirkung aller getrennt marschierenden, aber stets vereint schlagenden Heeresgruppen: so erkennt man schon daraus die ganze Wirrnis eines Zeitalters, dessen Führung dem deutschen Königtum aus den Händen glitt.

Und dennoch läßt sich aus Heinrichs Ablehnung aller Friedensvorschläge eine gewisse Einheitlichkeit erkennen, denn es ging ihm um alles, die unanfechtbare Wiederaufrichtung seiner Krongewalt, die nur durch die völlige Niederwerfung seiner Feinde sichergestellt werden konnte.

In unwandelbarem Optimismus und einer vielleicht nur dadurch zu erklärenden Zähigkeit hielt er an seinem Vernichtungswillen fest, auf die bessere Ergiebigkeit seiner Hilfsmittel und sein gottgewolltes Königsrecht vertrauend.

DER „SCHIEDSRICHTER"

Ob es die Erkenntnis war, für eine ungerechte Sache zu kämpfen, und deshalb auch die Furcht vor allgemeinem Abfall: Rudolf wandte sich bald mit der dringenden Bitte nach Rom, der Papst möge sich nun endlich offen für ihn erklären. Aber Gregor wahrte ängstlich seine Neutralität, um das Zustandekommen des großen Schiedsgerichtes nicht zu gefährden. *„Wir wollen gemeinschaftlich mit den Klerikern und Laien im Reiche der Deutschen untersuchen, auf wessen Seite die Berechtigung zur Regierung größer ist"*, antwortete er, sollte aber einer *„der beiden Könige"* sich diesem Gericht entziehen, so habe er damit auf seinen Anspruch verzichtet. Damit war die gewichtige Erklärung abgegeben, daß es nun zwei Könige im Deutschen Reich gab, und Gregors Auslegung über Canossa nicht mehr aufrechtzuerhalten, er habe Heinrich keinesfalls wieder als König anerkannt.

So ungehalten man im Lager Rudolfs über diese ausweichende Stellungnahme auch war, man erklärte sich sofort bereit, den päpstlichen Schiedsspruch anzunehmen. Die Lage in Deutschland hatte sich aber inzwischen so grundlegend verändert, daß Rudolf außerstande war, dem Papst das erforderliche Geleit zu stellen, denn der Salier und nicht er beherrschte jetzt die Alpenpässe. Bis zu Heinrich konnten aber die römischen Legaten nicht vordringen, denn er hatte kurzerhand verboten, irgendeine päpstliche Botschaft an seinen Hof gelangen zu lassen. Gregors Bevollmächtigter, Kardinaldiakon Bernhard, mußte es daher mit List versuchen, doch sein als Bittsteller maskierter Mönch wurde vorzeitig entlarvt und die päpstliche Bulle von den königlichen Rittern *„gröblichst entehrt"*. Auf solche Weise gelang es Heinrich, der so tat, als wisse er von alledem nichts, einen vorzeitigen Bruch mit dem verhaßten Gregor zu vermeiden. Es war ja nicht seine Schuld, wenn die päpstlichen Botschaften ihn nicht erreichten!

Kardinal Bernhard glaubte daraufhin kurzen Prozeß machen zu sollen. Auf einen erneuten Hilferuf Rudolfs hatte Gregor wieder nur geantwortet, er erwarte *„mit nicht geringer Begierde"* die Antwort auf seinen an alle deutschen Fürsten gerichteten Brief, ein neuer Beweis für die Fürsten, daß er einer Stellungnahme aus dem Wege ging. Ob es nun Bernhards ehrliche Empörung über Heinrich war oder die *„römische Gewohnheit"* der Legaten, die *„päpstliche Gunst für soviel Geld wie möglich bald der einen, bald der anderen Partei zu versprechen"*: er glaubte erkennen zu sollen, daß die Interessen der Kurie zu einer Entscheidung für Rudolf rieten.

So berief er einen Fürstentag nach Goslar, der nur von Heinrichs Gegnern besucht werden konnte, und sprach kraft seiner päpstlichen Vollmacht über Heinrich das ewige Anathema aus, weil er entgegen dem Befehle Sankt Petri die Regierung wieder an sich gerissen und überdies dem Papst das zugesagte Geleit versagt habe. Der König der Deutschen sei nunmehr der von ihnen erwählte Rudolf.

Von diesem Urteilsspruch nahm Heinrich nicht die geringste Notiz; „*er achtete ihn, als ob ihn eine Gans anliefe*". Aber auch Gregor versagte seinem Legaten die Bestätigung, und Rudolf schrieb aufgeregt nach Rom: „*Wenn Ihr Euch um das, was Ihr selbst festgesetzt habt und was Euer Legat nunmehr bestätigte, überhaupt nicht kümmern wollt, wenn das alles für nichts gelten soll, dann wissen wir wirklich nicht mehr, was wir künftig glauben sollen!*"

Gregor war in eine schwierige Lage geraten, aus der es kaum einen Ausweg gab. Schloß er sich dem Urteil seines Legaten an, so war nicht nur das als Kernpunkt seiner Politik immer noch erstrebte Schiedsgericht unnötig geworden und dem von ihm heraufbeschworenen Bruderkampf erst recht kein Ende gemacht, entschied er sich für Heinrich, so verlor er ein für allemal die Bundesgenossenschaft der Gegenpartei. Soviel er nun auch in den Schriften über seinen Schutzpatron Gregor den Großen und Heiligen forschte, es fand sich nichts, worin er seinem Beispiel folgen konnte. Er mußte sogar Aussprüche dieses inbrünstig verehrten und nachgeahmten Priesterfürsten lesen, die nur als eine Ablehnung seiner eigenen Politik verstanden werden konnten: niemals wäre Gregor I. in diesen unlösbar scheinenden Konflikt mit dem Königtum geraten, denn er hatte ja deutlich erklärt: „*Wenn es keinem Laien erlaubt ist, in kirchlichen Dingen Anordnungen zu treffen, so muß man den König davon wohl ausnehmen, denn er ist mit dem heiligen Öle gesalbt und deswegen gleichsam am Priestertum beteiligt!*"

Nun, wo der siebente Gregor sich selbst in Gegensatz zu seinem Vorbild gesetzt hatte und für eine gewaltsame Lösung weder das Recht noch die Macht zu besitzen glaubte, versiegten seine Kraftquellen unter dem Druck der salischen Meisterdiplomatie. Hilflos in die Enge getrieben, forderte er die streitenden Parteien auf, ihre Bevollmächtigten zur Fastensynode nach Rom zu senden, um hier wenigstens in eine Voruntersuchung einzutreten, bis die endgültige Entscheidung durch seinen Schiedsspruch auf deutschem Boden stattfinden konnte. Dieses Schiedsgericht war der Weisheit letzter Schluß, denn es sollte die Siegesapotheose seines Lebenskampfes sein. Ob er dabei einen gerechten Spruch fand oder nicht: nur darauf kam es an, daß der Grobschmiedssohn aus Soana, Hildebrand, über den deutschen König zu Gericht saß! So starr blieb sein Blick auf dieses eine Ziel gerichtet, daß er nicht mehr sah, wie er, an Heinrichs Narrenseil gebunden, nur noch einem Nebelgebilde nachjagte.

Heinrich entsandte seinen fähigsten Mitarbeiter nach Rom. Theoderich von Verdun, der sich als deutscher Sachwalter Mathildens einer weitgehenden Einwirkung auf diese am Lateran viel vermögende Frau erfreute, und Benno von Osnabrück, den Burgenbauer und Staatsmann, Realpolitiker, Diplomat und Priester von überragendem Format. Die beiden zogen mit königlichem Pomp und großen Geldmitteln über die Alpen. Ihr Erscheinen machte in Rom erhebliches Aufsehen, während Rudolfs Abgesandte kleine Leute waren, die sich heimlich über die Pässe hatten schleichen müssen, um nicht von Heinrichs Wachen gefangen zu werden. Theoderich bemühte sich sogleich, Mathilde und die anderen Einflußreichen um Gregor für die gerechte Sache Heinrichs zu gewinnen, Benno streckte über den geschmeidigen Abt von Monte Cassino seine Fühler zu den Normannen aus, die wieder einmal gegen Rom eine drohende Haltung nahmen. Als man dann zur Synodeneröffnung schritt, war die Stimmung aufs beste vorbereitet. Alle Versammelten, es waren siebzig Bischöfe, gaben den salischen Sprechern recht und forderten Gregor auf, gegen den treubrüchigen Rudolf das Anathema zu schleudern. Dagegen hielten sich dessen Abgesandte schüchtern und ängstlich zurück und beschränkten sich auf den Hinweis, der päpstliche Bevollmächtigte habe bereits durch die feierliche Bannung Heinrichs in eindeutiger Weise entschieden.

Gregor wußte sich keinen anderen Rat, als die Vollversammlung einstweilen zu vertagen, um in der Zwischenzeit in vertraulichen Besprechungen Klarheit darüber zu gewinnen, wann denn nun endlich das Schiedsgericht in Deutschland stattfinden könne. Die salischen Herren versicherten treuherzig, daß Heinrich sich lieber heute als morgen dem päpstlichen Spruch beugen würde, und baten um die Entsendung eines ständigen Legaten an seinen Hof, damit die innige und vertrauensvolle Zusammenarbeit mit dem Heiligen Vater nun nicht mehr abzureißen brauche. Gregor ging gern auf diesen Vorschlag ein, ohne zu merken, daß er damit aufs neue Heinrichs Rehabilitierung als angestammten König wiederholte.

So gewandt sich die kaiserlichen Abgesandten durchzusetzen verstanden, so ungeschickt benahmen sich die

Boten des Gegenkönigs, denen es überdies an den notwendigsten Geldmitteln gebrach. Verlegen hielten sie sich im Hintergrund und beschränkten sich auf die Forderung, der Papst habe den Goslarer Bannspruch seines Legaten anzuerkennen. Sie wurden von Theoderich und Benno mit leichter Mühe völlig überspielt, die ihr weniger weitgestecktes Ziel: Zeit zu gewinnen, schnell erreichten.

So kam denn schließlich ein feierlicher Synodalbeschluß zustande, der von dem Goslarer Bannspruch deutlich abrückte – es seien ihm doch erhebliche Zweifel hinsichtlich seiner Berechtigung aufgestiegen, sagte Gregor –, wieder einmal wurde das päpstliche Schiedsgericht auf deutschem Boden als endgültige Regelung gefordert. „*Weil wir die Verwirrung im Reiche zur höchsten Bedrohung der heiligen Kirche ansteigen sehen*", so heißt es, soll von seiten des Apostolischen Stuhles nun endlich festgestellt werden, welche der beiden Parteien die Gerechtigkeit für sich habe. Bis dahin sollen „beide Könige" miteinander Frieden halten. Wehe dem, der sich dieser Untersuchung entzieht, ewige Höllenstrafen sind ihm sicher! Zur feierlichen Bekräftigung dieses Wahrspruches warfen Gregor und seine Kardinäle brennende Kerzen zu Boden und traten sie aus. Alle Versammelten, mit Ausnahme der Herren Theoderich und Benno, waren nun von dem alsbaldigen Zustandekommen des Papstgerichtes in Deutschland fest überzeugt.

Heinrich zeigte sich mit dem Erfolg sehr zufrieden, nahm den päpstlichen Herrn, der mit Theoderich und Benno zu ihm kam, äußerst gnädig auf und erklärte seine vollste Friedensbereitschaft. Getreu den Abmachungen von Canossa, die Rebellen nur nach dem päpstlichen Rat zu bestrafen oder zu begnadigen, ließ er sie wissen, er wolle nunmehr Gnade walten lassen, sofern sie sich in reuigem Gehorsam unterwürfen.

Für die Gegenpartei war dagegen die Stellungnahme Gregors eine schwere Enttäuschung. Nicht allein, daß der Heilige Vater seinen bevollmächtigten Legaten in aller Deutlichkeit desavouiert hatte, mit der Bezeichnung „beide Könige" war Heinrich erneut anerkannt und durch die Entsendung eines päpstlichen Legaten an seinen Hof in der Regierungsgewalt geradezu bestätigt. „*Seht, welche Verwirrung der Dinge!*" schrieb Rudolf nach Rom. „*Wer seinen gesunden Menschenverstand bewahrt hat, wird sagen, so etwas von Unklarheit ist noch nicht dagewesen! Ihr habt vor Augen, liebster Herr, wie die Erde erschüttert wurde. Wollt Ihr das wieder gutmachen, so bleibt bei dem, was Ihr begonnen, und zerstört nicht, was Ihr errichtet habt. Wollt Ihr uns jetzt mitten im Ungewitter, in das wir für Euch eingetreten sind, verlassen, so sind Himmel und Erde Zeuge, daß wir zu Unrecht untergehen!*" Immer bitterer werden die Vorwürfe der „geliebtesten Brüder" an ihren Herrn in Rom. „*Uns sagt Ihr, wir sollten auf unserem Weg verharren, und Jenen sprecht Ihr Mut zu. Euer bevollmächtigter Legat verhängt über Heinrich und seine Anhänger den Bann, Ihr aber nehmt diese Anhänger freundlich und ehrenvoll auf. Uns macht Ihr Vorwürfe, daß wir keine besseren Boten schicken, darüber aber, daß unsere Feinde den Weg nach Rom versperren, sagt Ihr kein Wort . . .*"

Gregor wartete indessen auf den Bericht seiner Gesandten, um zu erfahren, welchen Erfolg seine Friedensbemühungen gehabt hatten, und vor allem, wann das Gericht stattfinden solle. Aber die Nachrichten lauteten trübe. Zum Frieden war es nicht gekommen; man berichtete sogar von einer Schlacht zwischen den beiden Königen, bei der Rudolfs Feldherr, Otto von Nordheim, auf dem Kampfplatz genächtigt und Heinrichs Troß erobert hatte; über den Gerichtstermin wußte man nichts. Dagegen war aus Rudolfs Lager, dieses Mal von den zu ihm haltenden Bischöfen, ein neuer Klagebrief eingegangen: *„Wo bleibt Eure vielgerühmte Tatkraft, die immer bereit war, jeden Ungehorsam zu rächen? Warum straft sie nicht Heinrichs Sünden, für die es keine Zahl gibt?"* Mit dem Kardinal Bernhard, dem Legaten von Goslar, trafen an Stelle „ungeeigneter Boten" nun Altmann von Passau und Hermann von Metz in Rom ein, um die Sache Rudolfs zu vertreten, und veranlaßten Gregor, in die Durchführbarkeit seines Gerichtes nun doch Zweifel zu setzen. Von dem „sogenannten König Heinrich" spricht er daraufhin selber, aber zu einer neuen Verhängung des Bannes, wie Rudolf sie immer stürmischer forderte, kann er sich immer noch nicht entschließen. *„Mit allen Mitteln muß ich danach trachten, in richtiger Ordnung die Angelegenheit zu Ende zu bringen"*, ist seine Antwort an den *„König der Sachsen"*, wie Rudolf genannt wird. *„Alle Italiener loben und verteidigen Heinrich mit allen Kräften und zeihen mich geradezu der Pflichtvergessenheit gegen ihn."* Noch einmal sollen als seine Legaten dieses Mal der Bischof Udalrich und der Kardinal Petrus nach Deutschland abgehen; nach ihrer Rückkehr wird er endgültig entscheiden.

Obwohl diese beiden, Udalrich und Petrus, in der ernsthaftesten Weise von Gregor zu Gerechtigkeit ermahnt worden waren, der eine, er solle nicht *„unehrlich"*, der andere, er solle nicht „*allzu ehrlich*" sein, erwies Udalrich sich alsbald als gutbestochener Parteimann Heinrichs, während alle Versuche, den „*Feuerpetrus*" herüberzuziehen, scheiterten; er war ein starrköpfiger, eben „allzu ehrlicher" Fanatiker, der einst unversehrt durch eine brennende Gasse gelaufen war, um einen von ihm der Simonie beschuldigten Bischof zu überführen. Udalrich reiste voraus, überall im geheimen für Heinrich wirkend, und kehrte nach gründlicher Verabredung mit dem salischen Hof reich beschenkt lange vor Petrus zurück. Sein Bericht verwirrte Gregor vollständig. Schon hatte er sich unter der Einwirkung Rudolfs entschlossen, gegen Heinrich zu entscheiden, da wurde er nun wieder im gegenteiligen Sinne bearbeitet. Natürlich wolle Heinrich das Schiedsgericht, hieß es nun wieder, aber nur Rudolf sei durch Ablehnung aller Friedensangebote an der immer weiter gesteigerten Unsicherheit im Reiche schuld; unmöglich könne der Heilige Vater bei solchen Zuständen die gefahrvolle Reise über die Alpen antreten. Und wirklich schien diese Darstellung bestätigt zu sein, als von Rudolf ein Brief einging, in dem es nun schon hieß: „*Der von Euch begonnene und nach Eurem Befehl durchgeführte Kampf wird nicht mehr durch Euch, sondern durch das Urteil der Schwerter beendet werden.*"

Aber „Feuerpetrus" berichtete dann genau das Gegenteil, nur Heinrich ist schuld, nie wird er es zu dem Schiedsgericht kommen lassen, sagte er; und Rudolfs Bevollmächtigte flehten: „*Schuldet Ihr uns denn gar keinen Dank? Wenn wir in Euren Augen unwert sind, daß Ihr für uns eintretet, so seid doch wenigstens gerecht! Wir bitten Euch im Namen Jesu, mögt Ihr nun Furcht haben vor dem Sünder, dessen Macht Staub* und Kot ist, oder Euch von Eurer Umgebung immer wieder beschwatzen lassen; denkt daran, daß all das Blutvergießen nicht über Euer Haupt komme!"

EIN KALTER SCHLAG

Ob es die glaubwürdige Nachricht von einem entscheidenden Siege Rudolfs war oder Gregor nun endlich erkannte, wie Heinrich ihn drei Jahre lang mit der Aussicht auf das Schiedsgericht genarrt hatte: der Papst verkündete, er werde auf der bevorstehenden Fastensynode nicht allein den Geheimerlaß über das Investiturverbot in Kraft setzen, sondern auch seine endgültige Entscheidung in der Königsfrage bekanntgeben. Daß dieselbe gegen Heinrich lauten würde, konnte nicht mehr zweifelhaft sein.

Da nützte es nichts, daß aus dem salischen Lager hervorragende Unterhändler nach Rom abgingen, Männer von hohem Ansehen und tadelloser Frömmigkeit. Gregor empfing sie nicht nur nicht, er ließ sie nicht einmal zu den Synodalverhandlungen. Schließlich mußten sie Rom fluchtartig verlassen, um tätlichen Bedrohungen auszuweichen. Es war eine beispiellose Schmach für den deutschen König, die aller Welt deutlich machen sollte, daß der durch Gregor vertretene Heilige Petrus seine von Heinrich gekränkte Ehre zu rächen wisse.

Aber die Zeiten hatten sich gewandelt. Als Gregor vor drei Jahren das schreckliche Anathema über den Sohn Heinrichs III. verhängte, war er durch die Herausforderung des deutschen Königs in die Notwehr gedrängt worden; bestürzt hatte die ganze Christenheit diesen Wahrspruch wie ein heiliges Dogma hingenommen. Seit diesen Tagen war aber statt des göttlichen Heiles nur eine Welle des Elends über die Welt gekommen, *„von Dänemark bis Apulien, von Frankreich bis nach Ungarn hat das Reich die Waffen gegen seine Eingeweide gezückt"*. Mit der gleichen Begründung, man müsse Gott mehr gehorchen als den Menschen, meinten die einen, der Treuschwur gegen die geheiligte Person des Königs sei unauflösbar, die anderen dagegen, aus dem Munde des Apostelfürsten spreche Sankt Petrus selbst. Die unter dem erbarmungslosen Zugriff Hildebrands schon zur Einheit geformte Christenheit war wieder auseinandergebrochen; von der gleichen Leidenschaft aufgeschichtet, türmten sich die Torsen gegeneinander auf.

Ob man es aussprach oder nicht, ein jeder empfand, daß nur Gregor die Verantwortung dafür trug, der die Grenzen seiner heiligen Macht verkannt und mit dem Schlag gegen die nicht minder heilige Person des Königs der Christenheit eine blutige Wunde gerissen hatte. Schon wollte sich daher das Übergewicht Heinrich zuneigen. Immer deutlicher zeichnete sich die Zunahme seines Einflusses ab; selbst in Sachsen begann die Stimmung umzuschlagen, führende Persönlichkeiten gingen zu ihm über, und allenthalben gewann der Gedanke an Boden, daß das Recht wohl doch auf seiner Seite sei.

Vielleicht bot sich jetzt für die Kurie die letzte Möglichkeit, ihre wankende Autorität wiederherzustellen und – wenn auch nicht in beispiellosem Triumph durch das Schiedsgericht auf deutschem Boden – die Parteien zu versöhnen. Aber statt des gelenkigen Erzkanzlers Hildebrand stand jetzt an ihrer Spitze der im Glauben an sein unwandelbares Recht erstarrte Gregor, der Bevollmächtigte Gottes. Der sechzigjährige, durch die Mißerfolge der letzten Jahre verbitterte Mann hatte jedes Gefühl dafür verloren, daß Heinrich, wenn auch auf seine Weise, für sein angestammtes Königsrecht kämpfte, er sah nur, daß die himmlische von der irdischen Macht „hereingelegt" worden war; ein Sieg des weltlichen Königtums über Gottes Stellvertreter als Ende des nur von diesem heraufbeschworenen Kampfes konnte deshalb nichts anderes bedeuten als das Herannahen des Antichrist.

So war also für den „Knecht der Knechte Gottes" die Stunde gekommen, Gewalt gegen Gewalt zu setzen und durch einen neuen Donnerschlag die Christenheit mit der Furcht vor Gottes Allmacht zu erfüllen. Wieder versammelte er die römische Gemeinde im Petersdom, wieder kniete er am Hochaltar und flehte zu *„Petrus, Fürst der Apostel, und Paulus, Lehrer der Völker,"* um Gehör. Aber diese Wiederholung zündete nicht mehr. Man empfand sogar in peinlicher Bestürzung, daß der Betende seine erhabenen Beziehungen zu den Heiligen mißbrauchte und die Wahrheit verbog. *„Ich gab ihm zwar die kirchliche Gemeinschaft, nicht aber das Recht zur Regierung zurück"*, beteuerte er in aller Eindeutigkeit, aber ein jeder wußte, daß diese Rechtfertigung eine nachträgliche Umdeutung des Vertrages von Canossa war, ja in unerträglichem Gegensatz zu seiner inzwischen oft zum Ausdruck gekommenen Anerkennung Heinrichs als Königs stand. *„Und abermals nehme ich ihm alle Macht und alle königliche Würde"*, so rollten die sich selbst widersprechenden Tiraden durch den Dom, „*damit aber Rudolf, den die Deutschen sich als König erwählten, das Reich lenke und verteidige, begnade ich ihn mit der von Euch geschuldeten Treue.*"

Ob er es selbst empfand, wie gering die Wirkung war: wenig später wiederholte er bei der Ostermesse das eingelernte Gebet und ergänzte es durch ein heiliges Gesicht. In seherischer Verzückung von seiner göttlichen Vision wie übersinnlich erfüllt, verkündete der von seinen Gegnern als magischer Schwindler verspottete Herr der Christenheit, so schrecklich sei dieser neue Fluch des Himmels, daß Heinrich binnen Jahresfrist büßen oder sein Leben lassen werde. Ja er fügte hinzu, niemand brauche ihm künftighin mehr zu glauben, wenn diese Weissagung sich nicht erfüllen werde.

Das war ein neuer Ton. Wieder bemächtigte sich der Gemeinde ein heiliges Schauern vor der Gottverbundenheit dieses Mannes, der sich gleichsam selbst verfluchte, wenn er irrte. Das war kein Mensch mehr, hier stand ein weltentrückter Prophet vor der Christenheit, aus dem nichts anderes mehr als Gottes Stimme selber sprach. Jetzt mußte der Kampf der Kirche um die Herrschaft über die Welt zu Ende sein, denn der Himmel hat triumphiert.

Mit der Anerkennung Rudolfs war dessen feierlicher Verzicht auf das Investiturrecht verbunden; der Geheimerlaß aus dem Jahre 1075 konnte also jetzt, fünf Jahre später, in Kraft treten. Schon bezeichnete man in Rom den neuen deutschen König als den Lehnsmann Sankt Petri. In diesem Sinne wurde der Wortlaut eines Eidschwures für ihn aufgesetzt, in dem es hieß: *„Von dieser Stunde an werde ich dem seligen Apostel Petrus und dessen Stellvertreter, dem Papste Gregor, der jetzt am Leben ist, gehorchen. Ich werde alles, was der Papst mir befiehlt, in wahrem Gehorsam getreulich erfüllen. An dem Tage, an dem ich zum erstenmal vor sein Angesicht trete, werde ich mich in Treue mit meinen Händen als Vasall des heiligen Petrus und als den seinigen erweisen."*

Um den Triumph des Apostelfürsten vollständig zu machen, kniete alsdann die Norditalien und Lothringen beherrschende Toskanerin Mathilde vor ihrem Herrn und Meister nieder und brachte ihm ihre Habe dar, aller Welt zum Zeichen, daß irdischer Besitz im Vergleich zum himmlischen törichter Tand sei. Es war eine großartige, alle bisherigen Gaben der Christenheit weit überstrahlende Schenkung der Kinderlosen, die Sankt Petrus zum wirklichen Herrn Italiens machen mußte. Solange sie lebte, sollte ihr der volle Nießbrauch verbleiben, im Himmel erwarb sie dafür das sichere Heil.

Ob Gregor, als er sie nun selig pries, nicht an jenen Simon denken mußte, dem Petrus dermaleinst den für Gold erbetenen Segen weigerte? Vom simonistischen *„Ämterschacher"* zum Austausch irdischen Gutes gegen jenseitiges Heil war der Weg ja gar nicht so weit...

DIE WIRKUNG

Gregor hatte kein Glück. Nur die zusammengeschmolzene Schar der sächsischen Parteigänger um Rudolf atmete auf und schöpfte neue Hoffnung. Als die Bannbulle in Bamberg eintraf, wo Heinrich Ostern feierte, ward sie mit Hohngelächter verlesen, vervielfältigt und als Flugschrift vertrieben. Überall sagte man sich von Gregor los, man war des sinnlosen Mordens satt. Man bestürmte Heinrich, nach Italien zu ziehen, den Ketzer abzusetzen und einen neuen Papst zu ernennen. So stark wurde seine Anhängerschaft, daß er es wagen konnte, Freund und Feind unter den deutschen Bischöfen zu versammeln; die überwiegende Mehrzahl verwarf den Bann, nur Gebhard von Salzburg hielt, ohne daß ihm das Wort entzogen wurde, eine freimütige Verteidigungsrede für Gregor. *„Es scheint ein seltsames Mißgeschick zu sein"*, so schloß er, *„alle klagen uns an, aber niemand will unsere Rechtfertigung hören."* Um nun auch die Auffassung der Italiener kennenzulernen, wurde eine zweite Versammlung in Brixen abgehalten. Wieder trat Kardinal Hugo wie seinerzeit in Worms vor die Versammelten, um Gregor unvorstellbarer Verbrechen, sogar der Giftmischerei, anzuklagen, *„daß dem weltlichen Schwert der bischöfliche Richterspruch voraufzugehen habe"*.

Mit der daraufhin einstimmig beschlossenen Absetzung Gregors begnügte Heinrich sich nicht, auch der Nachfolger mußte bestellt werden, zum Zeichen, daß die Majestät des deutschen Königs trotz apostolischen Bannes endgültig wiederhergestellt sei. Die Entscheidung fiel auf Wibert von Ravenna, den besten Kenner aller Vorgänge in Italien; er war ein Mann vornehmer Abstammung, von tadellosem Ruf und ausgezeichneter Frömmigkeit. Seine Treue für die salische Sache stand außer jedem Zweifel. Mit dieser Ernennung des Ravennaten sollte zugleich an die Tradition Karls des Großen angeknüpft werden, der das Erzbistum Ravenna verschiedentlich gegen Rom ausgespielt hatte, und damit dem ganzen Vorgang ein historisch-ehrwürdiger Charakter gegeben werden. Der kluge Wibert nahm den Auftrag an, ließ sich aber ausdrücklich von Heinrich nochmals in seiner erzbischöflichen Würde bestätigen, die er angesichts der von den Versammelten leicht genommenen, von ihm aber doch befürchteten Verwicklungen mit den selbstbewußten Römern auf keinen Fall aufgeben wollte.

Das Brixener Konzil wurde zum einmütigen Treuebekenntnis der versammelten zwanzig italienischen und zehn deutschen Bischöfe. Als es aber zur Unterschrift des Protokolls kam, fehlte Benno von Osnabrück, obwohl er am Morgen noch gesehen worden war. Man begriff nicht, wo er sein konnte, nachdem man ihn überall vergeblich hatte suchen lassen. Eine heimliche Flucht schien unmöglich, zumal in seinem Quartier nichts davon bekannt war. Das Rätsel löste sich erst, als die Versammlung geschlossen wurde. Da kam er unter dem Altar hervorgekrochen, wo er, wie er versicherte, die ganze Zeit kauernd im Gebet verharrt habe. Als Heinrich ihn zur Rede stellte, beschwichtigte er ihn schnell; er habe sich ihm für künftige Verhandlungen zur Verfügung halten wollen, denn *„es sei gut, mit allen Frieden zu bewahren"*. Im übrigen gefiel ihm diese Einrichtung eines hohlen Altars so sehr, daß er einen ähnlichen in seiner neuerbauten Klosterkirche Iburg aufstellen ließ.

RÖMISCHE IDEOLOGIEN

Für Gregor war Heinrich seit dem zweiten Fluch aus dem Buch der Lebenden gestrichen, das salische Königtum erloschen und die von Karl dem Großen begründete, von den Ottonen mit eisernem Griff geformte Weltherrschaft der *„nordischen Barbaren"* untergegangen. Ob und welche Anstrengungen der nun auf ewig Gebannte jenseits der Alpen machte, um die ihm in Gottes Vollmacht untersagte Herrschaft dennoch zu behaupten, brauchte ihn, den neuen Herrn der Welt, nicht mehr zu kümmern. So war die Stunde eben gekommen, ein halbes Jahrtausend aus der Geschichte der Völker zu streichen, um wieder an jene Zeiten anzuknüpfen, als der große Kaiser Konstantin das oströmische, das mittelmeerländische Imperium schuf und die germanischen Völkerschaften im Norden und Westen sich selbst überließ.

Nach der Übereignung der „Mathildischen Güter", der mächtigen Mark Toskana, sollte für den Heiligen Petrus ein sicheres Bollwerk im Norden gegründet sein, das jeden Überrumpelungsversuch aus dem *„Reiche der Deutschen"* abschirmen konnte. So mochte also das Schwergewicht der päpstlichen Politik in Ruhe vom Norden nach dem Süden verlegt und der „Schutz" des Heiligen Petrus an Stelle des deutschen Königs dem Normannenherzog Robert Guiskard übertragen werden. Dieser „Schutz" sollte aber nicht allein eine Verteidigung Roms bedeuten – es gab ja nach Gregors Ansicht keine Angreifer –: der Tag war gekommen, den wahren Glauben, das hieß die Anerkennung der päpstlichen Oberhoheit im Osten durchzusetzen, also nicht mehr und nicht weniger als die Zertrümmerung des byzantinischen Kaiserreiches. An seine Stelle mußte alsdann der Apostolische Gottesstaat treten, das neue römisch-normannische Imperium.

Durch das Versprechen, ihm die Königskrone und die unbeschränkte Herrschaft über Süditalien zu übertragen – mit Ausnahme allerdings der Marken Fermo und Spoleto, die Gregor als unbestrittenes Eigentum der Kurie für sich beanspruchte –, glaubte er Robert Guiskard, den neuen Mann, fest an sich binden zu können. Er übertrug ihm, wie seinerzeit dem Mailänder Pöbel, ein päpstliches Banner, alle Treubrüche waren vergessen, der wieder und wieder wegen seiner Respektlosigkeiten gegen den Heiligen Petrus Gebannte sollte nun *„Unser geliebtester Sohn"* und der Schwertträger Gottes werden. Hatte der sündige Norden vor sieben Jahren nicht das geringste Verständnis für die weltumspannenden Pläne Gregors aufgebracht, als er zu einer Heerfahrt der ganzen Christenheit aufrief, um die Einheit der Kirche bis zum Bosporus wiederherzustellen: Robert Guiskard erkannte sofort seine Chance. Im engsten Einvernehmen mit Rom entwarf er die Pläne. Der zusammengeballten normannischen Heermacht unter dem Banner Sankt Petri sollte das brüchige Byzanz alsbald zum Opfer fallen. Erneut schwur der kommende König Italiens seinem päpstlichen Herrn Gehorsam und Treue und begann mit den Rüstungen für die große, gottgewollte Aufgabe. Gregor aber, der Mann, *„der den ganzen Erdkreis in Verwirrung gebracht"* hatte, machte sich an seinem Lebensabend ans Werk, *„der Welt eine neue Ordnung zu geben"*.

Dagegen versanken die Ereignisse in Deutschland aus

seinem Gesichtskreis; die salische Partei mußte sich innerhalb kürzester Frist zersetzt haben und die pompösen Beschlüsse von Brixen der Lächerlichkeit anheimfallen. Immerhin war es gut, ein Exempel zu statuieren und den *„Ketzerfürsten"* Wibert durch das Zusammenwirken toskanischer und normannischer Aufgebote zu verjagen. Aber diese alsbald unternommene Expedition scheiterte vollständig, denn die Truppen Roberts waren nicht erschienen und die Toskaner erlagen der Übermacht Ravennas. So gefahrvoll erschien daraufhin der Großgräfin Mathilde die Lage, daß sie sich auf den sicheren Canossa-Felsen zurückzog, wo alsbald auch der Bischof Anselm von Lucca im ausdrücklichen Auftrage Gregors erschien, ihr von nun an zur Stärkung ihrer womöglich schwankend werdenden Seele beiseitezustehn.

Auch auf die deutschen Lehnsmänner Roms, die Fürstenpartei, machte diese Niederlage einen peinlichen Eindruck, um so mehr, als der direkte Verkehr nach Italien fast unterbrochen war, da Heinrich die Alpenpässe bewachen ließ. *„Der Herr wird Erbarmen haben"*, ließ Gregor ihnen unbekümmert durch alle Schwierigkeiten verkünden, man möge nur getreulich ausharren, *„denn der Aufruhr der Gottlosen wird mit ihrem Verderben endigen. Das versprechen wir euch im Vertrauen auf Gottes Güte!"*

Das Vertrauen auf seine Versprechungen sollte aber alsbald endgültig zunichte werden. Wieder einmal war es zwischen Rudolf und Heinrich zur Schlacht gekommen, die der Nordheimer zum Siege führte; Heinrichs Truppen wurden völlig versprengt, nur durch schnelle Flucht entkam er selbst der Gefangenschaft. Aber dieser große Sieg verkehrte sich sogleich ins Gegenteil, als bekannt wurde, daß Rudolf, tödlich verwundet, am folgenden Tage gestorben war. Eine Lanze hatte ihm den Leib zerrissen, ein Schwert die Schwurhand abgeschlagen. „*Seht, das ist die Hand, mit der ich Heinrich, meinem Herrn, die Treue geschworen habe*", sollen seine letzten Worte gewesen sein. Die Sachsen bestatteten ihn mit königlicher Pracht in Merseburg und errichteten ihm ein prunkvolles Grabmonument.

Dieser Tod machte ungeheures Aufsehn. Nicht allein, daß damit eine der treibenden Kräfte gegen den Salier dahingegangen war und das Gegenkönigtum zusammengebrochen schien: Gregors überall bekannte Prophezeiung war nun genau im gegenteiligen Sinne erfüllt! Nicht der gebannte Heinrich, der gesegnete Rudolf hatte seinen Gehorsam gegen Sankt Petrus mit dem Leben bezahlen müssen. Jedermann faßte das Ereignis als ein Urteil Gottes auf, der damit seinen Stellvertreter in Rom endgültig fallen ließ. Der Zulauf zu Heinrich wurde allgemein. „*Es war die Zeit, da selbst die Sachsen Trotz und Anmaßung aufgaben und allen vertriebenen Anhängern des Königs die Heimkehr gestatten mußten . . .*"

Gregor selbst hatte ja beteuert, daß niemand künftighin an ihn glauben solle, wenn seine Weissagung sich nicht erfülle!

HEINRICHS AUFBRUCH

Mit einer Tatkraft, die seine Gegner aufs höchste einschüchterte, seine Anhänger zu heller Begeisterung fortriß, ging Heinrich nun aufs Ganze. Über die italienischen Verhältnisse wurde er durch Wibert fortlaufend orientiert; die normannischen Rüstungen zum byzantinischen Krieg, der in der Lombardei allenthalben erkennbare Abfall von Rom, die verstiegene Anmaßung der kurialen Politik, deren reale Kraftquellen darüber verlorengingen: das alles war Grund genug, den großen Schritt jetzt wagen und über die Alpen ziehen zu sollen, um die Brixener Beschlüsse durchzuführen. Auch die Lage in Deutschland ließ erkennen, daß die schlimmste Gefahr überwunden war. Wohl mühte sich Otto von Nordheim um die Neuorganisierung seiner verlaufenen Partei mit der erkennbaren Absicht, sich selbst um das erledigte Gegenkönigtum zu bewerben. Aber durch eine energische Aktion sollten diese Bestrebungen noch rechtzeitig zerstört werden können.

Man erließ deshalb aus dem salischen Lager ein ernsthaftes Friedensangebot nach Sachsen; es schien günstig aufgenommen zu werden, denn zu der vorgeschlagenen Besprechung kamen nur die als gemäßigt bekannten Kleriker der Fürstenpartei. Auch die Tatsache, daß man die königlichen Unterhändler in ihrem Rang als „Königsboten" vollauf anerkannte, ließ darauf schließen, wie stark die Gregorianische Richtung im sächsischen Lager an Einfluß verloren hatte. Man schien auch wirklich schnell zum Ziele kommen zu sollen, da stürmte Otto von Nordheim im Kreise seiner Truppenführer in die Versammlung und rief den Königlichen zu: „*Wundert euch nicht, wenn während eurer Abwesenheit ungebetene Gäste in euer Haus eingedrungen sind!*" Nie und niemals wären er und seine Freunde so dumm, auf diese neueste salische Intrige hereinzufallen und Frieden zu machen, damit Herr Heinrich sich in Ruhe die römische Kaiserkrone holen könne.

Die bestürzten Prälaten suchten nach einem Ausweg. Der König werde sich verpflichten, so sagten seine Bevollmächtigten, Sachsen nie wieder zu betreten, vielmehr solle an seiner Stelle der junge Thronfolger Konrad als königlicher Statthalter eingesetzt werden. Aber auch dieser Vorschlag wurde von Otto in seiner bilderreichen Sprache zurückgewiesen. „*Von einem schlechten Bullen ist noch nie ein gutes Kalb gefallen*", höhnte er, „*ich mag den jungen so wenig wie den alten.*"

Mit solchen Erklärungen des mächtigen Mannes war die Friedenskonferenz natürlich erledigt. Aber dennoch folgten der erbitterten Entschlossenheit Ottos keine Taten. Selbst seine Ankündigung, man werde unmittelbar zur Neuwahl eines Königs schreiten, „*der alles Unrecht vergelten wird*", blieb unausgeführt. Ob Otto dabei allzu deutlich auf sich selbst hingewiesen und damit neue Uneinigkeit im eigenen Lager hervorgerufen hatte, ob die zunehmende Kriegsmüdigkeit der sächsischen Bauern die Fortführung der Feindseligkeiten ausschloß oder ob man eine Versöhnung Heinrichs mit Gregor in den Bereich der Möglichkeit zog: die Waffen ruhten, die Entscheidung lag in Rom.

Heinrich glaubte daher, nicht länger warten zu sollen.

Ehe er sich aber, auf sein gutes Recht ebenso wie auf sein diplomatisches Geschick vertrauend, auf den Weg machte, ernannte er einen edlen Herrn, Friedrich von Büren, zu seinem Stellvertreter in Deutschland und übertrug ihm die schwäbische Herzogswürde. Der neue Mann war bisher wenig hervorgetreten, man wußte nicht viel mehr von ihm, als daß er auf dem Hohenstaufen in Schwaben eine feste Burg besaß. „*Du siehst, wie die heiligsten Rechte mit Füßen getreten werden*", so lauten Heinrichs überlieferte Worte an ihn, „*kämpfe nun mannhaft mit mir gegen die Feinde des Reichs. Um dir zu zeigen, wie sehr ich dir vertraue, verlobe ich dir meine Tochter Agnes und setze dich als Herzog über Schwaben.*"

Von nun an nannte sich der Bürener Friedrich von Hohenstaufen. Aus seiner Ehe mit Heinrichs Tochter Agnes, damals noch ein Kind, das gehen lernte, ist die große Kaiserdynastie der Staufer hervorgegangen.

DER MARSCH AUF ROM

„*Von Heinrich wissen wir nichts Genaues, aber jeder, der über die Alpen kommt, berichtet, es ginge ihm schlechter denn je.*" Mit diesen Worten hatte der über alle Vorgänge sonst bestens unterrichtete Gregor den Kardinalabt Desiderius über die Lage in Deutschland orientiert. Als Mathilde kurz darauf meldete, Heinrich sei in der Lombardei angelangt und habe verkündet, zu Pfingsten in Rom zu sein, antwortete der Papst: „*Es wird ihm kaum gelingen; nicht einmal Obdach wird er auf seinem Marsche finden . . .*"

Aber er sollte bald erkennen, wie verhängnisvoll er wieder einmal irrte. Die ganze Lombardei jubelte dem Salier zu; in kürzester Zeit war eine kleine Streitmacht aufgestellt, das Hoflager in Pavia entfaltete alsbald höchste Aktivität. An Robert Guiskard, der mitten in den Vorbereitungen für seinen heiligen Krieg gegen Byzanz begriffen war, erging ein verlockendes Angebot; der deutsche König warb für den Thronerben Konrad um die Hand seiner Tochter, um damit die normannischen und deutschen Interessen ein für allemal miteinander zu verschmelzen. Darüber hinaus sollte Guiskard der salische Stellvertreter in Italien und als solcher mit der Herrschaft über Fermo und Spoleto belohnt werden, jene Herzogtümer, die der Päpstliche Stuhl nach dem Tode Heinrichs III. widerrechtlich an sich gerissen hatte.

Es war ein großartiger Plan, den jedoch erst hundert Jahre später die Urenkel Heinrichs und Guiskards zur Durchführung brachten. Vorderhand verfolgte der Normanne ja höhere Ziele, als Lehnsmann und Gevatter des salischen Königs zu werden. Mit auffallend verbindlichen Worten dankte er für die ehrenden Anerbietungen, gab aber zu verstehen, daß er infolge anderweitiger Verpflichtungen nicht darauf eingehen könne.

Gleichzeitig erging aus Pavia ein pompöses Manifest an die Römer. Nun endlich sei durch Gottes Gnade das zerrissene Reich zum größten Teile wieder vereinigt, so schrieb der König, so daß die Zeit für ihn gekommen wäre, mit Zustimmung der Römer die ihm gebührende „erbliche Würde" zu erlangen. *„Doch wundern wir uns, daß Ihr noch immer keine Gesandtschaft zu uns schicktet, obwohl Ihr doch unsere*

Ankunft erfahren habt. Sollten etwa die Friedensfeinde das Gerücht verbreitet haben, wir kämen, um die Ehre Sankt Petri anzurühren oder Eure verfassungsmäßigen Rechte umzuwerfen, so sähe ihnen das wahrhaft ähnlich. Wir kommen nur, um friedlich einzuziehen und nach Eurem Rat und dem unserer Getreuen dem langen Hader zwischen Reich und Kirche ein Ende zu machen . . ."

Gregor geriet nun doch in Unruhe. Mathilde hatte bereits den Sinn der Gesandtschaft an Robert Guiskard in Erfahrung gebracht und nach Rom darüber berichtet. Die Römer durften nichts davon wissen, schrieb Gregor aufgeregt an Desiderius und beauftragte ihn, die Normannen zur sofortigen Hilfe nach Rom in Marsch zu setzen. Aber Guiskard antwortete, die Vorbereitungen für den Balkankrieg seien schon so weit vorgeschritten, daß er vorderhand unabkömmlich sei. Zum Zeichen seiner loyalen Gesinnung überreichte er gleichzeitig die Heinrichs Angebot betreffende Korrespondenz.

Heinrich staunte zwar immer noch, daß ihm keine Gesandtschaft der Römer entgegenkam, rückte aber dennoch vor, um rechtzeitig das Pfingstfest in Rom begehen zu können. Doch die Tore der Stadt waren verschlossen, die Bevölkerung nahm eine unverkennbar feindselige Haltung gegen ihn ein. Es blieb ihm nichts übrig, als auf den „*Neronischen Wiesen*" ein befestigtes Lager aufzuschlagen, und geriet in arge Verlegenheit, wie die traditionelle Pfingstfeier abgehalten werden sollte. Nach altem Brauch hatte der deutsche König sich zur festlichen Begehung des Tages in einer Kirche mit den Krönungsinsignien schmücken zu lassen, um alsdann in einer anderen unter der Krone die Messe zu hören. Unzweifelhaft hatte die

Zeremonie in Rom vor sich gehen sollen, wo ja an Kirchen kein Mangel war. Nun lagerte der deutsche König schimpflich auf freiem Feld! Ein ganzer Tag verging über den Beratungen, was zu tun sei. Schon wollte man auf die Feier ganz verzichten, da fand der drollige Benzo von Alba eine praktische Lösung. Man richtete zwei Zelte notdürftig als Kirchen her, und der Vorschrift war genügt. Die „*getreuesten Römer*" sahen von ihren Zinnen dem peinlichen Vorgang zu und überschütteten den „Souverän" mit ihrem Spott.

Unter diesen Umständen erkannte Heinrich, daß sein auf die freundschaftliche Gesinnung der Römer begründetes Unternehmen gescheitert war. Die römische Stimmung schien noch feindseliger als vor sechs Jahren auszusehn, als er von Worms aus Gregor mit Hilfe eines Stückes Papier „abgesetzt" und dabei auf die Mitwirkung der Römer gerechnet hatte. Die Zeiten waren eben grundlegend verändert. Das Festhalten an der Idee eines souveränen Papsttums stellte so etwas wie einen lokalpatriotischen Ehrenpunkt dar; es wurde überdies durch Gregors großzügige Freigebigkeit kraftvoll genährt. Solange der Heilige Vater zahlen konnte, war Gott ja unzweifelhaft auf seiner Seite; dagegen erwies der in seinen Zelten das Pfingstfest feiernde Salier nur seine lächerliche Ohnmacht. Und dann: sollte man den Römer Gregor verlassen, um statt seiner von dem salischen Scheinkönigtum den Erzbischof des verhaßten Ravenna zum Herrn zu erhalten?

Aber Heinrich ließ sich nicht entmutigen. Der schwere Fehler, der in Brixen durch die „Ernennung" Wiberts begangen war, sollte durch klügere Diplomatie wieder gutgemacht werden können. Auch hätte man den Hinweis auf die „erbliche Würde" besser vermeiden und das Schwergewicht der königlichen Absichten auf die Schlichtung des Streites „nach dem Rat der Römer" legen sollen. So wurde also von der Lombardei aus, nachdem das Hoflager vor der Stadt „*wegen der drohenden Sommerhitze*" abgebrochen war, eine neue Botschaft an die Römer erlassen. Sie selbst sollen entscheiden, in welches Unheil „*jener Herr Hildebrand*" die Christenheit gestürzt habe, der nicht allein den Menschen nach dem zeitlichen, sondern – durch seine Bannerei – auch nach dem himmlischen Leben trachte. Nicht er, der König, wolle über ihn richten, sondern die Kardinäle, der Klerus und das Volk von Rom wären dazu ausersehn. So möge also unter seinem Schutz ein Konzil zusammentreten, vor dem Gregor sich zu rechtfertigen habe!

Aber noch immer hatte Heinrich den Einfluß und die Geldmittel Gregors unterschätzt. Als er, in der sicheren Erwartung, nunmehr ans Ziel zu kommen, jetzt mit einem starken Heere zum zweitenmal vor Rom erschien, waren die Tore wieder verschlossen. Enttäuscht und über solche Halsstarrigkeit aufgebracht, versuchte er es mit Gewalt. Es gab heftige Kämpfe und schwere Verluste auf beiden Seiten, man legte sogar eine Bresche in die Mauer, aber die Eindringenden mußten vor einer zweiten Befestigung zurückweichen, auf deren Zinnen Gregor selber stand und die Seinen zur äußersten Gegenwehr entflammte.

Heinrich war kurze Zeit der Verzweiflung nahe. Weder durch Güte noch durch Gewalt konnte er vorwärtskommen. Auch aus Deutschland kamen böse Nachrichten. In der

Erkenntnis, daß die Versöhnung mit Gregor nicht mehr zu befürchten sei, war ein neuer Gegenkönig, Hermann von Luxemburg-Salm, gewählt worden, der sich bereits anschickte, seinem päpstlichen Herrn zu Hilfe zu kommen.

DAS HOFLAGER VON ALBANO

Die Krise dauerte aber nur kurze Zeit. In wechselseitigem Siegen und Verlieren hatte Friedrich von Hohenstaufen sich gegen „die Feinde des Reiches" behaupten können. „König" Hermann wurde nach Sachsen zurückgerufen, da Otto von Nordheim an den Folgen eines Sturzes gestorben und damit das unversöhnliche Element dahingegangen war. Die schwere Bedrohung für Heinrich zog noch einmal vorüber.

Da an eine Eroberung Roms vorderhand nicht gedacht werden konnte, verließ der Hof das Belagerungsheer, das sich auf den üblichen Kleinkrieg beschränkte, und schlug sein Hauptquartier in Albano, in der Interessensphäre des normannischen Capua, auf. Hier herrschte Guiskards Verwandter, Herzog Jordan, der, wie es schien, eher für die salische Sache zu gewinnen war. Wenn es gelang, den mächtigen Mann zur Anerkennung der deutschen Lehnsoberhoheit in Süditalien zu bringen, so war schon damit ein gewichtiger Erfolg erzielt, denn seit den Tagen Heinrichs III. kümmerte sich hier niemand mehr um die Rechte des deutschen Königs. Auch mußte die Herrschaft Guiskards durch ein Bündnis seines Feindes Jordan mit dem

Salier gefährlich bedroht und dadurch der „Lehnsmann" Gregors im Schach gehalten werden können.

Heinrich kam zu einem vollen Erfolg. Jordan beugte vor ihm das Knie, Sankt Petrus, seinem bisherigen Herrn, die Treue aufsagend. Damit war Gregors Einfluß in Süditalien entscheidend zersplittert, die Einigkeit innerhalb der normannischen Herrschaft zerschlagen und der salischen Sache ein wertvoller Bundesgenosse gewonnen.

Zu einem zweiten Schlage gegen Gregor holte er aus, als er nun das Kloster Monte Cassino, den Stützpunkt der kurialen Normannenpolitik, in seinen Machtbereich einbezog. Abt Desiderius, Gregors vertrautester Mitarbeiter, erhielt die Aufforderung, sich im Hoflager einzufinden, um sich durch die königliche Investitur in seinen Ämtern bestätigen zu lassen. *„Er könne wegen der Normannen nicht kommen"*, versuchte er sich herauszureden, er wolle inzwischen danach trachten, wenn der König es wünsche, Gregor zu einer Versöhnung zu bringen. Aber Heinrich gab nicht nach. Den Vorwand, als hinderte Jordan, der Normanne, ihn am Erscheinen, schlug er ihm sogleich aus der Hand, indem er seinem neuen Lehnsmann anbefahl, das Kloster zu zerstören, falls Desiderius sich weiterhin ungehorsam erweise.

Der Kardinalabt geriet in peinlichste Verlegenheit. Die Verbindung Jordans mit Heinrich warf alle seine Hoffnungen, sich „neutral" verhalten zu können, über den Haufen. Verharrte er im Ungehorsam gegen den König, so drohte der Stiftung des heiligen Benedikt, dem weltberühmten Kloster, zum mindesten der Verlust seiner Selbständigkeit durch Einverleibung in die Herrschaft von

Capua, folgte er dem Rufe des „Gebannten", so setzte er sich in unversöhnlichen Gegensatz zu Gregor und verfiel selbst der Exkommunikation. Hilfeflehend wandte er sich nach Rom um Verhaltungsmaßnahmen, erhielt aber keine Antwort.

Unter dem Druck des bereits vor dem Kloster aufmarschierten Jordan versammelte er die Mönche; es schien seine Pflicht zu sein, so erklärte er schließlich, sein eigenes Seelenheil geringer zu bewerten als die ihm anvertraute Hinterlassenschaft des heiligen Benedikt. *„Haben doch in früherer Zeit die Päpste auch mit arianischen Ketzern verhandelt, ja sogar mit ihnen gespeist"*, sagte er und schloß sich schweren Herzens der normannischen Kavalkade nach Albano an. Hier weigerte er sich aber noch tagelang, Heinrich den Treueid zu leisten oder gar die Investitur von ihm entgegenzunehmen. Erst wenn der König zum römischen Kaiser gekrönt wäre, wozu er ihm nach Kräften behilflich sein zu wollen versprach, könne das geschehen, es sei denn, daß er es nicht doch noch vorziehen würde, auf seine Ämter zu verzichten. Mit dieser Krönung konnte natürlich nur eine solche durch Gregor verstanden und damit der Hoffnung Ausdruck gegeben sein, die dankbare Vermittlerrolle zu spielen.

„Wer würde es glauben, der es nicht aus seinem eigenen Mund gehört hätte", sagten die entrüsteten Gregorianer später von ihm, *„daß er König Heinrich sein Wort gegeben hat, ihm zur Erlangung der Kaiserkrone behilflich zu sein. Er rühmt sich sogar, der König hätte nie Sankt Peter angegriffen, hätte er ihm nicht dazu geraten!"*

DER ENDKAMPF

Als im Hoflager von Albano auch noch eine Gesandtschaft des byzantinischen Kaisers eintraf, um Heinrich zu einer Unternehmung gegen Guiskard unter Zahlung gewaltiger Hilfsgelder zu veranlassen, schien der Endsieg nicht mehr fern zu sein. Die Reichsgewalt griff nun wieder von Turin bis Capua; Spoleto und Fermo waren der päpstlichen Herrschaft entrissen, Guiskard, Gregors einzige Hoffnung, lag vor Durazzo, während in seinem italienischen Herzogtum der Aufstand allenthalben aufflammte; selbst die nötigen Geldmittel standen nun reichlich zur Verfügung, um auf die Römer erfolgreicher einwirken zu können, als dies durch Manifeste und Ehrenerklärungen herbeigeführt werden konnte. *„Daher wächst denn auch die Zahl unserer Getreuen und mehret sich"*, sagt Heinrich zuversichtlich in einer Urkunde jener Tage, *„unser Ansehen steigt täglich höher und höher"*.

Aber alle Bemühungen um Gregor blieben dennoch erfolglos. Nur dann könne er die Krönung Heinrichs zum römischen Kaiser erwägen, ließ er ihn wissen, wenn er vorher durch harte Buße die Gnade Sankt Petri wiedergewinne und dem Heiligen Vater den Treueid leiste, das sollte heißen: die Anerkennung der päpstlichen Souveränität und der Verzicht auf das Investiturrecht, also der vollständige Endsieg Gregors VII.

Diese Haltung war um so schwerer zu begreifen, als seine Lage in Rom sich unter dem Eindruck der salischen Erfolge unverkennbar verschlechterte. Gregors Starrheit hatte jede politische Linie zerstört, jedes Paktieren mit dem

Gebannten bedeutete Todsünde und die Niederlage Gottes vor dem Antichrist. Daran konnte es nichts ändern, daß Guiskard sich offensichtlich seiner Vasallenpflicht entzog und Rom im Stiche ließ. Durazzo war inzwischen seinem Ansturm erlegen, er beherrschte trotz aller byzantinischen Gegenwehr schon die Westküste des Balkans. Statt aber nun gegen Konstantinopel vorzurücken, was man in Rom verstanden hätte, oder, wie Gregor immer energischer forderte, ihm gegen Heinrich zu Hilfe zu kommen, verharrte er in unbegreiflich scheinender Passivität.

Die Römer erklärten sich diese Haltung mit geheimen Abmachungen zum deutschen König, die nach dem Bekanntwerden der Vorgänge um Jordan durchaus glaubwürdig erschienen. Selbst die eifrigsten Parteigänger Gregors hielten nun dessen Pläne auf Begründung eines päpstlich-normannisch-byzantinischen Weltreiches für unerreichbare Ideologie und bestürmten ihren Herrn, dem aussichtslosen Kampf ein Ende zu machen. Aber Gregor blieb unerbittlich. Sollte er untergehen, so war es Gottes Willen; zur Nachgiebigkeit hatte er kein Recht.

Geradezu gefährlich wurde seine Lage, als die Lebensmittelzufuhren zu stocken begannen und ihm obendrein das Geld ausging. Er glaubte sich helfen zu können, indem er auf die reichen Kirchenschätze: Altargerät, Heiligenschreine und anderes mehr, zurückgriff. Dagegen erhob sich aber ganz unerwarteter Widerspruch der Kardinäle. Ob sie fürchteten, zur weiteren Finanzierung des Krieges womöglich mit ihrem Privatvermögen in Anspruch genommen zu werden, sie erklärten einstimmig: *„Priestergut ist von jeher steuerfrei gewesen."* Ja, es kam einer „Verweigerung weiterer Kriegskredite" gleich, als sie eine Resolution faßten und sie zum Dogma erhoben, niemals dürfe Kirchengut für die Zwecke weltlicher Kriegführung Verwendung finden. Damit war ganz offen zum Ausdruck gebracht, daß man Gregors Kampf als seine Privatsache auffaßte; nun, da er kein Geld mehr hatte, lernte man zwischen seinen Interessen und den kirchlichen unterscheiden. Nichts anderes aber hatte Heinrich in seinen Manifesten gefordert.

Inzwischen war es Sommer und die Hitze so stark geworden, daß sich auch im königlichen Lager unverkennbare Unlust zur Fortsetzung der beschwerlichen Belagerung bemerkbar machte. „*Die Deutschen haben Ähnlichkeit mit ihrem Schnee*", schrieben die Mönche von Monte Cassino, „*sobald die Hitze sie erreicht, werden sie matt und schmelzen gleichsam in der Sonne. Anfangs ist ihr Ungestüm heftig, nachher sind sie schwach wie die Weiber.*"

Es kam hinzu, daß Heinrichs Anwesenheit in der Lombardei erforderlich wurde, denn die Großgräfin Mathilde machte bedenkliche Anstrengungen, ihrem bedrängten Freunde in Rom zu Hilfe zu kommen. Ohne sich einen Augenblick zu besinnen, hatte sie auf seinen Notruf um Geld den reichen Schatz ihres Appoloniusklosters einschmelzen lassen und den Erlös Gregor übersandt. Auch mehrten sich die Nachrichten von Überfällen auf die Güter der vor Rom liegenden lombardischen Ritter, was deren Kriegsbegeisterung ersichtlich herabminderte.

So mußte die Entscheidung vor Rom noch einmal hinausgeschoben werden, wollte Heinrich nicht seiner lombardischen Hilfsquellen verlustig gehen. Wegen des „*Ver-*

brechens der beleidigten Majestät" erklärte er seine kriegerische Gevatterin Mathilde als Reichsfeindin in die Acht und beschlagnahmte ihren Besitz an Gütern, Klöstern und Burgen, wo er ihn fand. Pisa und Lucca, ihre aufblühenden Städte, die schon lange nach Selbständigkeit strebten, jubelten dem Salier als ihrem Befreier zu und erhielten im Rahmen der Reichsunmittelbarkeit großartige Handelsprivilegien.

Solche Einzelaktionen mußten wohl in Canossa störend empfunden werden, wo Mathilde immer noch ihr Hauptquartier hielt; in ihrer Entschlossenheit, bis zum letzten Atemzug für ihren Lehnsherrn Gregor zu kämpfen, wankte sie unter Anselms Zuspruch nicht einen Augenblick. Um so größeren Wert glaubte Heinrich daher auf die tätige Mitwirkung seiner über das Herzogtum Savoyen gebietenden Schwiegermutter Adelheid legen zu sollen und schickte den „getreuesten Bruder·Benzo" zu ihr, um sie für seine Sache zu gewinnen. Sein Bericht über diese Mission zeigt mit aller Deutlichkeit, wie sehr die Politik im salischen Lager alle ideellen Gesichtspunkte verdrängte. *„In allem, was sie Dir raten wird, folge ihr"*, schrieb Benzo, Gregors leidenschaftlicher Feind, *„wenn sie sagt, vertreibe den Sarabaiten* (Gregor), *so höre auf sie, sagt sie das Gegenteil, höre auf sie!"* Heinrich handelte danach und besprach sich gründlich mit der energischen Frau. Aber zu dem gewünschten tatkräftigen Eingreifen kam es nicht, weil sie dringend die Versöhnung mit Gregor forderte. Heinrich, der schon lange erkannte, daß er „seinen" Wibert, den allzu voreilig „ernannten" Papst, am besten aufgab, um durch eine solche Haltung leichter ans Ziel zu kommen, ließ daraufhin Bischof Benno aus Osnabrück holen und beauftragte ihn, neuerliche Verhandlungen mit Gregor aufzunehmen. Er war ja der einzige seiner zuverlässigen Mitarbeiter, der sich an den Brixener Beschlüssen nicht beteiligt hatte, um „mit beiden Seiten Frieden bewahren" zu können!

Aber Bennos Bemühungen scheiterten ebenso vollständig wie alle früheren. Als Antwort berief Gregor vielmehr eine Lateransynode, die den Bann gegen Heinrich und alle seine Anhänger erneuerte, ja sogar Desiderius von Monte Cassino wegen seines Verkehrs mit dem Könige miteinbegriff. „*Nicht mit Menschen-, mit Engelszungen*" habe er gesprochen, so lautete Bennos Bericht, die ganze Versammlung sei in Tränen ausgebrochen.

Diese neue Begeisterung der Römer für Gregor hatte aber nebenbei auch einen tieferen Grund. Robert Guiskard war aus Durazzo heimgekehrt, weniger allerdings, wie sich bald herausstellte, um Rom zu helfen, als um den allgemeinen Aufstand niederzuschlagen, der seine Herrschaft zu zerstören schien. Aber, und das war das Entscheidende: er hatte dreißigtausend Solidi an Gregor geschickt, der nun wieder gut bei Kasse war!

Da galt es für Heinrich schnell zu handeln. In Eilmärschen rückte er mit seinem gut verstärkten Heer zum drittenmal gegen Rom. In mehreren Sturmläufen suchte er einzudringen, aber dreimal wurde er zurückgeschlagen. Endlich, durch ein sichtbares Gotteswunder, wie man allgemein empfand, hatte er Erfolg. Ein Knappe entdeckte, während er an der Mauer Pfeile aufsammelte, daß die Besatzung sich während der Mittagshitze zurückgezogen hatte. Schnell erkletterte er die unbewachten Zinnen und winkte ins salische Lager. Man bemerkte ihn, holte Leitern und stieg auf die Mauer. Heinrich folgte sogleich mit dem Belagerungsgerät, und so gelang der große Wurf. Noch ehe die Römer wußten, was geschah, war die Leostadt bis auf die Engelsburg in den Händen der Sieger!

„*Unglaublich scheint es und ist doch volle Wahrheit*", so schreibt Heinrich überglücklich an den Bischof von Verdun, „*mit zehn Mann hat Gott der Herr uns siegen lassen, was bei unseren Vorgängern, selbst wenn sie mit zehntausend aufmarschiert wären, für ein Wunder gegolten hätte! Schon verzweifelten wir und wollten nach Deutschland zurückkehren . . .*" Und dann: „*Wer sich freuen will, der freue sich, wer trauern will, der trauere: Wir sind mit Gottes Gnade hier!*"

War mit dieser Einnahme der Leostadt auch der Endsieg noch nicht entschieden, von allen Seiten kamen nun die Römer, um sich mit dem Salier zu verständigen, während Gregor von der Engelsburg vergeblich nach dem rettenden Guiskard Ausschau hielt. In größter Heimlichkeit schloß der römische Senat mit Heinrich einen Vertrag, der feierlich beschworen und mit – dem byzantinischen Gelde bezahlt wurde. „*Wir versprechen dir, König Heinrich*", so heißt es, „*den Papst Gregor zu veranlassen, dich zu krönen. Sollte er sterben oder fliehen oder sich weigern, so werden wir nach deinem Willen einen anderen Papst nach den kanonischen Vorschriften wählen und diesen zwingen, dich zu krönen. Auch sollen dir die Römer den Treueid leisten. Dies alles werden wir redlich und ohne Hinterlist erfüllen.*"

Es sollte aber doch noch fast ein halbes Jahr vergehen, bis die endgültige Entscheidung fiel. Gregor wich nicht zurück und blieb bei seiner unerbittlichen Forderung auf

Buße und Investiturverzicht als Vorbedingung der Krönung. Noch immer galt sein Name so viel in der Welt, daß Heinrich alles daransetzte, mit ihm zu einer friedlichen Verständigung zu kommen. Er überließ daher seinen Bevollmächtigten die weiteren Verhandlungen, um den Papst durch seine Gegenwart nicht unnütz zu verstimmen, legte eine starke Besatzung in die eroberte Leostadt und verbrachte den ganzen Sommer abwartend in der Lombardei.

Alle Bemühungen der Kardinäle und Senatoren waren vergeblich. Selbst Hugo von Cluny war erschienen, um seinen Einfluß noch einmal einzusetzen. Endlich, im November, machte Heinrich dem nutzlosen Hin und Her ein Ende, nachdem er erkannt hatte, daß Gregor doch nur Zeit gewinnen wollte. An der Seite Wiberts zog er unter dem Jubel der Bevölkerung in die Ewige Stadt und berief, nach dem Beispiel seines Vaters, ein allgemeines Konzil. Gregor folgte der Aufforderung nicht, sich zu rechtfertigen. Man sah darin nach gültigem Recht das Eingeständnis seiner Schuld; cluniazensische Kardinäle und deutsche Bischöfe erklärten ihn für abgesetzt und sprachen einmütig den Bann über ihn aus. Dann erhoben sie Wibert von Ravenna als Clemens III. zu seinem Nachfolger.

Am 31. März 1084 kniete Heinrich im Petersdome nieder. In tiefer Ergriffenheit empfing er den Apostolischen Segen von Clemens, der dem Dreiunddreißigjährigen dann unter dem brausenden Zuruf der Römer die Kaiserkrone auf das schon ergrauende Haupt setzte.

GREGORS TOD

Mochte nun der Gefangene auf der Engelsburg die Zeit nicht mehr begreifen können oder wollen: in dem über ihn *„durch das gültige Urteil aller Kardinäle und des ganzen römischen Volkes"* verhängten Bann sah er nur noch ein Werk des Teufels. Um so inbrünstiger vertraute er auf die Erlösung der dem Untergang geweihten Christenheit. Daß der Salier nun am Grabe des Heiligen Petrus von seinem „*Ketzerfürsten*" zum römischen Kaiser gekrönt und damit scheinbar die Herrschaft der Deutschen über die Welt noch einmal gesichert war: ihm schien es wie ein Satyrspiel, das durch den Triumph der göttlichen Gerechtigkeit über den Antichrist ein schreckliches Ende nehmen mußte.

Dieser vierjährige Kampf um Rom hatte sein Lebenswerk vernichtet. An Stelle eines von allen irdischen Gewalten unabhängigen Papstes trug nun ein kaiserlicher Trabant die doppelreihige Tiara. Die Einheit der Kirche war dahin, denn dieser Pseudo-Clemens konnte nicht im entferntesten die ganze Christenheit hinter sich haben. Um so mehr erkannte Gregor die Pflicht, seinen Fluch, wenn es sein mußte, mit ins Grab zu nehmen, auf daß sein Geist und die von ihm der Welt verkündete Wahrheit in Zukunft weiterwirkten.

Vier Wochen währte nun schon die Festesfreude in der Tiberstadt. Jeder Jubelruf, jedes Lachen, das zu dem Alten heraufstieg, schnitt ihm ins Herz. „*Ich rufe, schreie und verkündige euch ohne Unterlaß, daß der wahre Glauben zum Gespött des Teufels geworden ist.*" Aber wer hörte noch auf den Narren in der Engelsburg!

Doch endlich sollte die Befreiungsstunde schlagen. Aus Monte Cassino, von dem gebannten Desiderius, kam die Freudenbotschaft, Robert Guiskard habe sich mit seinen Reiterschwadronen auf den Weg nach Rom gemacht. Auch Heinrich wurde von dem gleichen Desiderius gewarnt, der es nicht zu einem Zusammentreffen der beiden kommen lassen wollte. Ein Kampf hatte im übrigen auch keinen Sinn. Gregors Absetzung und Wiberts Erhebung war durch den einstimmigen Wahrspruch eines voll beschlußfähigen Konzils erfolgt, auch die zur Gesetzgültigkeit erforderliche Zustimmung der Römer hatte nicht gefehlt. Also mußte Clemens III. mit Recht als wahrhafter und einziger Papst angesehen werden, der kraft seiner apostolischen Machtvollkommenheit den deutschen König Heinrich IV. zum römischen Kaiser krönte. An der Rechtsgültigkeit des Staatsaktes war nicht mehr zu deuteln.

Damit war das große Ziel doch noch erreicht worden, Heinrichs beispiellose Zähigkeit hatte wieder einmal triumphiert. Byzantiner, Ungarn, Franzosen und Engländer, die Heinrichs Kampf mit gespannter Aufmerksamkeit, wenn auch ohne innere Anteilnahme, verfolgten, mußten nun aufs neue das salische Kaisertum anerkennen. Schon hatte man begonnen, die Jahre nach dem Beginn der Belagerung zu zählen, ob das nun Hohn war oder die Erkenntnis weltumwälzenden Geschehens. In neuem Glanz erstrahlte die Ehre des Reiches.

Da konnte es für Heinrich keinen Sinn mehr haben, länger in Rom zu verweilen, wo die Sommerhitze sich schon bemerkbar machte, um alle Erfolge in letzter Stunde womöglich noch aufs Spiel zu setzen. Am 21. Mai 1084 brach er auf. Auch Clemens III. verließ die bedrohte Stadt, um von Ravenna aus bis zur Klärung der nächsten Zukunft die päpstlichen Amtsgeschäfte zu führen.

Wenig später empfing Augsburg den salischen Kaiser mit unbeschreiblichem Jubel, der sich alsbald ans Werk machte, dem gepeinigten Reich den Gottesfrieden, die „*Treuga Dei*", zu verkünden.

Indessen waren Guiskards Reiterscharen mit wildem Kriegsgeschrei in Rom eingedrungen. Um Gregor aus der Engelsburg zu „befreien", legten sie ganz Rom in Brand, plünderten wahllos Häuser und Kirchen, trieben die Bevölkerung zusammen, ganz gleich, ob es Parteigänger Gregors oder Heinrichs waren, und stießen sie auf die sizilianischen Sklavenmärkte. „*Roma, du warst!*" schrieb ein Augenzeuge aus Frankreich erschüttert über diese entsetzliche Orgie „*des Raubens, Schändens und Mordens*".

Als sie endlich abzogen, war die Ewige Stadt eine Ruine, Kirchen, Kreuze und Altäre lagen in Schutt.

Und Gregor? Unter dem Schutze seines Befreiers mußte er sich vor der Wut seiner ehemaligen Anhänger und der Bürger in Sicherheit bringen, soweit die Mordbrenner ihnen Freiheit und Leben gelassen hatten.

Er wich aus Rom, das er vierzig Jahre beherrscht hatte, nach Salerno. „*Weh, o Schmerz*", so schrieb er aus dem Exil an seine Getreuen in Frankreich, „*Juden und Sarazenen beobachten ihre Gesetze und glauben an sie. Wir Christen aber, berauscht von weltlicher Gier, vergessen alle Religion und Ehrbarkeit über unserem Übermut, weil wir das ewige Heil gar nicht mehr wollen!*"

Im stillen hoffte er noch, dieser Aufschrei würde die letzten Reste christlicher Gesinnung wachrufen und eine Heerfahrt französischer Ritter zum Schutze des gedemütigten Apostelfürsten bewirken; es war sein letzter Irrtum. Das kranke Herz begann auszusetzen, er fühlte, daß ihm endlich die Erlösung aus der Qual des Lebens winkte. *„Wenn ihr einen von diesen dreien, den Bischof von Lucca, von Ostia oder von Lyon, zum Papste haben könnt, den wählet"*, sagte er zu den letzten Anhängern, die sein Sterbelager umstanden. Noch einmal flammte sein Haß gegen den Salier auf; *„außer dem sogenannten König Heinrich, dem Erzbischof von Ravenna und allen ihren Getreuen sage ich jeden vom Banne los und segne ihn, der an mich glaubt"*, rief er dann mit erlöschender Stimme. Endlich flüsterte er noch, gleichsam die Summe seines Kämpferlebens ziehend: *„Ich habe die wahre Gerechtigkeit geliebt und die Sünde gehaßt; deswegen sterbe ich nun im Elend . . ."*

VII
„DAS NEUE IST DA!"

„Du sollst wissen, daß wir nicht Deine Untergebenen sind, wie Du Dich rühmst. Deinen Urteilsspruch gegen uns verachten wir und verbannen Dich aus unserer Gemeinschaft..."
Die Erzbischöfe von Köln und Trier an Papst Nikolaus I., um 860

„O trauriger Zustand des Reiches, alles ist doppelt! Doppelte Päpste, doppelte Bischöfe, doppelte Herzöge!"
Aus einer Augsburger Chronik, um 1090

DAS CHAOS

Ein Jahrzehnt war seit jenen Tagen verstrichen, als der römische Papst den deutschen König gebannt hatte, aber der Glaube an die Heiligkeit der Throngewalt, ja ihre Überordnung über das Papsttum lebte immer noch im „Volk der Deutschen". Denn dieser Glaube hatte schon eine Art von nationaler Färbung angenommen, weil er zum Sammelpunkt gleichgerichteter Kräfte wurde. Der Mann aus dem Volk sah in der Person seines Königs nicht allein das ewige Herrenrecht religiös bestätigt, der Gekrönte war für ihn die ins Unermeßliche aufgesteigerte Verherrlichung seiner selbst. Je machtvoller und glänzender der König auftrat, um so stolzer durfte man sich selbst, wenn auch in unendlicher Verkleinerung, wiedererkennen. Mochte die Majestät weltenweit von der elenden Kreatur entfernt sein: sie blieb die Verkörperung der über alle Sonderwünsche erhabenen Gerechtigkeit und darum der Schutz der Machtlosen und der Trost der Armen.

Zwischen Volk und König war nun ein Gegensatz aufgerissen worden, der vielleicht die Person Heinrichs, nie aber das Prinzip des Königtums treffen konnte, ja die Sehnsucht nach einem starken Herrn wuchs darum nur um so drängender heran. Gregors Hetze gegen den „ungehorsamen" Klerus, seine rücksichtslose Aufwiegelung zum Aufstand gegen die Obrigkeit verlor daher auch die

Wirkung, als sie sich gegen die Person des Königs wandte und die Deutschen von ihrem Treueid entband.

„*Auf allen Straßen, in jedem Raum*" sprach man über das ungeheuerliche Geschehen. Die aus beiden Lagern, dem salischen und dem fürstlich-päpstlichen, verbreiteten Flugschriften wurden auf den Burgen, in Dörfern und Städten vorgelesen und erklärt. Die gewaltige Anteilnahme, die Leidenschaftlichkeit des aufflammenden Meinungsstreites zeigten, daß man in Deutschland genau begriff, um was es ging. Immer wieder bäumte sich die Frage nach dem „*besseren Rechte*" auf, die Sehnsucht, aus dem unlösbaren Konflikt durch die Erkenntnis des „Richtigen" herauszukommen, den Mittelweg zu finden zwischen der christlichen Gehorsamspflicht gegen den Heiligen Vater und der beschworenen Mannentreue zum König.

Im Gegeneinander der Meinungen führten die Klöster das Wort. Beide Parteien überließen es den gelehrten Mönchen, die richtigen Belege aus der Bibel und den kanonischen Büchern hervorzukramen, um ihren Standpunkt gleichsam wissenschaftlich zu belegen. Wie könne er sachlich erwidern, jammert ein düsterer Gregorianer, als man aus dem Alten Testament nachwies, die Priester hätten ihre Würde von den Königen erhalten, alle Bibliotheken seien ja von den Königlichen beschlagnahmt! „*Jüdischen Aberglauben*" nennt er in seiner Not solche Beweise. „*Das Alte ist vorbei, das Neue ist da! Man soll sich im übrigen nicht nach allem richten, was in der Bibel steht!*" Solche summarischen Erklärungen hatten natürlich in einer Zeit geringe Wirkung, die alle Wahrheiten aus dem Zauberbuch der Heiligen Schrift schöpfte. Die Königlichen blieben daher bei der Bibelwissenschaft; „an ihren Früchten sollt ihr sie erkennen", riefen sie, das hieß, den jetzigen, von „jenem Herrn Hildebrand" heraufbeschworenen Zustand des Reiches mit dem früheren der Ruhe und Sicherheit vergleichen! Da wandten sich die Gregorianer lieber an die deutschen Priester als an das Volk und fragten in echt römischer Art: „*Die Ehre des Reiches soll darunter leiden, wenn der König nicht mehr investieren darf? Ihr verliert vielmehr die eure, wenn ihr euch den Laien unterwerft, über die ihr doch hoch erhaben seid!*"

„*Niemand kann sich selbst zum König machen, das Volk erhebt ihn dazu*", so stellte man schließlich fest, „*sobald er aber zum Führer bestimmt ist, so hat er auch alle Gewalt. Niemals kann das Volk das Joch wieder abwälzen, das es sich selbst auferlegte, denn es lag ja in seiner Macht, den zum König zu machen, den es haben wollte.*" Dieser Wahrspruch der deutschen Bischöfe sollte den Streit beenden, denn er nahm den Geist aus beiden Lagern auf, indem er den Ausschluß jeder Erbfolge guthieß, wie es bei der Wahl des Gegenkönigs erstmalig festgesetzt war, stellte aber die Unabsetzbarkeit des einmal gewählten Königs, also Heinrichs, als staatspolitische These auf. Woher konnte bei solcher im Volksempfinden verwurzelten Überzeugung ein römischer Papst die Machtvollkommenheit hernehmen, denselben König zu verjagen, der ihn ernannt oder doch zum mindesten bestätigt, den sich das deutsche Volk unwiderruflich zum Führer erwählt hatte?

Diese Machtvollkommenheit war eben das Mystische, das unbegreiflich N e u e , das ein schwärmerischer Wunderglauben hingenommen haben mochte. Als es aber immer deutlicher wurde, daß an Stelle göttlicher Wunder nur Pestilenz, Hungersnot und unaufhörlicher Krieg hereingebrochen, der faßbare Ausdruck des Mysteriums also nichts als grenzenloses Elend war, da verging die Wundergläubigkeit schnell. Die Berichte aus jenen Tagen sind ein einziger Aufschrei des Grauens. *„Wir konnten nicht in die Stadt hinein, weil die Straßen voller Leichen lagen, und übernachteten deshalb auf freiem Feld"* . . . *„Es ging ein großes Sterben durch das Reich der Deutschen . . ."* „Unsere *Kirche ward durch unbeschreibliche Todesnot verödet, durch Pest, Stürme, Regengüsse, Überschwemmungen und anderes Unglück heimgesucht . . ."* „Die *Leichname getaufter Christen liegen unbegraben umher, den ‚Bellindin, den gruin walthundin zur Ase'* (den bellenden Wölfen zum Fraß)." Ein sachlicher Bericht erzählt, man hätte einen Händler töten müssen, weil er Menschenfleisch feilgehalten habe, das sogleich verscharrt wurde; aber nach wenigen Stunden wurde ein Mann ergriffen, der es ausgrub und seinen Hunger daran stillte.

Wenn die Soldateska kam, seien es die Königlichen oder die Fürstlichen, trugen die Bauern ihre letzte Habe in die Kirchen und bargen sich an den Altären. Aber auch das nützte schließlich nichts mehr, denn die Truppe mußte bei Laune gehalten und satt gemacht werden. In den verbrannten Dörfern und Kirchen blieben verstümmelte Männer und geschändete Frauen dem Hungertode preisgegeben zurück. Ein Mönch, der an einem Feldzug teilnahm, erzählt, er habe sich des Nachts aus dem Lager entfernt, weil er *„die üblen Gerüche"* nicht ertrug, und sich in eine nahe gelegene Scheune begeben. Da seien plötzlich aus den Ruinen einer Ortschaft halbverhungerte Frauen und Kinder zu ihm gekommen, weil sie in seiner Kutte die schützende Kirche sahen. Mit Gewalt hat er sich schließlich freigemacht und die Lagergerüche lieber ertragen als den Jammer der Weiber. Wenn eine Ortschaft das Glück hatte, nur ausgeplündert zu werden, so spannten sich die Männer selber vor die Pflüge, um die Felder zu bestellen, und der Kampf um das elende Leben ging weiter.

Mochten nun auch die Geschicke der hörigen Bauern nicht mehr gelten als die des Viehs – nur kräftige Männer wurden von manchen Äbten „*weiter gefüttert*" –, auch der Grundherr wurde ruiniert, und ein neuer revolutionärer Adel entstand, da die Königlichen vielfach Bauern und Knechte aufboten und ihnen Ritterwaffen gaben. In den Klöstern begann die Zeit, „*da die Mönche sich gegen ihre Äbte erhoben*". Mit der Erschütterung der Königsgewalt ging eben der Autoritätsglauben allenthalben dahin, und die Kirche ward selbst in den chaotischen Strudel hineingerissen, den Rom entfacht hatte.

Der tiefe Riß im „Volk der Deutschen" zog sich durch alle seine Lebensregungen. Wie er Geist und Seele ergriff, so zerklüftete er Besitz und Recht und spaltete das staatliche Dasein. „*O trauriger Zustand des Reiches*", so klagen die Augsburger Mönche in vieldeutiger Anspielung auf ein Witzwort der Antike, „*alles ist doppelt! Doppelte Päpste, doppelte Bischöfe, doppelte Herzöge!*"

Statt der Überordnung einer der beiden Gewalten, des Königs oder des Papstes, über die unlösbare Einheit von Staat und Kirche schlugen beide aufeinander ein. In Rom kämpfte Clemens III. gegen die Gregorianer, in der

Lombardei stand Ravenna gegen Mathilde von Toskana in Waffen, im Süden Jordan von Capua gegen die Söhne des verstorbenen Guiskard. Diesseits der Alpen gab es salische und päpstliche Landesherren, Heinrichs oder Gregors Bischöfe herrschten, je nachdem, wer gerade die Oberhand hatte. Der neue Gegenkönig Hermann war nichts als eine Puppe in der Hand seiner Wähler, der sich alles gefallen lassen mußte. *„Der Nachfolger Rudolfs genießt keine königlichen Ehren"*, so schrieb man in Naumburg, *„wir wollen übergehen, wie Bischöfe und sächsische Herren ihn verachten, nur so viel wollen wir erzählen, daß wir ihn einmal im sächsischen Lager angesichts der bevorstehenden Gefahren anflehten, unsere Kirche zu schützen. Weder für sich noch für uns könne er irgend etwas tun, war seine Antwort."*

Schließlich legte er die sogenannte Würde nieder und ging in seine luxemburgische Heimat zurück. Bei dem Versuch, eine Burg zu erstürmen, soll er durch den Steinwurf eines Weibes den Tod gefunden haben.

DER KAISER

Es schien, als sei das Reich der Deutschen dem Untergang geweiht. Da traf Heinrich IV., als siegreicher K a i s e r aus Italien kommend, in Augsburg ein. Unbeschreiblicher Jubel empfing ihn, denn ein jeder, ob er nun salisch oder fürstlich gesinnt war, sah in ihm den Erlöser. So wenig wie die Deutschen vor zehn Jahren danach gefragt hatten, ob der Heilige Vater zu Recht oder Unrecht die Tiara trug, als er den König zum erstenmal bannte, so wenig interessierte es heute, ob Heinrich IV. die Kaiserkrone in einwandfreier Form empfangen habe. Er trug sie, und deshalb war er der Kaiser. Damit wurde seine Person aus dem schnell verstummenden Meinungsstreit herausgetragen, denn der Name „*König der Deutschen und Römischer Kaiser*" hatte einen erhabenen Klang; er zauberte die Mär vom großen Karl in der deutschen Seele herauf, die Apotheose germanischen Herrscherwillens und den sinnfälligen Ausdruck göttlicher Mitwirkung.

Die letzten Gregorianer, gleichsam die „Unentwegten", schrien, Antichrist sei auferstanden und ein Wehe der Christenheit, aber sie schwiegen bald, denn „*man bedrohte sie allenthalben. In aller Öffentlichkeit hieß Gregor nun der Ketzer und Reichsverderber, ein Teufelsdiener, der hundertfältigen Tod verdient hat*".

Rom versank wie ein böser Traum, mit ihm die Geist und Seele zerfressende Frage nach dem „besseren Recht". Gregor war tot, Heinrich, der Salier, lebte und zog in beispiellosem Triumph in die alte Heimat seines Geschlechtes an den Rhein, dem „Volk der Deutschen" Ruhe und Frieden wiederzugeben.

Nach dem Beispiel des Vaters, „*der alle Feindseligkeiten gesühnt und einen bis dahin nie erlebten Frieden durch Königsgebot angeordnet*" hatte, untersagte er kraft des ihm von Gott erneut bestätigten Herrscherrechtes alle Fehden im Reich „*vom Freitag bis zum Montag früh und an allen Fast- und Feiertagen*". Die Königsboten durchzogen das Land und forderten von jedermann den heiligen Treuschwur. Wer dennoch den Frieden bricht, wer seines Nächsten Haus verbrennt, ihn tötet oder verwundet, wer Lösegeld erpreßt, ja, wer auch nur einen Diebstahl von mehr als fünf Solidi begeht: dem sollen die Augen ausgerissen oder die Hände abgehackt werden. Den Klostervögten wird verboten, Untervögte zu bestellen, die nichts als Zwietracht bringen. Wer eine Burg belagert, hat sich an den Friedenstagen jeden Angriffes zu enthalten, „*es sei denn, die Burgbesatzung macht einen Ausfall* . . .“

Keine Hand rührte sich, als Heinrich dann durch Sachsen an die Werra zog, um auf einem großen Friedenskonzil mitten im Land seiner bisherigen Feinde über die römischen Geschehnisse zu berichten und zu beweisen, daß er immer das Recht auf seiner Seite gehabt habe. An Hand päpstlicher Dekretalen legte man den bestürzten Gegnern dar, niemand dürfe über einen mit Gewalt aus seinem Besitz Vertriebenen urteilen, solange er sein Gut nicht zurückerhalten habe. Schon aus diesem Grunde durfte Gregor niemals den aus Sachsen vertriebenen König exkommunizieren. Da verstummte auch der unversöhnliche Gebhard von Salzburg und erkannte aufatmend, daß er selbst nach dieser Beweisführung als Vertriebener nie vor das Königsgericht gestellt werden durfte.

Die sächsischen Herren begannen miteinander zu hadern und sich gegenseitig Treulosigkeit vorzuwerfen. Schließlich schlugen sie aufeinander ein, und Heinrich zog ungehindert bis Magdeburg, dessen nach Dänemark entflohener Bischof Burkhard, sein erbitterter Feind, bald darauf ermordet wurde.

„*Du würdest heute ein ganz verändertes Antlitz in Sachsen sehn*“, so schrieb einer der Rebellen resigniert, „*die nämlich, die früher versicherten, nur für den Schutz des Heiligen Stuhles gegen Heinrich zu kämpfen, die geschworen haben, niemals mit ihm in Verkehr zu treten, wenn er nicht durch Gregor, den Siebenten, vom Banne gelöst würde, dieselben Männer stehen jetzt mit ihm in engster Verbindung. Sie nennen ihn Kaiser, obwohl er von einem Exkommunizierten geweiht ist. Sie buhlen um seine Gunst, weil sie glauben, er werde die Einheit des Reiches wieder herstellen. Die sächsischen Fürstentümer sind jetzt eben der schwankenden Jugend zugefallen, nachdem die kraftvollen Männer dahingegangen sind, die Otto von Nordheim, Markgraf Udo und Dietrich von Katlenburg . . ."*

Aber als Heinrich die feierlichen Treueide empfangen und sein Heer entlassen hatte, erhob der junge Ekbert von Meißen, „der sogar ein Verwandter des Kaisers war, wiederum in Sachsen die Fahne der Empörung gegen ihn".

„*Er log friedliche Worte*" und zettelte in aller Heimlichkeit seine Verschwörung an. Wie dermaleinst von der Harzburg, mußte der wehrlose und völlig überraschte Heinrich mit seinen neu ernannten Bischöfen aus Sachsen fliehen und froh sein, als er, wie vor dreizehn Jahren, das rettende Worms lebend erreichte. Dieser „Sieg" war das Signal für die „schwankende Jugend". Sie vergaß alle eben noch geleisteten Schwüre und bot dem jungen Ekbert die deutsche Krone an. Wieder sollte der Kampf gegen die salische Sache aufflammen, nicht mehr, „um den Heiligen Stuhl zu schützen", ungezügelte Anarchie und hemmungsloser Haß bäumten sich gegen die Macht eines Königs auf, der im Begriff stand, die Reichseinheit wiederherzustellen.

Was galt da noch der Gottesfriede! Vier Jahre lang lohte von neuem der alte Hader auf. Es wurden Schlachten geschlagen, Burgen gebrochen, Städte genommen. Heinrich siegte, er unterlag, man eroberte seine Königslanze, er holte sie sich im Schlachtgetümmel wieder, feindliche Aufgebote gingen zu ihm, seine zu den Feinden über. Aber immer wieder setzte die salische Sache sich am Ende durch, und immer wieder vertraute Heinrich den demütigen Treuschwüren seiner Gegner. Dreimal ächtete und dreimal begnadigte er Ekbert von Meißen, bis diesen sein Geschick ereilte. Als er in einer Mühle rastete, stöberten die Knechte der Äbtissin von Quedlinburg ihn auf — Heinrichs Schwester, die trotz ihrer angeblichen Schändung treu zu ihrem Bruder hielt — und erschlugen ihn nach wildem Kampf.

Wieder glaubte man zu erkennen, daß Gott mit dem Salier war, und schwur ihm unverbrüchliche Treue. Auch dem dreizehnjährigen Konrad huldigte man in Aachen aufs neue, den Heinrich zu seinem Mitregenten erhob.

Endlich, nach zwölfjährigem Kampf gegen alle Gewalten der Zeit, setzte sich die alte Königsmacht durch. Das „Reich der Deutschen" begann wieder die feste Form anzunehmen, die dessen starke Herrscher bisher bewahrt hatten, denn die neue Sehnsucht der Deutschen galt nur noch dem alten Frieden.

HEINRICH IV.

Kein Sturm hatte ihn hinwegfegen können. Vom Papst verflucht, von den Reichsfürsten vertrieben, vom Gegenkönig bekämpft, sammelten sich doch immer wieder um ihn die stärkeren Kräfte der Zeit, weil er nie den Glauben an sein geheiligtes Königsrecht aufgegeben hat. Als sie ihm in Tribur mit der Herrschaft auch die Ehre nehmen wollten, war er „dem Wahnsinn nah" und rettete doch mit den Kroninsignien ihren äußeren Schein. Der fromme Büßer von Canossa, ein König ohne Land, der alle Demütigungen des Christenglaubens willig auf sich nahm, verweigerte dem Heiligen Vater den kirchlichen Schwur auf sein Ehrenwort, weil dies eines Königs unwürdig sei. Noch „in Tränen gebadet" nutzte er die einzige Schwäche seines großen Gegners, das Drängen nach dem päpstlichen Schiedsgericht, und vollbrachte eines der größten diplomatischen Meisterstücke.

Im schrecklichsten Hin und Her des Bruderkampfes gab er niemals seine, die salische, Sache auf; *„wenn das Glück ihn verließ, klagte er es dem Himmel und stellte seine Sache Gott anheim. Stets zum Kampf bereit"* begann er von vorn.

So wurde er nicht allein der erste Fürst, er war das Symbol seines Zeitalters. Ritterlich verwegen und heimtückisch verschlagen, geschmeidig bis zur Treulosigkeit und milde bis zur Schwäche: trägt ihn doch immer wieder die unerschütterliche Idee von der Verantwortlichkeit für die Königsehre aus allen Niederungen empor. Von einem Gegensatz in den andern stürzend, muß er seinen Lebensweg im ewigen Hin und Her des Suchens viele Male gehn. Für sein unbeherrschtes Temperament und den immer maßlosen Willen gibt es keine Straße. Heinrich läuft unaufhörlich querfeldein, aber er verliert dabei nie die Richtung. Darum verzehrt er auch so frühzeitig seine schwachen

Körperkräfte, daß man den kaum Fünfzigjährigen schon den „*Alten*" nennt.

Heinrich IV. ist ganz Gegenwartsmensch ohne Hintergründe, ein Kämpfer, aber kein Führer. Es fehlt ihm alles Gefühl für System und das Spiel von Ursache und Wirkung. Er nimmt die Tatsache hin, aber er gestaltet sie nicht. Im höchsten Grade beeinflußbar, führt ihn doch immer wieder ein unfehlbarer Instinkt für das Richtige aus dem Wirrsal seines unerschöpflichen Ideenreichtums. In solchem Hin und Her wird seine Politik zur Zickzacklinie. Bald hat der mysteriöse „Mainzer Diplomat" das führende Wort, wenn es gilt, eine scharfe Sprache gegen Rom zu führen, bald ein versöhnlicher Lombarde. Von Stimmungen, ja auch von dem Willen seiner Umgebung geleitet, schwankt er in erkennbarer Kraftlosigkeit und fügt sich ohne Ehrgeiz oder Eitelkeit der besseren Einsicht der anderen. Wenn sie aber keinen Rat mehr wissen, „*sagt er mit wenigen Worten das Richtige*".

An allem interessiert – „*er konnte es nicht ertragen, etwas nicht zu wissen*" –, wirbeln seine Gedanken im ewigen Kreislauf gegeneinander; phantastisch und ohne Ordnungstrieb verliert er sich ebenso im Schwärmerischen wie im Sinnlich-Primitiven. Ohne jede Moral, lebt er bedenkenlos das unsittliche Leben seiner Zeit, ausschweifend bis zur Perversität und zynisch bis zur Schamlosigkeit. Aber er dichtet mit seinen priesterlichen Freunden fromme Psalmen und sucht für seine stillen Andachten in Rom einen verborgenen Platz, wo „*er um so andächtiger beten konnte, weil er dort unbeobachtet blieb*".

Der Mann, von dem seine Feinde behaupteten, er verehre „*ein Bild aus Ägypten*", das er von dort mitgebracht habe, obwohl er niemals im Heiligen Lande war, einen scheußlichen „*fingergroßen*" Fetisch, für dessen Orakel er an hohen Feiertagen „*einen Mord oder Ehebruch*" begehen mußte; von dem sie sagten, „*er war ein böser Mensch und doch so barmherzig!*": aus innerlicher, nicht kirchlicher Frömmigkeit bediente der Gebannte die Armen an seiner königlichen Tafel, er wusch und bettete die Aussätzigen in seinem Schlafgemach, „*er stand des Nachts auf und deckte sie zu*", ohne sich von ihren Ausdünstungen zu ekeln, „*so daß die Aufwärter die Nase rümpften*".

Über allen seinen Gefühlen stand die Dankbarkeit. Er empfand sie wie eine Schuld, die um so großartiger ausgeglichen werden mußte, weil er ein König war. Niemand hat ihm je einen Dienst erwiesen, der ungelohnt geblieben ist. Zu schenken, Gutes mit Besserem zu vergelten, schien ihm viel eher eine königliche Pflicht, als zu strafen und zu rächen.

Die Bewohner von Worms „*erachten wir der größten Belohnung würdig*", verkündete er nach den schweren Wochen, als die Stadt den von der Harzburg vor den sächsischen Rebellen Flüchtenden aufgenommen hatten, bevor er sie verließ, „*denn wir haben kennengelernt, wie sie bei der gefährlichsten Bewegung im Reich in wunderbarer Treue zu uns gehalten haben. Ihr sollt darum hervorragend belohnt sein, auf daß alle lernen, einem gütigen Könige treu zu sein!*"

Der Lohn bestand in dem Erlaß sämtlicher Zölle, die bislang die Rheinschiffahrt schwer belastet hatten, und bedeutete eine gewaltige Einbuße für die königlichen Finanzen. Mainz, Trier, Speyer, Köln, Lüttich: sie alle haben später dem „*einzigen Worms*" nachgeeifert und sich deshalb zu den Anfängen einer städtischen Selbstverwaltung emporarbeiten können.

Heinrichs Dankbarkeit konnte aber auch über das gebotene Maß der Staatsklugheit hinausgehen. Mit einem vermeintlichen Freunde, dem Priester Otto, pflegte er aus dessen Psalter zu singen; schließlich war das Buch so zerlesen, daß Otto es neu binden ließ. „*Dich werde ich in einen Bischofsornat einbinden!*" rief der darüber hocherfreute Heinrich und gab dem sich mit aller Entschiedenheit Sträubenden das reiche Fürstbistum Bamberg. Der gleiche Otto fiel darüber im entscheidenden Augenblick von ihm ab!

Um die Reichsverderber zu vernichten, war ihm kein Treubruch, keine Hinterlist verworfen genug, fielen sie aber in seine Hand, so verzieh er sogleich in christlicher Nächstenliebe. Weil er nicht eitel war, konnte er nicht nachtragen; von gutherzigen Regungen bestimmt, wurde ihm das Begnadigen zum königlichen Trieb. „*Er entließ Meuchelmörder, die ihm aufgelauert hatten, ungestraft, wenn sie ihre Schuld gestanden*"; einen Attentäter, den die Römer in Stücke rissen, ließ er sogleich christlich bestatten. Als er in Merseburg vor dem prunkvollen Grabmonument Rudolfs von Schwaben stand und ein Höfling ihn aufforderte, es zu zerstören, lachte er auf: „*Wollte Gott, alle meine Feinde lägen so ehrenvoll unter der Erde!*"

Sie nannten ihn den „*Vater der Armen*", denn er hörte jeden Bittsteller an und konnte immer helfen. Er war ein Volkskönig ohne Arroganz und Herrscherallüren und doch das Sinnbild der Majestät. Selbst seine Feinde ge-

Der Dom zu Speyer von Osten

standen, *„daß niemand in unserer Zeit nach Adel, Begabung und Kühnheit, auch nach Wuchs und äußerer Würde für die Kaiser-Krone geeigneter erschien"*.

Der große, schlanke, dunkelhaarige Aristokrat mit den langen Gliedern und schmalen Schultern hatte wie sein Vater eine schwache Lunge und kränkelte oft. Aber seine unbesiegbare Lebenskraft riß ihn immer wieder empor, weil er nicht krank sein durfte und wollte. Körper und Seele Heinrichs schwangen völlig gleich. Darum fehlte ihm auch der Sinn für cluniazensische Askese und religiöse Mystik, für die Abtötung des Körpers zum Heil der Seele, ebenden ganzen Ideenkreis, der die Schwarmgeister seines Zeitalters in die Arme der römischen Kirche trieb. Der dritte salische Kaiser, fränkischer Abstammung, unterschied sich darin gründlich vom dritten sächsischen, jenem Enkel Ottos des Großen, der in seiner religiösen Schwärmerei das päpstliche Weltreich an die Stelle des deutschen setzen wollte.

So selbstverständlich diese Einheit von Körper und Seele, das Germanisch-Adlige, begriffen wurde, man empfand sie schon bewußt. Diese Menschen des salischen Zeitalters, die Heinrichs Persönlichkeit leuchtend widerspiegelt, stehen zwischen zwei Welten: zwischen dem Alten der aus dem Karolingischen herausgewachsenen ottonischen Epoche und dem Kommenden, den hundert Jahren staufischen Weltglanzes. Die Seele der Zeit ist gleichsam abzulesen aus der Schrift ihrer Kunst, die, unbekümmert um das Grauen des Bruderkampfes, ihrem trotzigfrommen Lebenswillen unvergänglichen Ausdruck schuf. Die Dome von Speyer und Mainz, die Stiftskirche von Hersfeld, die Abtei von Maria-Laach sind wuchtige Bekenntnisse zur überwölbten Masse, dem sogenannten romanischen und doch ganz und gar deutschen Stil, herrisch aufgegliedert und harmonisch gelöst, schwingende Härte, Gewalt ohne Roheit. Sie sind ein Sinnbild germanischer Religiösität; Fäuste, die den Himmel um Segen bitten, nie und nimmer demütig gefaltete Hände. Dagegen baute der cluniazensische Abt von Hirsau seine flach gedeckte Basilika nach den Vorschriften aus Cluny. Seine Peter-Pauls-Kirche war ein deutlicher Protest gegen Heinrichs Dom zu Speyer, der in seiner massigen Kraft wie ein Spiegelbild gebändigter Sinnlichkeit wirkt. In Hirsau tritt das „Körperliche" bewußt hinter die Demut der asketischen Seele. Die deutsche Wölbung ist absichtlich vermieden, um die Schlichtheit des Altchristlichen wiederzugeben, die in Gregor VII. für die Idealisten verkörpert zu sein schien.

Auch in den spärlichen Resten salischer Bildnerkunst erkennt man die fließende Entwicklung vom ottonischen Relief, dem hochgewölbten Bild, zur staufischen Form. Der Weg geht über halb plastisch heraustretende Figuren mit perspektivisch-bildhaft gemeinten, hängenden Füßen über die streng stilisierten Kruzifixe von Verden und Minden zu den vollendeten Meisterwerken in Gernrode. Etwa zwanzig Jahre nach Heinrichs Tod entstanden, strahlen sie noch einmal die ganze Innerlichkeit seines zur Ruhe strebenden Zeitalters aus, weil es schon mit den Mitteln des Kommenden gestaltet ist.

Wäre einer von derberem Ausmaß an Heinrichs Stelle gewesen, einer vom Format Karls oder Ottos des Großen, ja auch nur seines Großvaters Konrad: er hätte nichts anderes wirken können, als ein Zurück zur „guten alten Zeit". Ein Schwächerer wäre zerbrochen und aus dem Reich der Deutschen die römisch-päpstliche Weltherrschaft geworden. Heinrich IV. dagegen, dieser „anständige Kerl", mit seiner Urkraft im Glauben an das Königsrecht, seiner unverwüstlichen Vertrauensseligkeit und der immer wieder zutage tretenden Subjektivität, dieser zarte, in seiner Zerrissenheit nicht zu fassende, ebenso leichtsinnige wie schwermütige Edelmann, hat seinem Zeitalter die schicksalhafte Prägung gegeben. Der Kampf zwischen dem priesterlichen und dem königlichen Prinzip, der in dem Augenblick ausbrechen mußte, als der deutschen Krone die Macht entglitt, in unaufhörlichem Schlagen sich zu behaupten: dieser Kampf ist ja nur der faßbare Ausdruck des Widerstreites in der deutschen Seele um die weltanschauliche Erkenntnis.

Gregor VII. hat auch das Frankreich des verkommenen Königs Philipp zu unterwerfen versucht, ist aber an der Unempfindlichkeit der Franzosen für religiöse Problematik gescheitert. Wilhelm der Eroberer bewilligte ihm in England wohl die Ehre, nicht aber das geringste Recht. Der Deutsche konnte in seinem Zwiespalt um Gerechtigkeit und Kraft an dem „Neuen" nicht vorüber, das da plötzlich vor ihm stand und das Wahre zu sein behauptete.

Das göttliche und das weltliche Prinzip hatten so lange keinen Gegensatz bedeutet, wie ein starkes Königtum die Vereinigung beider Welten darstellte. Seitdem die Losung aber nicht mehr „Reich und Kirche", sondern „König oder Kirche" hieß, der König also mit dem weltlichen Reich verschmolz, mußte seine Macht ihren mystischen

Inhalt verlieren, der sich nun wie eine wesenlose Sehnsucht in das deutsche Bewußtsein senkte.

Heinrich IV. hat nie erkannt, wie weit er vom ottonischen Königtum entfernt war, und darum in unentwegter Starrheit daran festgehalten; aber er hat dennoch, wenn auch unbewußt, empfunden, nichts anderes mehr als ein Nachhutgefecht zu führen. Alle Könige der Welt, so hat er nach England und Frankreich geschrieben, müßten sich gegen die päpstlichen Anmaßungen gemeinschaftlich zur Wehr setzen!

Für den in der Tradition verwurzelten und im Künftigen spürenden Heinrich konnte niemals ein Vergleich den Kampf um das Recht zur Investitur beenden, wie sein Nachfolger ihn suchte und fand. Es ging ihm nicht um die Erhaltung der materiellen Basis des Königtums, sondern auch hier nur um seine Ehre. Wovon er leben solle, wenn ihm die kirchlichen Dienstleistungen entzogen würden, hat Heinrich V., der Sohn, später den Papst gefragt. Solche Realpolitik gab es für den Vater nicht. Fast ottonischer als Otto, hat er bis zum letzten Atemzug an seinem Investiturrecht in der schärfsten Ausprägung festgehalten. Als seine Anhänger den Neffen Adalberts, Friedrich von Wettin, zum Bischof von Naumburg gewählt und die kaiserliche Bestätigung erbeten hatten, fuhr er sie in bespielloser Schroffheit an: *„Weil ihr euch gegen die Anordnungen unserer kaiserlichen Vorfahren erfrecht habt, den ersten besten zu wählen, habt ihr sowohl das Reich wie unsere Person beleidigt. Deswegen verdient ihr gezüchtigt zu werden. Dabei sollt ihr wissen, daß es nicht zur Herabsetzung eurer Kirche oder des Gewählten geschieht, sondern damit ihr nicht im Reiche zum Vorbild der Anmaßung* *werdet!"* Wenig später gab er dem abgelehnten Friedrich in schmeichelhafter Anerkennung seiner Verdienste die erledigte Reichsabtei Hersfeld und schickte einen unbekannten Kleriker als Bischof nach Naumburg.

Als er um des Friedens willen den Sachsen anbieten ließ, ihr Land nicht mehr zu betreten, wenn sie seinen Sohn als Statthalter annehmen wollten, lag darin nur scheinbar eine Aufgabe königlicher Rechte. In Wahrheit dachte Heinrich dynastisch und sah in seinem Sohn ein Stück seiner selbst. Sein Lebenskampf hat nie seiner Person gegolten, immer nur der salischen Sache, eben der „Ehre des Reichs", die ihm von Gott anvertraut worden war. Solche ganz und gar untyrannische Lebensauffassung trennt ihn grundsätzlich von allen Königen und Kaisern vor ihm, die den Fortbestand ihres Hauses als eine Art von letzter Selbstbestätigung empfanden.

Heinrich IV. ist auch darin der Übergang, die Brücke vom persönlichen zum prinzipiellen Königtum, wie der von ihm vollendete Dom von Speyer nicht mehr eine ottonische Herrschgewalt, sondern schon die anonymen Kräfte des Zeitalters deutlich macht.

URBAN II.

Heinrich und Gregor hatten zu unversöhnbaren Gegnern werden müssen, weil beide die gleiche Grundidee vom zentralen Staat verfochten, ein jeder aber sie für sich allein haben wollte und mußte. In Heinrichs geschmeidiger Person war der Wille zur Aufrechterhaltung der alten Königstradition zur gottgewollten Pflicht erstarrt. Trotz aller Zickzackwege seines Kampfes bleibt er deshalb immer ihr unerschütterlicher Verteidiger, ohne die Zielsicherheit fest fundierter Systematik zu besitzen, ja ohne zu erkennen, daß die Zeit nach dem „Neuen" drängte. Gregor, der Erfinder ebendieses „Neuen": der Überordnung Gottes über die Welt im Priestertum über den durch den König repräsentierten Staat, war von der Heiligkeit seiner Aufgabe nicht weniger durchdrungen. Beide verhärten sich schließlich völlig, und in ihren Personen gipfelt die Gegensätzlichkeit der Zeit. Die Einheit des Grundgedankens der karolingisch-ottonischen Weltherrschaft ist am Ende des elften Jahrhunderts in zwei Torsen aufgespalten, die allein für sich nicht leben können und darum zur Wiedervereinigung drängen; aber sie kann nur durch die Unterwerfung des einen unter die Vorherrschaft des andern zustande kommen.

Als Gregor im normannischen Exil die Augen schloß, schien Heinrich am Ziel; die Führung der Kirche war durch *„das einmütige Urteil der Kardinäle, des Klerus und der Volkes von Rom"* auf den kaiserlichen Clemens III. übergegangen und dieser daher nun der allein rechtmäßige Papst. Ebenso aber wie die Zeit über eine schwärmerischschwelgende Gottessehnsucht hinweggeschritten war, der die cluniazensischen Thesen vor vierzig Jahren den Ausdruck gegeben hatten, ebenso versiegten schon die Kraftquellen des alten ottonischen Kaisertums im „Volke der Deutschen". So konnte Heinrichs Sieg nur ein scheinbarer sein, weil er an die Stelle des zu Boden geworfenen „Neuen" nur die abgegriffene Gewalt des „Alten" zu setzen hatte.

Gregors Feuergeist mochte dagegen mit seinem Tod dahingegangen sein, niemals aber die stürmende Triebkraft der Idee. Wenn es daher jetzt gelang, ihr eine neue Gestalt zu geben, den idealen „Gottesstaat" im Schmelztiegel handfester Realpolitik zum priesterlichen „Kirchenstaat" umzuformen, so mußte die noch einmal zusammengekittete Weltherrschaft der „nordischen Barbaren" zusammengeschoben und schließlich zerdrückt werden können.

Es war die große Aufgabe, die Gregors letzte Anhänger erkannten, und an die Stelle der Religion trat von nun an nur noch die Politik.

Unmittelbar nach Gregors Tod kamen die cluniazensischen Kardinäle in Salerno zusammen, um das schwierige Nachfolgeproblem zu lösen. Dabei sprachen sie auch über das berühmte Papstwahldekret von 1059, das der deutschen Krone und insbesondere Heinrich IV. noch ein gewisses Bestätigungsrecht eingeräumt hatte. Die Erhebung Clemens' III. mußte demgemäß als rechtsgültig hingenommen werden. Aber Desiderius von Monte Cassino schlug auf den Tisch. *„Ach was"*, sagte er, *„Papst Nikolaus hat eben eine große Dummheit gemacht; die Kirche soll deswegen ihr Recht nicht verlieren. Mit Gottes Hilfe muß es dahin kommen, daß künftighin kein deutscher König mehr einen Papst einsetzen wird."* – „*Das laß die Deutschen ja nicht hören!*" erwiderte der Bischof von Ostia, „*sonst werden sie schnell einig sein.*" – „*Und wenn die ganze Welt dagegen aufsteht*", antwortete Desiderius, „*ich bleibe bei meiner Ansicht.*"

Sie wählten ihn, „*der noch vom Weine benebelt war*", als Viktor III. zum Papst, aber er starb bald darauf. An seine

Stelle trat Urban II., eben jener Bischof von Ostia, ein vornehmer französischer Mönch aus dem Hause der Chatillons. *„Laßt doch das Kirchenrecht beiseite"*, sagte er neun Jahre später, *„meine Gesetze sind das Recht."*

Er meldete sogleich den „Getreuen im Reich der Deutschen" seine Wahl und versprach, auf den Wegen Gregors weiterzugehen. Aber Rom versperrte sich ihm ebenso wie dem kaiserlichen Clemens, der deshalb in Ravenna residierte. Auf einer Tiberinsel hielt Urban sich im Hause seines Freundes Leo Pierleoni verborgen und lebte von den Almosen frommer Frauen, nahm aber auch Geld von „*Räubern und Sündern*". Als endlich die Summe feststand, die die Römer für die Auslieferung des Lateranpalastes von ihm forderten, versammelte er seine Freunde, um von ihnen das Geld zu erhalten. *„Aber sie hatten nur wenig. Da ich ihn nun traurig und in Tränen sah"* – so schreibt ein französischer Abt –, *„ging ich zu ihm und sagte, er möge getrost mit Ferruchio abschließen, und opferte all mein Gold, Silber, bares Geld, Maultiere und Pferde. So bekamen wir den Lateran und zogen ein. Ich war der erste, der dem Herrn Papst auf dem Heiligen Stuhl den Fuß küssen durfte, wo so lange kein katholischer Herr gesessen hatte . . ."*

Es sollte sich sogleich zeigen, um wieviel besser der französische Edelmann das Instrument der großen Politik zu spielen verstand als der Grobschmiedssohn aus Soana. In seinem ersten Konzil milderte er die Zölibatgesetze Gregors und gestattete dem niederen Klerus bis zur Würde eines Subdiakons die einmalige Ehe mit einer Jungfrau. Er konnte sich dabei auf eine Äußerung des ersten Gregor berufen, die der siebente nicht gekannt oder absichtlich unbeachtet gelassen hatte. Der große Schöpfer des römischen Papsttums hatte nämlich erklärt: „*Es erscheint mir hart und unbillig, daß einer, der sich nicht vorher zur Enthaltsamkeit verpflichtete, gezwungen werde, sich von seinem Weib zu trennen. Aber v o n j e t z t an soll niemand mehr zum Subdiakon geweiht werden, der nicht Enthaltsamkeit gelobt. So wird das Geschehene nicht gewaltsam geändert und für die Zukunft vernünftige Vorsorge getroffen.*"

Mit dieser seiner ersten Regierungshandlung gewann Urban II. sich viele Sympathien, insbesondere aus den Kreisen des niederen Klerus; die fanatischen Gregorianer dagegen konnten mit dem Hinweis auf Gregor I. beruhigt werden, dessen Aussprüche für Gregor VII. ja unerschütterliche Dogmen bedeutet hatten.

Auch in dem zweiten Hauptpunkt des Reformprogrammes, der Ausrottung der Simonie, erwies Urban sich als der seinem starrsinnigen Vorgänger überlegene Politiker. Es sollte in denjenigen Fällen Gnade geübt werden, bestimmte er, in denen ein Priester, ohne es zu wissen, von einem Simonisten geweiht worden war. Dagegen hielt er unerschütterlich an dem Verbot jeder Laieninvestitur fest und gestattete dem Volk, Gottesdienst simonistischer oder verheirateter Priester abzulehnen.

Mit dieser klaren Linie, die in der Sache fest, in den Methoden nachgiebig war, schob er auch den Einfluß seines Gegenspielers in Ravenna immer weiter zurück, der sich an allgemeine Redensarten hielt – er wolle im Sinne seiner Vorgänger weiter wirken, hatte er programmatisch erklärt, grundsätzlich aber die beliebt gewordene Einmischung des Volkes bei kirchlichen Fragen verboten –, so wurde es immer deutlicher, daß der Cluniazenser Urban der rechtmäßige Papst und Clemens III. der „Ketzerfürst" war. Naturgemäß neigte sich dem Franzosen besonders der französische Klerus zu, den Urban um so viel mehr für sich gewann, als er den deutschen Einfluß ausschaltete. Schon war der Gegensatz zu Clemens III. in den Hintergrund getreten, da im Rom Urbans die Fäden einer neuen Universalpolitik zusammenliefen, die der auf die immer schwächer werdende deutsche Unterstützung angewiesene Clemens nicht zu stören vermochte.

Das sich selbst zerfleischende Deutschland verlor für die Kurie immer mehr an Bedeutung. Es ging ja nicht mehr um die Befreiung der Kirche von der Souveränität des deutschen Königs; angesichts der Erfolge Urbans II., des Gregorianers, und des schwindenden Ansehens des zur Untätigkeit verurteilten Clemens in Ravenna wurde sie überhaupt nicht mehr beachtet. Das reformpäpstliche Rom war der Mittelpunkt einer von nationalen Interessen unberührten Weltpolitik, die sich jeder abgebrauchten religiösen Phraseologie enthielt. Nicht mehr „der Knecht der Knechte Gottes", sondern der Herr der Christenheit trug die Tiara, der Streit um die Priorität des kirchlichen oder weltlichen Prinzips verstummte, reale Tatsachen hatten das Wort.

„Weil die römische Kirche nun unter Deiner Leitung fast im Hafen ist", so schrieb der Bischof von Chartres seinem erfolgreichen Landsmann, *„und das ‚Reich Italien' in Deinem Angesicht schon fast beruhigt ist, vermag ich meiner übermäßigen Freude fast keinen Ausdruck mehr zu geben."*

Es war ein bedeutsames Zeichen für die Wandlung der

Weltstimmung, daß nun auch der byzantinische Kaiser mit Urban Fühlung suchte und damit gegen den gebannten Heinrich Stellung nahm, den er noch mit großen Geldmitteln in seinem Kampf gegen Gregor unterstützt hatte. An Urban, nicht an Clemens wendet er sich mit der Bitte um Schutz vor den Ungläubigen und gibt zu verstehen, daß eine Einigung der griechischen und römischen Kirche unter römischem Primat im Bereich des Möglichen liege.

Die Bedeutung dieser römisch-byzantinischen Fühlungnahme war um so größer, als Gregors Gewaltpolitik über Robert Guiskard genügend Grund zur Verstimmung in Konstantinopel gegeben hatte. Im Lager von Ravenna glaubte man darin auch ein Schwächebekenntnis des Byzantiners zu sehen, dessen Kirche in zunehmender Zersetzung begriffen war. Insbesondere schien das mächtig emporkommende Kiew unter seinem gewalttätigen Fürsten Vsevolod nach Selbständigkeit zu dringen, willkommene Gelegenheit für die salische Politik, im russischen Osten Fuß zu fassen.

Zwischen Clemens und dem Patriarchen von Kiew gingen alsbald Gesandtschaften hin und her; der Handelsverkehr zwischen dem russischen und deutschen Reich, der immer lebhaft gewesen war, nahm beträchtlich zu; auch war es verschiedentlich zu Ehen innerhalb der großen russischen und sächsisch-deutschen Familien gekommen; so hatte eine Meißener Gräfin einen russischen Großfürsten geheiratet, und die Tochter Vsevolods, die reizvolle Praxedis, kam als Gattin eines Markgrafen Heinrich in die sächsische Nordmark. Ihre Ankunft machte großes Aufsehen, denn sie erschien mit einer Kamelkarawane, die märchenhafte Schätze heranschleppte. Die Ehe dauerte aber nur ein Jahr, denn Markgraf Heinrich starb, und die reiche Witwe war nun viel umworben.

Auch der achtunddreißigjährige Kaiser hatte eben seine getreue Lebensgefährtin, die Kaiserin Berta, nach zweiundzwanzigjähriger Ehe verloren. Ein Jahr nach ihrem Tode lernte er Praxedis gerade in dem Augenblick kennen, als seine Bemühungen um Vsevolod einsetzten. Er entschloß sich sofort, das salisch-russische Bündnis durch eine eheliche Verbindung zu vertiefen; die etwa zwanzigjährige Praxedis war gern bereit, deutsche Kaiserin zu werden, und so fand am 14. August 1089 in Köln Hochzeit und Krönung statt.

Aber der gewünschte politische Erfolg dieser allzu plötzlich ins Werk gesetzten Ehe zwischen dem schon gealterten Kaiser und der jungen Asiatin blieb völlig aus. Weder vertieften sich Heinrichs Beziehungen in Sachsen, noch änderte Vsevolod seine Taktik. In einem höflichen Schreiben verwies er den Papst seines Schwiegersohnes an den Patriarchen von Konstantinopel, – der schon mit Urban in Verbindung stand; sein Erzpriester Johannes veröffentlichte *„kanonische Antworten"*, die den Fürsten mit dem Kirchenbann drohten, wenn sie ihre Töchter in Länder verheiraten, wo man *„ungesäuerte Brote"* zum Abendmahl verwandte.

Heinrichs Ehe mit Praxedis, die als Kaiserin den Namen Adelheid annahm, ist die letzte zwischen russischen und deutschen Fürstenhäusern für lange Zeiten. Das dramatische Ende, das ihr bald bestimmt war, hat dazu beigetragen, daß beide Völker sich ihrer Art- und

Glaubensverschiedenheit bewußt wurden; der große Plan einer innigen Interessenverschmelzung versank so schnell, wie er gekommen war.

Urban II. dagegen schritt von Erfolg zu Erfolg. Nicht allein, daß es ihm gelang, die Normannen wieder fest in die päpstliche Interessensphäre zurückzuführen, er bewog die vierundvierzigjährige Großgräfin Mathilde zu einem Ehebund mit dem siebzehnjährigen Herzog Welf, dem Sohn des der salischen Sache von Grund auf feindlichen Bayernherzogs. Mathilde willigte gehorsam ein und stellte nur die eine Bedingung, daß es sich um eine Scheinehe handele, obwohl eine solche nach kanonischem Recht unzulässig war. *„Nicht so sehr aus Unenthaltsamkeit als aus Gehorsam gegen den römischen Papst"* tat sie schließlich den bedenklichen Schritt, wie ihre Anhänger priesen, *„damit sie nämlich um so männlicher der heiligen römischen Kirche gegen die Ketzer zu Hilfe kommen könne . . ."* Den Welfen schien die Verbindung mit dem mächtigen Toskana von ungeheurem Vorteil; sie glaubten, auf diese Weise Lothringen und den größten Teil Norditaliens mit ihrer bayrischen Herrschaft vereinen zu können, ohne zu merken, daß umgekehrt die toskanisch-lothringische Herrschaft die bayrische an die römische Kette legte.

Mochte auch alle Welt sich über die „jungen" Brautleute lustig machen, für Heinrich bedeutete dieser neueste Coup der Gregorianer eine ungeheure Gefahr. Er traf ihn in dem Augenblick, als Deutschland endlich zur Ruhe kommen und seine Herrschaft sich festigen wollte. Nahm er ihn hin, so ließ er die päpstlich-toskanische Herrschaft ins bayrisch-deutsche Kernland eindringen und überdies eine Machterweiterung des welfischen Hauses zu, die seine Bemühungen um die „Wiederherstellung der Reichseinheit" im entscheidenden Augenblick zunichte machte. Es war die gleiche Situation, die seinen Vater vor fünfundvierzig Jahren bewogen hatte, über die Alpen zu ziehen, um die Verbindung des immer aufsässigen Lothringer Herzogs Gottfried mit der Toskanerwitwe Beatrix, Mathildens Mutter, zu verhindern. Heinrich fühlte sich stark genug, dem väterlichen Beispiel zu folgen. Aber es mutet wie eine unentrinnbare Tragik an, daß der ewig Ruhelose nicht abwarten zu dürfen glaubte, ob der Spott der Zeitgenossen über diese widernatürliche Ehe und die lächerliche Rolle, die der junge Bräutigam dabei spielte, nicht das Richtige traf und die Verbindung auf die Dauer unmöglich wurde. Mochte nun auch der Wunsch hinzugekommen sein, dem kaiserlichen Clemens endlich die nötige Unterstützung gegen den Gregorianerpapst zu verschaffen: Wiederum überschätzte Heinrich IV. seine Kräfte und wog die gegnerischen zu leicht. So nahm das Verhängnis seinen Lauf.

DER LEBENDE LEICHNAM

Anfangs hatte diese dritte Romfahrt des Saliers guten Erfolg. Er rückte mit starken Kräften gegen Mathilde vor und eroberte Mantua, wo er sogleich einen deutschen statt des entflohenen gregorianischen Bischofs investierte. Clemens III. konnte auf Rom marschieren, aus dem Urban entwich. In Verona erschien der alte Welf und bot Frieden. Aber Heinrich schlug ihn aus, denn er fühlte keine Veranlassung, sich Bedingungen stellen zu lassen – Absetzung Clemens', Verfügung über den Heiligen Stuhl nach kanonischem Recht, Restitution der Welfen in Deutschland; Clemens drang in ihn, die große Chance wahrzunehmen, und stellte seine Würde zur Verfügung. Aber Heinrich sah nur die unerträgliche Ehrenkränkung und blieb bei seinem schroffen Nein. Wütend verließ der Bayer den Hof und sperrte die Alpenpässe.

Noch einen entscheidenden Sieg konnte Heinrich über Mathildens Truppen erringen, der ihn unmittelbar vor das ersehnte Ziel, die Wiederherstellung der deutschen Oberherrschaft über die Toskanerin, brachte; schon saßen seine Friedensunterhändler in der Burg Carpineta mit den Mathildischen zusammen, schon waren die Bedingungen eines Staatsvertrages paraphiert, die der Großgräfin eine ehrenvolle Unterwerfung sicherten: da berief sie eine Versammlung ihrer geistlichen Berater, und der Abt Johannes von Canossa führte die Wendung herbei. Er beschwor seine Herrin, nie und niemals mit dem Exkommunizierten zu paktieren und irdische statt der himmlischen Vorteile zu erwerben. Mathilde, die eben noch entschlossen war, ihren Frieden zu machen, wurde wankend, dann brach sie die Verhandlungen ab.

Heinrich war tief entmutigt. So sicher hatte er auf die endgültige Versöhnung und damit den entscheidenden Enderfolg über die Gregorianer gerechnet, daß er die begonnene Belagerung des toskanischen Monteveglio aufgab, um planlos hin und her zu ziehen. So kam er auch vor den verhaßten Felsen von Canossa, der in tiefen Nebel gehüllt war. In schnellem Ansturm rückte er gegen die uneinnehmbare Feste vor, aber das Glück hatte ihn mit der kühlen Überlegung verlassen; die Besatzung kam den Stürmenden zuvor und eroberte das kaiserliche Banner. Heinrich wich zurück. Sein Kampfesmut war gebrochen. Er merkte, daß er wie ein Gefangener in Feindesland saß, in dem gleichen Italien, das er eben erst in der Hand zu halten glaubte. Über den Po, bis nach Verona zog er sich zurück; die Bevölkerung floh vor ihm wie dem Antichrist, von den ihm gebührenden kaiserlichen Ehrungen war keine Rede mehr. Eine einzige Hoffnung schien noch zu winken: die Einziehung der Adelheidschen Güter, die durch den Tod der gefährlichen Frau seinem Sohne Konrad als mütterliches Erbteil zustanden.

Er entsandte ihn nach Turin, um seine Ansprüche geltend zu machen, die niemand bestreiten konnte. Aber der zwanzigjährige König und salische Thronerbe, ein schöner und schwermütiger Jüngling, das Ebenbild seiner frommen Großmutter Agnes, kehrte nicht mehr nach Verona zurück. Unter dem Einfluß gregorianischer Mönche die den *„lieber mit frommen Übungen als dem Waffenhandwerk"* beschäftigten Schwärmer unaufhörlich bearbeiteten, ja auch Mathildens selbst, wie es hieß, sagte er sich von seinem Vater los, *„um der argen Gerüchte willen, die über dessen Lebenswandel durch das ganze Römische Reich gingen"*. Der Erzbischof von Mailand, bislang ein treuer Anhänger Heinrichs, huldigte ihm sogleich und krönte ihn in Monza zum *„König von Italien"*.

Wenig später erschien Urban in Cremona: „König" Konrad beugte das Knie vor ihm und leistete, seinen

Steigbügel führend, zum Zeichen der Unterwerfung den Stallmeisterdienst. Dafür schloß der Heilige Vater ihn in die Arme, nannte ihn seinen getreuesten Sohn und gab ihm auf, die Enkelin Robert Guiskards, die „*mit unermeßlichen Schätzen*" nach Pisa aufgebrochen sei, zur allerchristlichsten Gemahlin zu nehmen.

Auch diese päpstliche Ehestiftung blieb nur Schein, denn die Braut war ein Kind. Es war die gleiche Verbindung, die Heinrich auf seinem Zuge gegen Rom unter anderen Auspizien vergeblich geplant, die gleiche auch, die hundert Jahre später den Sieg der Hohenstaufen über das Papsttum heraufzuführen schien. Konrad neigte im übrigen, wie seine Großmutter Agnes, dem asketischen Leben zu, man sagte, zur Buße dafür, daß er im Hoflager von Verona den Verführungskünsten seiner Stiefmutter Praxedis erlegen sei.

In völliger Zurückgezogenheit residierte der Abtrünnling in Borgo San Domino und verbrachte seine Tage mit Fasten und Kasteiung. „*Niemand durfte schlecht von seinem Vater mit ihm sprechen, den er stets seinen Herrn nannte. Wer vom kaiserlichen Hof zu ihm kam, den nahm er freundlich auf und hieß ihn seinen Kameraden.*"

Als er in merkwürdiger Verwirrung gegen das Verbot der Laieninvestitur verstieß und „Ring und Stab" der Mailänder Kirche kraft königlicher Machtvollkommenheit neu vergab, zerfiel er vollends mit den Gregorianern und Mathilde, die seinem Treiben mit wachsendem Mißtrauen gefolgt waren; sie entzogen ihm nun ihre Unterstützung. In tiefem Weltschmerz fragt der königliche Eremit einen vorüberziehenden Priester: „*Was hältst du von den Bischöfen, die einem König den Unterhalt verweigern und sich selbst königliche Rechte anmaßen?"* Schließlich, so heißt es, „*da er nach Florenz kam, starb der kluge und schöne Jüngling, nachdem er einen Trank von Avianus, dem Arzt der Gräfin Mathilde, erhalten hatte*".

Als Heinrich den Abfall erfuhr, der ihn zugleich um die letzte Hoffnung brachte, sich aus seiner schwierigen Lage zu befreien, „*wollte er sich, von unerträglichem Schmerz niedergeworfen, selbst dem Tode weihen. Er wurde aber von den Seinen überrascht und daran gehindert*". Der Stimmungsmensch, dem die Enttäuschung um die im letzten Augenblick vereitelte Unterwerfung Mathildens den Mut gebrochen, der die Waffen niedergelegt hatte, als auch der sinnlose Handstreich auf Canossa mißglückte, Heinrich glaubte diesen bisher schwersten Schlag nicht überleben zu können. Es kam dazu, daß man in Deutschland dringend nach ihm rief. „*Kehrt sobald wie möglich zu uns zurück*", schrieb der Bamberger Bischof, „*denn wenn Ihr da seid, läßt sich durch Eure Anwesenheit manches ordnen, was jetzt gefahrbringend zu sein scheint.*" In Oberdeutschland hatte Gebhard von Salzburg ein allgemeines Treuebekenntnis der schwäbischen und bayrischen Kirche für Urban herbeigeführt, Metz, Toul und Verdun kündigten ihrem Metropoliten, dem Erzbischof von Trier, den Gehorsam, um sich der gregorianischen Sache zuzuwenden. Auf die persönlichen Vorstellungen des Dänenkönigs in Rom wurde die vor vierzig Jahren aufgeworfene Frage nach einem dänischen Erzbistum endlich entschieden. Urban entzog dem deutschen Hamburg-Bremen die nordische Mission mit dem dänischen Sprengel und gründete das neue Erzstift Lund.

Aber Heinrich vermochte von Verona aus nicht einzugreifen, denn die Welfen hielten alle Alpenübergänge gesperrt. Er war gefangen!

Da traf ihn ein zweiter Schlag. Als mathildische Reiter um Verona schweiften, nahm die Kaiserin Praxedis-Adelheid Fühlung mit ihnen auf und flüchtete nächtlich aus der Stadt. Im Triumph ward sie vor die Großgräfin von Toscana gebracht, die sie schwesterlich in die Arme schloß, als die Russin gestand, sie habe die Unanständigkeiten ihres Gemahls nicht mehr ertragen können. Es liegt nahe anzunehmen, daß es vielmehr die kärglichen Verhältnisse am Hof in Verona waren, die die um ihre Hoffnungen auf kaiserlichen Glanz Betrogene zur Flucht veranlaßt hatten, auch mag das Zusammenleben mit dem von tiefen Depressionen gepeinigten Kaiser der jungen Frau unerträglich erschienen sein – man sprach sogar davon, Heinrich habe sie wegen ehelicher Untreue in Gewahrsam gehalten –: Praxedis fühlte nicht die geringste Zusammengehörigkeit zu einem Manne, der ihr nichts mehr bieten konnte. Nach Einzelheiten über ihr Eheleben und ebenjene „Unanständigkeiten" befragt, gab sie bereitwillig die intimsten Dinge zu Protokoll. In dieser eindeutigen, von Mathilde nur allzu gern gehörten Darstellung wurde von Heinrich das Bild eines teuflischen Lüstlings entworfen, der seinem keuschen Weibe unbeschreibliche Gemeinheiten zugemutet habe. Ob man nun wieder einmal „Wahres mit Falschem vermischte", ob Konrads Abfall mit diesen Dingen zusammenhing: für Mathilde und die Päpstlichen bedeuteten die Praxedis-Protokolle wertvollstes Propagandamaterial.

Die Akten gingen nach Rom und Ravenna, nach Salzburg und Lothringen mit der Anweisung, öffentlich dazu Stellung zu nehmen. Alle Welt sollte erfahren, wie verworfen dieser von der Kirche ausgespiene „König" Heinrich sei. Schließlich empfing der Heilige Vater Urban auf einer großen Synode vor aller Öffentlichkeit die Beichte dieser „Sünderin wider Willen"; „*sie warf sich vor seine Füße und klagte ihm ihr furchtbares Unglück. Der Apostelfürst, von Rührung und Erbarmen für die Königin ergriffen, verfluchte dann den Heinrich für seine gegen die rechtmäßige Gattin begangenen, noch nie dagewesenen Niederträchtigkeiten* . . ."

In geziemender Erschütterung nahm die Welt von den verabscheuungswürdigen Taten des Saliers Kenntnis; von Praxedis verlautet nichts mehr. Sie hatte ihre Schuldigkeit getan und wurde fallengelassen. Es heißt, sie habe sich nach Rußland zurückbegeben, wo sie als Nonne gestorben sei.

Um Heinrich wurde es still. Die „neue Ordnung", die Gregor der Welt zu geben versprochen hatte, begann sich unter den Händen seines Nachfolgers zu formen. Der deutsche König war ausgeschaltet. Die Augen der Welt hingen an Rom und dem heraufsteigenden Glanz eines Priesterstaates, der über alle Grenzen und Enden die Christenheit unter dem Banner Petri einigte. Von der Kirche verflucht, von den Seinen verlassen, vor den Augen der Welt in den Schmutz gezogen, entschwindet Heinrich IV. sechs Jahre aus dem Zeitgeschehen, das an seiner Stelle nun der Apostelfürst in stürmische Bewegung bringt.

„GOTT WILL ES!"

Als das elfte Jahrhundert sich zu Ende senkte und die Welt das Gottesgericht in unmittelbarer Nähe wähnte, verließ Urban II. Italien und zog – ein Triumphator – in seine französische Heimat. Gesandte waren vorausgeeilt, um der Christenheit sein Nahen zu verkünden und ihre Seelen für die neue Heilsbotschaft bereitzumachen. Da ruhten alle Fehden, obwohl es *„für feige galt, einen Tag ohne Blutvergießen zu verbringen"*. Bischöfe, Äbte, Ritter und Fürsten strömten mit dem Volk nach Clermont. Ganz Frankreich geriet in Bewegung, denn der Heilige Vater wollte ja die sündige Welt, unmittelbar vor ihrem Untergang, den Klauen des Teufels entreißen!

In Andacht sank die Menge ins Knie, als er dann segnend die Hände erhob. *„Schon sind Türken und Araber bis zu den Grenzen des Römischen Reiches vorgestoßen"*, hallten seine Worte. *„Darum ermahne ich euch, Arme und Reiche, Fußvolk und Ritter, jenes schändliche Geschlecht zu vertilgen. GOTT WILL ES! Wer von euch bis heute ein Räuber war, der soll nun Ritter sein, wer gegen seine Brüder wütete, mag gegen die Barbaren ziehn, wer um schnöden Mammon wucherte, kann jetzt den ewigen Lohn erringen. Allen aber, die ins Heilige Land ziehen, ob sie zu Lande oder auf dem Meer, ob sie durch Seuchen oder im Kampfe umkommen, allen sichere ich im Namen des allmächtigen Gottes die Vergebung ihrer Sünden zu. Also auf, ihr Christen! Verkauft eure Habe und rettet eure Seelen! GOTT WILL ES!"*

GOTT WILL ES! rief die Menge, deren sich ein Begeisterungstaumel bemächtigte! „Arme und Reiche, Fußvolk und Ritter" sanken sich in die Arme. Sie weinten und lachten, sie lärmten, sie beteten, und der große Aufbruch begann. Was Gregor mit herrischen Befehlen an die Fürsten der Welt vergeblich erstrebt hatte, Urban zauberte es gleichsam spielerisch herauf. Es war nicht die Bewegung schwärmerischer Sekten, ein ganzes Volk stand auf, das ewige Heil zu gewinnen.

„*Das Kaisertum ist abgetan, die Zeit der Päpste ist gekommen!*" riefen die Franzosen. Gottes Priester setzte seinen Fuß auf den Nacken der Welt.

Unter dem Kampfruf „Gott will es!" sammelte sich die Christenheit. „*Man konnte Arme sehen, die ihre Ochsen wie Pferde beschlagen hatten und so auf ihren Karren Habe und Kinder mit sich führten.*" Man raunte sich Wunderdinge über Schätze und Frauen des Morgenlandes zu, bis der Abt von Nogent ärgerlich sagte: „*Als ob die Griechinnen um soviel schöner wären als die französischen Damen!*" Sprunghaft stiegen die Preise für alles, was zur Reise gehört; Korn und Vieh wurde dagegen fast verschenkt. Hamsterware, „*die man sonst nicht durch Kerker oder Folter herausgebracht hätte*", kam im Überfluß zum Vorschein. Bis nach England und Norwegen griff die Begeisterung. Fremde, nie gesehene Stämme landeten in Frankreich, vor allem Scharen von Schotten, über deren „*zottige Tracht mit nackten Knien*" man nicht genug staunen konnte. Der Bruder Wilhelms von England, Robert von der Normandie, verpfändete sein Erbteil für zehntausend Mark Silber an König Wilhelm, aber dieser hatte kein Geld, so gerne er das Geschäft machen wollte. Schließlich erpreßte er es von den Kirchen. „*Habt ihr nicht goldene und silberne Schreine voll Totenknochen?*" fuhr er den Klerus an.

Nur den Deutschen *"war die Posaune nicht erklungen"*. So kam es, daß man in Thüringen, Bayern und Schwaben, *"unbekannt mit der Veranlassung zu diesem Kriegszug, die Kreuzfahrer für wahnsinnig und töricht erklärte, die Sicheres aufgäben und nach Unsicherem strebten, die Heimat verließen für das ungewisse Land der Verheißung"*.

Im Frühjahr 1096 beginnt der Ausmarsch, um *"ohne einen Führer außer Gott von den äußersten Grenzen des britannischen Ozeans bis zum Mittelpunkt der ganzen Erde vorzudringen"*. Bei jeder Stadt fragen sie, ob das nun endlich Jerusalem sei. Ein Mönch Petrus versucht, das Gesindel zusammenzuhalten, aber es herrschen unbeschreibliche Zustände. Es ist eine Völkerwanderung und kein Feldzug. Niemand läßt sich etwas sagen, niemand ist seines Lebens sicher. So wälzt sich die erste Gruppe durch Lothringen an den Rhein. Köln, Mainz und Trier suchen zu spät ihre Tore zu schließen; ehe man weiß, was geschieht, durchzieht das heimatlos gewordene Gesindel die Straßen. Unter der Parole, Christus zu rächen, beginnt, mit dem Schlachtruf „Gott will es!", ein allgemeines Judenmorden.

Vergeblich sucht Mönch Petrus Einhalt zu gebieten. Neue Scharen treffen von Frankreich ein, deren Führer, Graf Emmicho, erklärt, der Kampf gelte den Kindern Israels. Aus Niederlothringen erscheint – als einziger deutscher Fürst – Herzog Gottfried von Bouillon. Um Christi willen dürfe kein Jude am Leben bleiben, sagt er, aber wer sich taufen ließe, solle verschont werden. Doch die Mehrzahl geht lieber in den Tod. Ganze Familien ertränken sich, jüdische Mütter erstechen ihre Kinder, *"damit sie diesen Jüngern Christi nicht zum Spielzeug würden"*. Die

Erzbischöfe treten zuerst für die Juden ein und nehmen sie in ihren Pfalzen auf. Aber Rudhard von Mainz nutzt schließlich die Gelegenheit, sich des Vermögens der Schutzsuchenden zu bemächtigen, und überläßt sie dann ihrem Schicksal. Egilbert von Trier ermahnt in einer Dompredigt zur Nächstenliebe, die Juden seien ebenso Menschen wie die Christen, aber er wird nun selbst bedroht und muß flüchten.

Tausende von Toten wurden nach glaubhafter Überlieferung auf Karren aus den Städten gefahren, *„es war ein großer Jammer anzusehen"*.

Endlich verlassen die Heerscharen den Rhein und schieben sich durch Bayern und Schwaben nach Ungarn, das den Kreuzfahrern bereitwillig Gastfreundschaft gewährt. Aber sie sengen den Männern die Bärte ab, schänden die Frauen, verbrennen die Dörfer, töten das Vieh und plündern alles leer. Viele sind vom Ungarwein dauernd betrunken und werden erschlagen, als die Bevölkerung sich gegen ihre Gäste zur Wehr setzt. *„Da bekamen viele Angst, verkauften ihre Armbrüste, nahmen Pilgerstäbe und kehrten heim."* Als Gottfried von Bouillon mit dreißigtausend Mann Fußvolk und zehntausend Rittern an der ungarischen Grenze eintrifft, kommt Ordnung in die Scharen. Er muß dem König Coloman Bruder und Schwester als Geisel geben, um seine Genehmigung zum Durchmarsch zu erhalten. Er wird als Führer anerkannt und vereinigt schließlich dreihunderttausend Kreuzfahrer aller Nationen. Man rühmte ihn, daß er sowohl die deutsche wie die französische Sprache beherrschte und sich, obwohl er Deutscher sei, wie ein französischer Kavalier benähme.

„GOTT WILL ES!"

Monate vergingen mit den Verhandlungen in Konstantinopel, denn Kaiser Alexius wehrte sich mit aller Entschiedenheit, *„allen barbarischen Völkern, die jenseits des Adriatischen Meeses bis zu den Säulen des Herkules wohnen"*, den Durchzug nach Asien zu gestatten. Er wollte lieber den Ansturm von Heiden und Sarazenen ertragen als den seiner christlichen Befreier. Endlich gab er nach.

Dreihunderttausend Kreuzfahrer brachen von Nizäa auf, aber nur zwölftausend erreichten unter Gottfrieds Führung das Heilige Grab. Die meisten waren unterwegs verhungert oder auf ihren Plünderzügen von den Sarazenen aufgerieben worden. Man sah fromme Pilger das Fleisch von gefallenen Heiden braten und deren Eingeweide nach verschluckten Byzantinern durchsuchen. Am besten hielten sich die Franzosen gegen Hunger und Durst, *„weil sie nicht das Geld fortwarfen, mehr an Sparen als Ruhm dachten und für die Zukunft sorgten. Noch heute singen die Knaben: ‚Der Provenzale sucht Fourage, der Franke sucht den Feind!'"*

Die Überlebenden krönten am 22. Juli 1099 ihren Führer Gottfried von Bouillon zum König von Jerusalem und gründeten nach den Weisungen Urbans einen neuen, allerchristlichsten Staat. *„Siehe, Gott hat das Abendland in Morgenland verwandelt"*, so triumphierte man, *„wer Römer oder Franke war, der ist nun Galiläer oder Palästiner. Die in der Heimat arm waren, die macht Gott hier reich, die dort wenige Denare besaßen, haben hier unzählige Byzantiner, die dort nicht einmal ein Dorf hatten, beherrschen hier eine Stadt. Wie sollte man also zurückkehren, wo man hier solchen Überfluß findet!"*

Aber der neue Staat „Jerusalem" hatte dennoch keinen

Bestand; genau ein Jahr nach seiner Krönung erlag König Gottfried und mit ihm die meisten seiner Kampfgenossen der Pest. Übrig war allein die Fiktion vom christlichen Königreich Jerusalem. Von der „Neuen Ordnung" Urbans II., die die ganze Welt in fiebernde Erregung versetzt hatte, blieb nichts mehr als die Erinnerung an das schrecklichste Abenteuer der Christenheit.

Waren es schon die Posaunen des Jüngsten Gerichtes, daß Urban die Nachricht von der Eroberung Jerusalems nicht mehr erleben durfte und wenige Monate vor der Jahrhundertwende, kaum fünfzigjährig, starb? Daß der „sogenannte König Heinrich" dagegen mit den Welfen versöhnt in die deutsche Heimat zurückgekehrt und das vom Heiligen Vater gestiftete bayrisch-toskanische Ehebündnis in Trümmer gegangen war? Wie unter einem ehernen Gesetz, dessen göttlichen Ursprung die Menschheit zu begreifen begann, formte sich die Welt in ihre frühere Gestalt zurück; „das Neue" war gekommen und dahingegangen.

Wieder zog der leuchtende Stern des salischen Kaisertums am Firmament der Zeit empor, der geängsteten Christenheit den Frieden Gottes zu verkünden.

VIII

INFERNO

„Mit bitterem Schmerz gedachte ich meiner
besseren Tage..."
Heinrich IV. 1106

„Kein Schmerz ist größer, als sich der Zeit
des Glückes zu erinnern, wenn man im Elend
ist..."
*Dante, Göttliche Komödie,
um 1300*

DER GOTTESFRIEDEN

Ein müder Heimkehrer, das Herz voller Jenseitsgedanken, zog Kaiser Heinrich nach Deutschland, das er vor sechs Jahren siegesbewußt zur Vollendung des salischen Triumphes über die Feinde des Reiches verlassen hatte. Seit jener schmerzlichsten Stunde seines Lebens, als er sich, „von unerträglichen Schmerzen niedergeworfen, dem Tode weihen wollte", hatte das Zweifeln sein Gemüt verdunkelt, die nicht mehr verstummende Frage, ob der Abfall und Tod des Sohnes die Strafe des Himmels für seine Sünden war. Wegen der nichtswürdigen Redereien über den väterlichen Lebenswandel hatte er sich angeblich von ihm gewandt, Lächerlichkeiten in Heinrichs Augen, mochte das russische Weib auch eine Wolke von Schmutz darüber aufgewirbelt haben. Heinrich erklärte sich den Abfall aus tieferliegenden Gründen. Daß Konrad den Sinn seines Lebenskampfes, die Verteidigung der Ehre des Reiches gegen die Anmaßung des römischen Papstes, nicht begriffen haben sollte und deshalb den Verführungskünsten der braunen Mönche aus Rom und Canossa erlegen war: es konnte nicht sein. Er hatte diesen Sinn nur allzu gut verstanden und sich gerade um dieses Sinnes willen von seinem kaiserlichen Vater geschieden.

Wenn aber der eigene Sohn, der Erbe des Reiches und Schildträger der salischen Dynastie, in diesem Sinn nicht die Erhaltung seines ungeschmälerten Erbes, sondern nur eine Todsünde sah, erkannte er damit die Oberhoheit des Papstes über Kaiser und König an, und Heinrichs Leben schien umsonst vertan. Die Spaltung der Christenheit, das Grauen des Bruderkampfes, das Elend des Reiches, all diese nach Vergeltung schreienden Folgen des von Heinrich zur Verteidigung seines Königsrechtes geführten Kampfes fielen damit in den Augen des Sohnes dem Vater zur Last und nicht, wie Heinrich bislang überzeugt war, den verblendeten Empörern in Rom.

Den frommen und geliebten Sohn in der vordersten Reihe seiner Todfeinde sehen zu müssen, stürzte den in seinem Exil um die Erkenntnis der Wahrheit ringenden Vater in ein Meer von Zweifeln. Der Glaube an die Heiligkeit seines ihm von Gott übertragenen Königsrechtes war eben ein Stück von ihm selbst; er mußte verbluten, wenn er ihn nun aus seinem Herzen riß, um an dessen Stelle demütige Unterwerfung unter das Gebot des Papstes zu setzen, wie es die schmerzhaft drängenden Zweifel schon gebieterisch forderten. Der Kampf der Schwerter, der um des Reiches und Sankt Petri Ehre die Christenheit zerfleischte, der gleiche Zwiespalt griff nun auch in Heinrichs Seele und spaltete sie, wie die Welt gespalten war, ein lebendes Standbild der Qual und die Verkörperung des Zeitalters.

Für Heinrich gab es nur noch eine alle Schmerzen bannende Aufgabe: der Welt den Frieden zu bringen. Ein wahrer, von innerster Gläubigkeit getragener Gottesfrieden sollte es sein, der nicht mehr von „Freitag abend bis Montag früh", sondern für ewig und immerdar Geltung hat. Er mußte alles und alle umfassen, die Zwietracht der Menschen und die Zwietracht der Seelen, den König mit den Fürsten und den Kaiser mit dem Papsttum versöhnen. Das neue Jahrhundert mochte alsdann das wahre Gottesreich heraufführen.

Mit einem Reichstag in Worms begann das große Werk. Aus allen Städten und Dörfern strömten die Rheinländer in die alte Kaiserstadt, um ihrem endlich wiedergekehrten Herrn zuzujubeln, die Fürsten kamen, der Klerus, es wurde ein Triumph des Friedens. *"Alle unterwarfen sich ihm als ihrem rechtmäßigen Kaiser"*, der nun seine Gesetze verkündete. *"Viele, die nicht mehr rauben konnten, fielen in bittere Not; die eben noch auf schäumenden Ritterrossen einhergesprengt waren, gaben sich mit einem Ackergaul zufrieden, statt goldener Sporen trugen sie eiserne."* Mit fester Hand griff die kaiserliche Gewalt in alle Wirrnisse ein. Gegen den flandrischen Grafen, der auf eine Weisung aus Rom in Cambrai eingefallen war – *"überall verfolge aus Leibeskräften das Haupt der Ketzer, Heinrich, und seine Spießgesellen"* –, zog das Reichsheer zu Felde, um den Friedensbrecher zu strafen. In Mainz wurde eine große Untersuchung über die Klagen der unter kaiserlichem Schutz stehenden Juden geführt. Das Hofgericht stellte fest, daß Erzbischof Ruothard mit den Kreuzfahrern gemeinschaftliche Sache gemacht und sich, statt die ihm anvertraute jüdische Bevölkerung zu schützen, an ihrem Vermögen bereichert habe. Er wurde verurteilt, alles unrechtmäßig angeeignete Gut herauszugeben, doch er weigerte sich und floh. Als die Abordnung der zwangsweise getauften Juden den deutschen Kaiser bat, ihnen die Rückkehr zu dem Glauben ihrer Väter zu gestatten, konnte Heinrich sich dieser Bitte nicht verschließen, da ja auch die Gewährleistung der Glaubensfreiheit zu den Schutzpflichten gehörte, die der deutsche König auf Grund des „*Judenregals*" auf sich genommen hatte. Manchen Christen blieb diese Toleranz unverständlich. Auch Clemens, der kaiserliche Papst, gab seinem Mißfallen Ausdruck, da auf solche Weise dem Christentum gewonnene Seelen wieder verlorengingen. Aber Heinrich faßte seine Friedenspflicht schon so weit, daß er jedes unter Zwang gegebene Wort ebenso aufheben zu müssen glaubte, wie er die Erpressung von Lösegeld als Bruch des Gottesfriedens strafte.

Die großen Friedenskundgebungen fanden ihren sinnfälligen Abschluß durch einen feierlichen Staatsakt. An Stelle des abtrünnigen Konrad ließ der Kaiser seinen zweiten Sohn Heinrich, einen klugen und verschlossenen Jüngling von siebzehn Jahren, zum König krönen. Über Konrad wurde durch das Fürstengericht die Reichsacht verhängt. Der junge König empfing die feierliche Huldigung aller Reichsfürsten und schwur, die Hand auf dem Holz vom Kreuze Christi, daß er nie dem Vater nach Leben und Reich trachten würde. In tiefer Bewegung schloß der Kaiser ihn dann in die Arme und ermahnte den Sohn in feierlichem Ernst, er solle sich stets das Bild seines nichtswürdigen Bruders vor Augen halten, der gegen die heiligsten Rechte der Menschheit, die Sohnesliebe und Treue, gesündigt habe; nie dürfe er ihm nacharten, nichts vor dem Vater geheimhalten, der ihm immer mit Rat und Tat zur Seite steht. Der Sohn versprach es noch einmal mit heißen Tränen und warf sich seinem kaiserlichen Herrn zum Zeichen unwandelbarer Treue zu Füßen.

Dem „Volk der Deutschen" war nun wirklich der Frieden wiedergegeben, der Reichsgedanke hob sich mit neuer Kraft aus dem Schutt des Bruderkampfes empor und prägte schon deutlich die Kennzeichen eines erwachenden Nationalbewußtseins aus. „*Als ich in Mainz über den Ungehorsam des Königs sprach*", so äußert sich verwundert ein Franzose, „*da zeigte man gegen unser Volk solche Verachtung, weil es den Herrn Papst freundlich aufgenommen hatte, daß man uns nicht einmal Franken nennen wollte!*"

Die Zeit sollte reif geworden sein, die große Versöhnung zwischen Kaiser und Papst anzubahnen, ohne die ein wahrer Frieden unmöglich war. Nach Urbans Tod hatten die Reformer in Rom nicht abgewartet, bis der kaiserliche Clemens die Macht ergreifen mochte; da es keinen Besseren gab, einigten sie sich bald auf einen unbedeutenden Mönch als Nachfolger des Verstorbenen und nannten ihn Paschalis II. Er war als Landsmann Gregors lange Zeit dessen Schreiber und später der Leiter des päpstlichen Archivs gewesen, so etwas wie ein „Bürochef" des Laterans. Außer einer genauen Kenntnis der Akten und damit auch aller intimen Vorgänge aus dem Pontifikat Gregors hatte er kaum eine Vorbildung und Eignung für sein schweres Amt. Wie Hildebrand in Gregor I. sein heiliges Vorbild, so sah Paschalis II. in Gregor VII. Anfang und Ende der apostolischen Herrlichkeit; es ihm gleichzutun im rücksichtslosesten Kampf gegen den „sogenannten König Heinrich" ebenso wie in seiner unwandelbaren Starrheit beim Festhalten am ewigen Anathema, wurde sein unumstößliches Programm. Als Clemens III., noch ehe er zum Gegenschlag hatte ausholen können, wenige Wochen darauf gestorben war, ließ der neue Herr der Christenheit seinen schon bestatteten Körper nach Rom bringen und die Überreste in den Tiber werfen. Der zweimalige Versuch der Kaiserlichen, Gegenkandidaten aufzustellen, endete mit deren alsbaldiger Gefangennahme und lebenslänglicher Einkerkerung. Auf seiner ersten Synode mußten alle Versammelten im voraus „*dem Herrn Paschalis bestätigen, was er bestätigt, und verdammen, was die durch ihn vertretene heilige und allgemeine Kirche verdammt*". Heinrich IV., „*der die Kirche mit unzähligen Schandtaten befleckt hat*", wurde aufs neue verflucht, gleichsam als ob es zur ersten Christenpflicht eines neugewählten Papstes gehöre.

Gebhard von Salzburg erhielt als einziger deutscher Kirchenfürst die Mitteilung der erfolgten Wahl und gleichzeitig eine Bestätigung als Vertreter der Kurie bei der Fortsetzung des Kampfes gegen „den sogenannten König Heinrich". Es sei natürlich eine törichte Erfindung, daß der Papst an eine Verständigung mit ihm dächte, ließ er ihm sagen. Auch Hugo von Cluny, der nun schon im hohen Greisenalter stand und seit Jahrzehnten in seiner Vermittlerrolle zwischen König und Papst anerkannt war, wurde von der Neuordnung in Rom benachrichtigt.

Heinrich wollte zuerst nicht glauben, daß sein aufrichtiger Versöhnungswille erfolglos bleiben mußte. Er berief eine Reichsversammlung nach Mainz, um die Lage mit den Reichsfürsten zu besprechen. Dem Aufgebot war die dringende Mahnung beigefügt, unter allen Umständen zu erscheinen, da der Kaiser nicht beabsichtige, sich irgendwelche Säumigkeit gefallen zu lassen. Vor den vollzählig erschienenen Fürsten erklärte Heinrich seine nur noch auf die Befriedung der Welt gerichtete Politik: endlich die Versöhnung mit Rom herbeizuführen; man stimmte ihm freudig zu und beschloß, von der Aufstellung eines Gegenkandidaten Abstand zu nehmen und Paschalis II. amtlich zu bestätigen – obwohl er nicht darum nachgesucht hatte.

Paschalis nahm nicht nur keine Notiz von diesem Entgegenkommen, sondern ließ seine Kardinäle gleichsam als Antwort schwören: *„Ich verdamme jede Ketzerei und besonders diejenige, die da sagt, daß der Bannfluch zu verachten und die Bande der Kirche zu verschmähen seien."* – Aber Heinrich hatte immer noch Hoffnung. War seine Absicht, in Deutschland *„nach dem Rat der Fürsten die römische Kirche zu ordnen und die kirchliche Eintracht wieder herzustellen"*, auch gescheitert, so mußte die Einigung eben in Rom erfolgen. Schon fühlte er wieder die nötige Spannkraft in sich, um zum viertenmal, wenn es denn nicht anders möglich war, über die Alpen zu ziehen; aber „der Rat der Fürsten" widersprach, weil die immer klarer werdende Unversöhnlichkeit des Papstes womöglich Gewaltmaßnahmen erforderlich machen mußte, die im Zeichen des Gottesfriedens unter allen Umständen zu vermeiden waren und nur neuen Hader über die Christenheit bringen mußten.

Heinrich sann, in zunehmender Unruhe, zum Ziele zu kommen, über alle Möglichkeiten nach. Die voreilige Anerkenntnis Paschalis' II. war ein schwerer Fehler gewesen, denn er hatte damit gleichsam den erneuten Bann über sich selbst bestätigt. Durch die rechtsgültige Absetzung Gregors in Rom und die ebenso rechtsgültige Bestellung Wiberts zu seinem Nachfolger war nach den kanonischen Vorschriften das von Gregor verhängte zweite Anathema aufgehoben worden. Nun, wo er in seinem aufrichtigen Bemühen, den Frieden herzustellen, auf die Bestellung eines Gegenpapstes verzichtet hatte und Paschalis II. demnach der rechtmäßige und einzige Papst war, gab es keine Instanz mehr, den von diesem erneuerten Fluch außer Kraft zu setzen. In seiner Not wandte er sich an Hugo von Cluny. „*Daran sind unsere Sünden schuld!*" schrieb er, „*wenn wir aber wegen der Zerstörung der christlichen Einheit lange des Herrn Zorn empfunden haben, sollten wir nicht bei unserem Bestreben, sie wieder herzustellen, auf seine Gnade rechnen dürfen?*" Ja, er gesteht, schon ungestüm zur Klärung drängend, daß die Zersplitterung der Kirche „*durch uns verursacht ist*", um zu beweisen, wie ernst er es mit ihrem Wiederaufbau meint.

An Krone und Reich war dem „*Alten*", wie sie ihn jetzt nannten, nichts mehr gelegen. Die Nachfolge konnte als gesichert gelten. Der junge Heinrich, an den er sein ganzes Herz hing, stand als königlicher Stellvertreter im Mittelpunkt alles politischen Geschehens. Er hatte nichts von der schwärmerischen Weichheit seines unglücklichen Bruders und glich, wenn dieser seiner heiligen Großmutter Agnes nachgeschlagen war, viel eher seiner anderen, der brutalen Adelheid von Savoyen. Die ebenso zielbewußte wie behutsame Art, mit der er die Interessen des Thrones vertrat, die rücksichtslose Wahrnehmung seiner Chancen im geeigneten Augenblick war das sicherste Erbteil, das die Mutter der gütigen Berta ihrem Enkelsohn hinterlassen zu haben schien. Der Kaiser glaubte die salische Sache daher in den besten Händen, als er noch einmal die Fürsten zusammenrief, um ihnen seinen Entschluß mitzuteilen, seine Sünden durch eine Wallfahrt zum Heiligen Grabe zu sühnen und seinem Sohne, Heinrich V., währenddessen das Reich zu überlassen. Der Gedanke mochte aus denselben Ursprüngen entsprungen sein, die ihn in seiner Jugend zu den freiwilligen Bußübungen in Canossa bestimmt hatten; eine solche Pilgerreise nach Jerusalem mit all ihren unübersehbaren Gefahren galt in den Augen der Christenheit als allerfrömmste Tat. Auch der Papst konnte und durfte einem bußfertigen Wallfahrer seinen Segen nicht versagen und wurde auf diese Weise zu der Versöhnung gezwungen, die er aus freien Stücken bislang verweigerte.

Aber der kluge Plan, der allseitige Zustimmung fand und womöglich das Ausmaß eines zweiten Kreuzzuges angenommen hätte, sollte nicht mehr zur Ausführung kommen. Mochte der Lebenskampf Heinrichs IV. um die Ehre des Reiches auch siegreich beendet sein: ein unbegreiflich grausames Schicksal stürzte den nur noch um seine Versöhnung mit dem Himmel ringenden Kaiser noch einmal in den schrecklichsten Kampf seines Lebens.

DER SOHN

Mit einer dummen Geschichte fing es an. Als der Hof in Regensburg weilte, meldete sich ein bayrischer Graf Siegehard von Burghausen beim Kaiser. Er war ein alter Rebell, und es mochte mit Recht bezweifelt werden, ob sein Besuch einer aufrichtig gemeinten Versöhnung dienen sollte. Er gab auch ganz offen seinem Mißfallen darüber Ausdruck, daß der Kaiser Sachsen und Schwaben ehrenvoller behandle als die Bayern. Es kam so weit, daß sein stattliches Gefolge sich darüber empörte und Miene machte, die kaiserliche Leibwache zu überfallen. Ob es nun Notwehr, Voraussicht oder nur ein Racheakt war: die Kaiserlichen ergriffen den Grafen und schlugen ihm den Kopf ab. Vergeblich suchte König Heinrich zu vermitteln; er konnte die Untat nicht mehr verhindern.

Empört verließen die Bayern das Hoflager; die Familie des ermordeten Grafen sagte dem Kaiser, dessen Leute nun selbst den Gottesfrieden gebrochen hatten, unversöhnliche Fehde an, ein großer Teil der Reichsfürsten stellte sich auf ihre Seite, ja man behauptete allgemein, *„der Graf wäre nicht getötet worden, hätte der Kaiser ihn retten wollen!"*

Die Bemühungen seines Sohnes wurden dagegen offen anerkannt; die Burghausener luden ihn auf ihre Besitzungen, um ihm zu danken und ihn ihrer Freundschaft zu versichern. Sei es nun, daß er dieser Einladung folgte, um die mächtige Familie mit seinem Vater zu versöhnen, er mußte sich bald davon überzeugen, welchen Schaden der Regensburger Vorfall für die kaiserliche Sache angerichtet hatte. Man gab ihm zu verstehen, ein Gebannter könne nicht mehr Kaiser bleiben; der Mord von Regensburg habe wieder einmal bewiesen, wer der wahrhafte Antichrist sei. Altersgenossen des jungen Königs, die sich aus allen Reichsgegenden um ihn zu versammeln begannen, höhnten schon, der Vater *„sei viel zu alt, um noch herrschen zu können"*. Der Sohn würde im übrigen nie sein Erbe antreten, wenn er auf den Tod des Kaisers warten wolle, der Italien schon verloren habe und durch seine

Ungeschicklichkeiten im besten Zuge sei, auch die deutsche Krone endgültig einzubüßen. Von den großen Herren aus Sachsen ergingen Einladungen an den zweiundzwanzigjährigen Heinrich, er möge sich mit ihnen beraten, wie die von allen ersehnte Einheit der Kirche wieder herzustellen sei; „*es sind bei uns manche Bistümer und Abteien neu zu besetzen, andere werden schlecht geführt. Hier ist auch sonst alles, was ein königlicher Hof zu seinem Unterhalt nötig hat*". Das waren verlockende Angebote für einen Sohn Heinrichs IV., dem gerade die Sachsen die Verfügung über das in ihrem Lande liegende Königsgut verweigert hatten; auch sollte der im gleichen Zusammenhang gegebene Hinweis auf die neu zu besetzenden Bistümer wohl erkennen lassen, daß man auch simonistische Neuvergebungen durchaus nicht übelnehmen würde.

Der Kaiser merkte, wie die Stimmung sich wieder gegen ihn wandte, gedachte aber nicht, sonderliche Rücksicht darauf zu nehmen. Die Verbundenheit mit dem klugen Sohn, der trotz seiner Jugend schon über weitverzweigte Freundschaftsbeziehungen verfügte, die treue Anhänglichkeit der Rheinstädte, ja auch die korrekte Haltung der Reichsfürsten schien ihm Gewähr genug zu bieten, seine Stellung für unerschüttert zu halten. So kümmerte er sich nicht um die feindselige Haltung der großen bayrischen Familien und legte auch dem Treiben des wegen seiner Unzuverlässigkeit verurteilten Mainzer Ruothard keine Bedeutung bei, der in Thüringen gegen die Krone zu hetzen begann. Die Putschversuche, die Paschalis in Süddeutschland ganz offen unternommen hatte, nahm er fast von der lächerlichen Seite.

Als man aber in Magdeburg, ohne seine vorherige Genehmigung einzuholen, einen neuen Bischof bestellte, sah er darin Hochverrat, verwarf den Erwählten und ernannte von sich aus einen seiner Getreuen für das freigewordene Stift. Die mit der Vollziehung dieses kaiserlichen Befehls beauftragten Königsboten kamen aber nicht ans Ziel. Der Sohn des alten Rebellengrafen von Katlenburg überfiel sie unterwegs und nahm sie wegen „simonistischer Verbrechen" gefangen.

Das war die offene Revolte. Heinrich sammelte eine Truppe und brach mit seinem Sohn noch im November nach Fritzlar auf, um in eigener Person den Aufstand im Keime zu ersticken. Da geschah das Furchtbare. In der Nacht zum 12. Dezember 1104 verriet Heinrich V. den Vater und entwich mit seinen Freunden nach Bayern.

„*Von schwerem Kummer gebeugt*", kehrte der Kaiser nach Mainz zurück. „*Es wird Zeit, daß die Ehen aufhören*", so sagte man am Hof, „*keiner wünsche sich einen Erben, denn er wird sein Feind sein* . . ."

DER VATER

Sieben Monate lang wollte Heinrich nicht an den Abfall seines Sohnes glauben. Unaufhörlich beschwor er ihn, zurückzukehren oder doch wenigstens sich zu rechtfertigen. Die Erzbischöfe von Trier und Köln taten ihr möglichstes, dem Abtrünnigen ins Gewissen zu reden; sie erinnerten ihn an seinen feierlichen Treueid und schilderten den Seelenzustand des zusammengebrochenen Vaters. Wenn er kein Mitleid und keine Sohnesliebe empfinde, so solle er an Gottes Urteilsspruch denken, gegen dessen Gebot er sich schmählich versündigt habe. Aber König Heinrich blieb unbewegt. Als frommer Christ gefährde er sein Seelenheil, erwiderte er nur, wenn er die Gemeinschaft mit dem exkommunizierten Vater fortsetze. Auch der feierliche Appell an seine Ritterehre, die der alte Friedrich von Hohenstaufen, sein Schwager, an ihn richtete, verhallte wirkungslos; König Heinrich verwies dagegen achselzuckend auf ein Schreiben der sächsischen Fürsten, in dem es hieß: „*Komm als der Ersehnte, siege mannhaft, herrsche glücklich!*"

Aber der Vater gab noch immer den Mut nicht auf, denn er begriff die Ungeheuerlichkeit des Geschehens nicht. In einem feierlichen Brief wandte er sich nun an den Papst, um ihm, als dem auch von ihm anerkannten Haupt der Christenheit, zu versichern, daß er durch die Schroffheit Gregors und seines Nachfolgers in eine Kampfstellung zur römischen Kirche gedrängt worden sei; er wünsche nichts sehnlicher, als den alten Frieden wieder herzustellen, sofern – allerdings – „*Ihr unsere kaiserliche und königliche Würde anerkennen wollt.*" Das gleiche Gift, mit dem er jahrzehntelang verfolgt worden ist, habe nun auch den Sohn erfaßt. Er könne sich aber nicht entschließen, wie seine Getreuen ihm rieten, gegen ihn das Schwert zu ziehen, denn ein solcher Kampf wäre ihm in der Seele zuwider.

Diese Entschlußlosigkeit, vielleicht auch nur seine Unfähigkeit, an die Unabänderlichkeit der Tatsachen zu glauben, konnte zu nichts Gutem führen. Während er sich aufs Verhandeln legte, bereitete sich Heinrich V. mit höchster Energie zum Endkampf vor. In einem unterwürfigen Schreiben bat er den Papst um die Stellungnahme Sankt Petri zu seinem aus Gewissensnot gebrochenen Treueid. Paschalis, der den Kaiser nicht einer Antwort gewürdigt hatte, erwiderte alsbald, der Schwur sei null und nichtig und schickte Gebhard von Salzburg als Sonderbevollmächtigten des Heiligen Stuhls an den Hof des abtrünnigen Kaisersohnes. Gestützt auf diese päpstliche Absolution für den auf das Holz vom Kreuze Christi geleisteten Meineid berief Heinrich V. zur Entgegennahme seiner Rechtfertigung nunmehr eine Synode der sächsisch-thüringischen Kleriker nach Nordhausen, die zugleich eine Art von Reichstag darstellte. Über diesen ersten Staatsakt Heinrichs V. steht geschrieben:

„Wir haben dabei, was wir hervorheben möchten, beobachten können, wie König Heinrich alle großen Erwartungen erfüllte, die man in ihn gesetzt hatte. Seine Bescheidenheit und Würde fiel allgemein auf. Weil er der Versammlung der Knechte Gottes nur dann beiwohnen wollte, wenn er gerufen würde, ließ er sich endlich im schlichten Gewande vorführen. Er bestätigte allen in der verständigsten Weise ihre Rechte. Fragte ihn aber jemand etwas Unvernünftiges, so wies er ihn mit einer weit über seine Jahre gehenden Klugheit und mit angeborenem Takt zurück, ohne je die der Jugend ziemende Bescheidenheit oder die den Priestern Gottes gebührende Ehrfurcht außer acht zu lassen.

Dann rief er schluchzend Gott im Himmel zum Zeugen auf, daß er nicht aus Herrschsucht die väterliche Regierung an sich reiße und niemals wünsche, daß sein Herr und Vater seine Würde als römischer Kaiser verliere, daß er vielmehr von tiefem Mitleid über dessen verstockten Ungehorsam erfüllt sei. Er gelobte, sogleich die Herrschaft niederzulegen oder dem Vater als Knecht untertan zu sein, sobald dieser sich dem Heiligen Petrus gehorsam erwiese."

Dann war es so weit; Heinrich V. hatte sich so vollständig durchgesetzt, daß er auf Mainz vorrücken konnte, wo sein Vater sich noch immer aufhielt, ohne an Rüstungen für einen ihm „in der Seele zuwideren" Krieg gegen den Sohn zu denken. Fast wäre er sogar überrascht und gefangen worden, denn eine Gegenwehr kam nicht in Frage. In aller Hast ließ er daher die Rheinschiffe vom rechten Ufer nach Mainz bringen, um dem anrückenden König den Flußübergang unmöglich zu machen. Auf diese Weise wurde ein Zusammenstoß vermieden, und beide Parteien begannen zu verhandeln. Dem Kaiser lag nur an der bedingungslosen Anerkennung seiner Person als deutscher König und römischer Kaiser; auf eine Herrschertätigkeit wollte er gern verzichten. Er bot dem Sohne daher eine Teilung der Gewalten an und verbürgte sich für dessen uneingeschränkte Erbfolge. Aber Heinrich, der König, lehnte alle Vorschläge ab und forderte als Voraussetzung alles weiteren die päpstliche Absolution vom Kirchenbann, das hieß die bedingungslose Unterwerfung seines Vaters unter die damit anzuerkennende Oberhoheit der Kirche. Er wußte genau, daß dieses Verlangen unerfüllbar war, denn der Kaiser wollte und konnte niemals sein Investiturrecht preisgeben und damit das, was er als die Ehre des Reiches verstand, dem Papst zu Füßen legen; unter anderen Bedingungen war die Kurie aber niemals bereit, die Absolution zu erteilen, es mußte sogar höchst zweifelhaft bleiben, ob Paschalis sich überhaupt dazu entschließen würde. Gregor hatte den „sogenannten König Heinrich" ja ausdrücklich auf dem Totenbette von jeder himmlischen Gnade für alle Ewigkeit ausgeschlossen. Für Heinrich, den Sohn, war es also leicht, sich auf diese Bedingungen festzulegen; er konnte es getrost wagen, öffentlich immer wieder zu erklären: „*Wenn sich mein Vater dem Apostolischen Stuhl unterwirft, so werde ich mit dem zufrieden sein, was seine Milde mir gewähren wird. Bis dahin bin ich nicht der Feind meines Vaters, sondern nur der Bannerträger des Reichs.*"

Die Verhandlungen mußten sich zerschlagen; aber König Heinrich wagte es noch nicht, mit Gewalt gegen den Kaiser vorzugehen, der sich auf die ihm unerschütterlich ergebenen Rheinstädte stützen konnte und wandte sich nach Bayern, um seine Rüstungen zu verstärken. Ob der Vater nun endlich erkannte, daß alle Bemühungen um einen friedlichen Ausgleich vergebens waren, ob er sich von seinen energischen Beratern treiben ließ, er rückte in aller Heimlichkeit auf Regensburg vor, wo der Sohn sein Hauptquartier aufgeschlagen hatte; fast wäre es ihm gelungen, den König zu überrumpeln, wenn dieser nicht gerade noch hätte fliehen können.

Der Kaiser holte nun zur letzten Kraftanstrengung seines Lebens aus, um den unvermeidlichen Krieg gegen den Sohn zu beginnen. Er sammelte in Regensburg ein starkes Heer, obwohl ihm nur geringe Geldmittel zur Verfügung standen. „*Wir bitten Dich, mit allen Deinen Dienstmannen zu uns zu stoßen*", schrieb er an den Erzbischof Otto von Bamberg und bat, er möge einen bayrischen Ritter, dessen Hilfe „*wir in unserer Not nicht entbehren können*", durch ein Kirchenlehen für sich gewinnen. „*Die große Gefahr, in der wir uns befinden, zwingt uns ja, vielen den Willen zu tun, damit sie nur treu bleiben!*"

Der Sohn war ebensowenig untätig und rückte, wie es hieß, mit zehntausend Mann gegen den Vater, der sich am Regenfluß verschanzt hatte. Drei Tage standen sich Kaiserliche und Königliche waffenstarrend gegenüber. Niemand wollte die Feinseligkeiten eröffnen. Er sei kein Vatermörder, beteuerte der König immer wieder und wiederholte die alte Litanei von der päpstlichen Absolution, so daß man allgemein der Auffassung war, „*er führte seine Sache unter dem Schein der Gottergebenheit*". Diese öffentlichen Erklärungen, die ins kaiserliche Lager gelangten, waren aber auch von vielen Anerbietungen begleitet; der österreichisch-bayerische Markgraf Luipold von Babenberg wurde insgeheim befragt, ob er für die Hand der Schwester des Königs, Agnes, die durch den Tod Friedrichs von Hohenstaufen eben verwitwet war, die kaiserliche Sache aufgeben wolle. Er konnte der Verlockung nicht widerstehen und sagte für sich und die Seinen zu. Kaiser Heinrich ahnte von alledem nichts, war vielmehr entschlossen, am kommenden Morgen die Entscheidung herbeizuführen.

Es wird berichtet, daß er in der Nacht mit der Festlegung des Schlachtplanes beschäftigt war, als der Babenberger in sein Zelt trat, um zu melden, die Truppe weigere sich zu kämpfen. Noch wollte Heinrich nicht daran glauben, da wurden vermeintliche Überläufer aus dem königlichen Lager vor ihn geführt – es waren in Wirklichkeit sorgsam instruierte Boten –, um ihn wohlmeinend, wie sie sagten, vor den Verrätern in seiner Umgebung zu warnen.

Das war zuviel; der Kaiser brach zusammen und floh. Sein Stern versank.

DAS ENDE

Ganz Bayern fiel dem siegreichen König zu; als einer der ersten beugte Otto von Bamberg vor ihm das Knie. Die Flucht des Kaisers, die Auflösung seines Heeres, der Jubel, der den Sohn empfing: es war der Beweis, daß Heinrich IV. seine Sache aufgegeben hatte. Gebrochenen Herzens war er in Mainz eingetroffen, dessen Bürger ihm vergeblich Mut zu machen suchten. *"Alle unsere Landsleute von beiden Rheinufern haben sich für Euch verschworen"*, versicherten sie, *"wir können zwanzigtausend Mann, Reiter und Fußvolk, aufbringen. Mit dieser letzten Anstrengung müssen wir durch Gottes Gnade siegen und stehen nachher wieder ganz fest, Ihr im Reich, wir in unserer Stadt . . ."* Aber König Heinrich hatte schon das linke Rheinufer bei Speyer erreicht, wo ihm der kaiserliche Schatz in die Hände fiel.

Noch einmal läßt der Vater den Sohn anflehen, innezuhalten; er solle doch daran denken, daß es nicht der Kaiser, sondern der mit inniger Liebe an ihm hängende Vater ist, der ihn in unbeschreiblicher Seelenqual um Frieden bittet. Vergeblich; er soll so schnell wie möglich Mainz verlassen, damit er nicht gefangen wird, antwortet der Sieger vor den Toren, und Heinrich flieht nach Köln.

"*O Schmerz!*" schreibt der Gehetzte an Hugo von Cluny,

DAS ENDE

„mein Sohn hat alle Schwüre vergessen und ist nun ganz und gar von uns geschieden. So sehr haben ihn die Treulosen und Verschwörer, unsere Totfeinde, umgarnt, daß er in seinem Wahn nicht nur nach dem Reich, sondern auch nach unserem Leben trachtet. Während wir von Tag zu Tag hofften, er würde nun doch in sich gehn, hetzt er uns nun von Stadt zu Stadt. So sind wir nach Köln gekommen . . ."

Als er hört, der Sohn habe zu Weihnachten eine Reichsversammlung nach Mainz aufgeboten, macht er sich sogleich auf, um diese letzte Gelegenheit zu seiner Rechtfertigung vor den versammelten Fürsten zu nutzen. Mögen sie zwischen ihm und dem Sohne wählen, ihrem Wahrspruch wird er sich beugen.

Aber Heinrich, der Sohn, weiß, daß er es niemals dazu kommen lassen darf. Er kennt die überzeugende Beredsamkeit seines Vaters viel zu genau und denkt nicht daran, seine nun schon gewonnene Sache noch einmal aufs Spiel zu setzen. Steht die hohe Gestalt des Vaters, die heilige Königslanze in der Hand, die Krone auf dem weißgewordenen Haupt, erst einmal vor den Fürsten seines Reiches, dieser Inbegriff der Majestät, sie werden ihm nicht widerstehen können, denn auf seiner Seite ist ja das Recht. Aber gewaltsam kann er ihn nicht hindern, denn einem jeden, der zur Reichsversammlung zieht, ist die persönliche Freiheit durch Königswort verbürgt, auch reist er mit einer starken Truppe.

So schickt er zu dem Vater, der schon in Koblenz eingetroffen ist, und bittet um eine Unterredung. Überglücklich stimmt der Alte zu und hat nun wieder das Herz voll überschwenglicher Hoffnung.

Nur einen Augenblick stehen sie sich gegenüber, dann hält es den Vater nicht mehr. Er sinkt in die Knie und beschwört seinen „*geliebten Absalom*" zur Einkehr. Es sei ja schrecklich genug, daß er selbst die Gnade des Himmels verscherzt habe, schluchzt er, aber der Sohn soll sie sich erhalten und Frieden geben, denn „*Gott will es nicht, daß der Sohn die väterlichen Sünden straft*". Nun wirft sich der König dem Kaiser zu Füßen und schwört ihm unverbrüchlichen Gehorsam, aber er kann es nicht ertragen, sagt er, daß sein Vater noch immer gebannt sei. Er hat ja alles versucht, versichert Heinrich, was soll er tun! Die Fürsten mögen entscheiden, und alles wird gut werden.

Dann umarmen sie sich und küssen sich „*unter vielen Tränen*"; der Vater „*tadelt nur mit sanften Worten*", verzeiht und verzeiht.

Sie wollen gemeinsam nach Mainz, schlägt der König vor; er wird dafür sorgen, daß der Kaiser das Reich zurückerhält und der Papst seinen Segen dazu gibt. Er beschwört es mit heiligem Eid. Nun soll der Vater aber das Gefolge entlassen, sie haben sich ja wieder versöhnt. Auch wird die Gegend nur unnütz verwüstet, sagt er, es ist wirklich nicht mehr nötig. Natürlich, er hat vollständig recht, antwortet der Kaiser; bei dieser herrlichen Eintracht braucht er das Heer nicht mehr. Es wird mit dem Befehl entlassen, sich zum Reichstag in Mainz einzufinden.

Dann brechen sie auf, in drei Tagen ist Weihnachten, und alles wird gut sein. In Boppard nehmen sie die Nachtherberge. Aber Heinrich kann nicht schlafen. Immer wieder umarmt er den verlorenen Sohn, den er nun den Verführern entrissen hat. Er will ihn keinen Augenblick aus

Kruzifixus aus dem Liudger-Kloster in Helmstedt, um 1060

den Augen lassen, und so *„verstreicht die Nacht mit Spielen und heiteren Gesprächen"*.

Am nächsten Tag erreichen sie Bingen. Der Sohn ist ein Stück vorausgeritten. *„Da siehe, es kamen einige Getreue zu mir"*, so erzählt der Kaiser, *„und versichern mir, ich würde hintergangen. Ich ließ meinen Sohn sofort zurückrufen und fragte ihn auf Ehre und Gewissen. Er beteuerte mit dem Hinweis auf seinen Treuschwur und das Sakrament des Eides zum zweitenmal, er werde sein Leben für das meinige geben."*

Sie reisen weiter, der Kaiser hat keinen Argwohn mehr, aber es fällt ihm auf, daß sich das Gefolge des Sohnes immer mehr verstärkt. Sie sind jetzt nicht mehr weit von Mainz, da gebietet König Heinrich Halt. Er hat eben die Nachricht erhalten, berichtet er dem erschrockenen Vater, der Erzbischof weigere sich, den Gebannten in Mainz aufzunehmen. Es ist daher besser, vorläufig abzuwarten, bis diese neue Schwierigkeit beseitigt ist. Zu seiner eigenen Sicherheit wird er den Kaiser währenddessen auf der Burg Böckelheim unterbringen, wo er Weihnachten feiern soll. Der Kaiser hört dem Sohn zuerst noch gläubig zu, dann beginnt er zu erfassen. Er steht allein inmitten einer Schar von Bewaffneten; er ist verraten. „O mein Sohn", schreit er auf. *„Gott ist mein Zeuge, der Richter über unsere Treuegelübde. Er allein weiß, wie ich dich zum Mann und meinem Erben erzogen habe, mit wieviel Sorgen und Mühen ich für deine Ehre gekämpft, wieviel bittere Feindschaft ich mir deshalb zugezogen habe!"* Er darf ihn jetzt nicht daran hindern, vor dem Fürstentag in Mainz zu erscheinen, er hat es geschworen, Treue um Treue.

Gegen den berechtigten Protest des Erzbischofs kann er

nichts tun, sagt Heinrich V., aber er schwört noch einmal, daß dem Vater kein Leid zustoßen werde, er bürgt mit seinem eigenen Leben dafür. Was heißt Leben! Er will vor die Fürsten treten, er will sich rechtfertigen, er will die Versöhnung mit Rom, die nur durch die einmütige Zustimmung der Reichsversammlung erzwungen werden kann, schreit der Vater.

Sie hören nicht mehr auf ihn. König Heinrich, für dessen Ehre der Vater ein Leben lang gekämpft und der darüber nun die eigene verliert, ist davongeritten. Sie führen den Kaiser auf den Böckelheimer Felsen. Hier empfangen ihn seine Todfeinde, die Bischöfe von Speyer und Würzburg; von seinen Getreuen dürfen nur drei ihn begleiten. Dann rasselt die Zugbrücke hoch, das Burgtor schließt sich, der Kaiser ist gefangen.

DAS TRIBUNAL

Triumph! Mehr als fünfzig Fürsten wurden gezählt, als Heinrich V. am heiligen Weihnachtsfest des Jahres 1105 die große Reichsversammlung eröffnete, die über das weitere Geschick des Kaisers zu entscheiden hatte; Gebhard von Salzburg und Richard von Albano, der Italiener, ergriffen in ihrer Vollmacht als päpstliche Legaten das Wort, um die Anklage gegen Heinrich IV. zu erheben, den Erzketzer und für alle Ewigkeit Verdammten, von dem die Christenheit *„schon seit vielen Jahren geschieden ist"*. Nie und niemals darf er weiter „König" oder gar „Kaiser" sein. Sie legten den päpstlichen Standpunkt dar, sie gaben einen Überblick über die Geschehnisse seit dem Fürstentag von Tribur, als die wahren Beherrscher des Reiches, eben die Fürsten, die Entscheidung über die weiteren Geschicke der Christenheit dem Heiligen Vater überantworteten. Was war seitdem geschehen? In ein Meer des Grauens ist die Welt gestürzt worden, der Bruder ist wider den Bruder, der Sohn wider den Vater aufgestanden. Zerrissen liegt die Christenheit am Boden, es ist die nie wieder gutzumachende Blutschuld des nun für immerdar zur ewigen Höllenqual verdammten Mannes, der auf dem Böckelheimer Felsen, *„in engste Haft gestoßen"*, dem gerechten Urteil für seine Todsünden entgegensieht.

Sie haben gesprochen. Alles blickt beklommen auf den Sohn, der schweigend beiseite steht. Dann finden sie das einstimmige Urteil. „Der sogenannte König Heinrich" ist vorzuführen, um, will er sein Leben behalten, auf Thron und Krone zugunsten seines ausgezeichneten, allerchristlichsten Sohnes zu verzichten. Man wird ihm alsdann die Ingelheimer Pfalz als Wohnsitz zuweisen, wo er den Rest seiner Tage betend und büßend verbringen mag. Wiprecht von Groitzsch wird beauftragt, dem Gefangenen diesen Urteilsspruch zu überbringen und ihn vorzuführen. Er soll keinen Zweifel darüber lassen, daß sein Leben verwirkt ist, wenn er sich etwa weigern würde, den Spruch anzuerkennen. Wie sollte er, denkt der König, seit Jahren sinnt er ja nur noch auf sein Seelenheil, er muß alles hinnehmen, um die Zeit für eine würdige Vorbereitung auf das Jenseits zu gewinnen.

Was der Gefangene indessen in Böckelheim erleben mußte, hat er wenig später selbst berichtet. „*In engste Haft gestoßen, sind wir unsern Feinden überantwortet worden. Man hat uns nicht einmal einen Priester gegeben, als wir, an Leib und Seele bedroht, nach der letzten Wegzehrung verlangten und ein Bekenntnis unserer Sünden ablegen wollten. Hunger und Durst mußten wir hinnehmen und die Gewißheit, das Leben zu verlieren, wollten wir unserem Sohne nicht zu Willen sein."* Ungewaschen, ungeschoren mußte er das Weihnachtsfest begehen. „*In bitterem Schmerz gedachte ich meiner besseren Tage. Ich war von Menschen umgeben, deren Anwesenheit zu ertragen schon unerträgliche Schmach für mich bedeutete* . . . *An dem geheiligten Tag seiner Geburt, da der Heiligste der Heiligen, jener Knabe, den Erlösten gegeben ward, durfte nur ich allein jenen Sohn nicht haben. Nie und nimmer kann ich es vergessen, nie und nimmer aufhören, es aller Christenheit zu klagen, daß ich an diesem Tag im Kerker ohne Abendmahl gewesen bin* . . ."

Was galt ihm jetzt noch Krone und Zepter! Der Sohn, der S a l i e r , mußte sie tragen. Er wird stärker sein, als sein gedemütigter Vater es sein Leben lang war. Er wird gegen die Feinde des Reiches so erbarmungslos sein, wie er es jetzt gegen den Vater ist, er wird auch die Kraft haben, dem römischen Gelichter die Königsfaust zu zeigen. Klug und stark ist dieser vierte Salier auf dem deutschen Thron – Heinrich erkennt es in bitterem Schmerz –, die Welt glaubt an seine Frömmigkeit, die E h r e d e s R e i c h e s mag daher in seinen Händen besser bewahrt sein als in den kraftlos zitternden des greisen, sündigen, vom ewigen Heil auf immerdar ausgeschlossenen Vaters.

Seine Tage sind nun gezählt, er weiß es. Das ererbte Lungenleiden wirft ihn immer wieder aufs Krankenbett. Die Körperkräfte sind dahin, von diesem übermenschlichen

Lebenskampf zu früh verzehrt. Nur noch eine kurze Spanne Leben, dann steht er vor dem ewigen Richter, er will, er muß sie nutzen, um die schreckliche Last seiner Sünden abzubüßen. Dieses bißchen Leben, es ist alles, was er noch besitzt. Er will es nicht mehr hergeben, es ist kostbarer als das „*Reich, obschon alle Erde, soweit sie bewohnt ist, dereinst die Grenze meiner Herrschaft war*".

So schleppen sie ihn, gebrochen an Leib und Seele, vor das Tribunal, um ihn „*grausam zu verhören und die ungerechtesten Forderungen in Gegenwart der päpstlichen Legaten zu stellen*". Der Staatsverbrecher hat kein Recht zur Verteidigung, er hat demütig zu antworten und sonst zu schweigen. „*Wie wir nun aber das Wort verlangten, um uns zu rechtfertigen, haben sie es gebieterisch abgelehnt, was sogar die Barbaren keinem Knecht verweigern. Da mußten wir erkennen, daß die Entscheidung schon gefallen war.*"

Noch ein letztes Mal versucht der Gedemütigte es mit einem Appell an den Gerechtigkeitssinn. Der Papst soll entscheiden, schlägt er vor, „*in Gegenwart der Geistlichkeit und des Volkes von Rom, aber Haß und Mißgunst und alles, was der Gerechtigkeit entgegensteht, muß ferngehalten werden*". Auch diese Bitte schlagen sie „*in unmenschlicher Härte*" ab. „*Und als ich fragte, ob ich denn wenigstens die Absolution erhalten könne, wenn ich alles, was sie forderten, eingestünde, antwortete der Legat, es gehöre nicht zu seiner Aufgabe, mich loszusprechen. Und als ich darauf sagte, ‚wer einen Bekennenden aufnimmt, muß ihn auch nach seiner Beichte lossprechen', antwortete er, ich könne ja nach Rom gehen. Was mehr? Nachdem sie von uns alles nach ihrem Willen erpreßt hatten, gingen sie aus Mainz fort und ließen uns als einen Ehrlosen zurück . . .*"

Heinrich V. sah im Kreis der Fürsten dem Martyrium seines Vaters schweigend zu; dann ergriff er „*die Krone, das Zepter, das Kreuz und das Schwert*", schmückte sich mit diesen Abzeichen einer Würde, um deren Erhaltung der Vater ein Menschenalter gekämpft hatte, und war nun „*von Gottes Gnaden*" der rechtmäßige König der Deutschen.

HEINRICHS TOD

Den „ehrlosen" Alten brachten sie nach Ingelheim, wo ihn die Bevölkerung in stürmischer Begeisterung empfing, während sie Heinrich V. die schwer erkämpften Kroninsignien zu entwenden versuchte. Von allen Seiten strömten die Rheinländer nach Ingelheim und sprachen ihrem Kaiser Mut zu; es erschien sogar eine Abordnung aus Cluny und überbrachte die Bitte ihres Abtes, der Kaiser möge ihm berichten, was vorgefallen sei. Langsam fand Heinrich ins Leben zurück und schöpfte wieder Hoffnung, der getreue Pater möchte womöglich doch noch die ersehnte Absolution herbeiführen können. „*In großer Bewegung und Sehnsucht meiner Seele*", schrieb er nach Cluny, „*vertraue ich mich vollständig Deiner Treue an. Was Du auch immer beschließen magst, um eine Versöhnung mit dem Papst und die Wiedervereinigung der römischen Kirche unter Aufrechterhaltung meiner Ehre zustande zu bringen, ich folge Dir! Eile also, geliebtester Vater, mir zu raten. Tue alles, was Du kannst, wenn auch nicht für die Befreiung Deines Sohnes, so doch wenigstens für das Seelenheil Deines Knechtes. Das aber mußt Du wissen: mein Sohn verbreitet überall, ich hätte freiwillig abgedankt. Deine Heiligkeit soll erfahren, was wahr daran ist . . ."*

Bis in alle Einzelheiten berichtete er dann ohne jede Beschönigung, wie man ihm mitgespielt hatte. Er schilderte die Qualen der Gefangenschaft in Böckelheim und die schmachvolle Erniedrigung in Mainz. Alle Welt soll wissen, daß er nur unter grausamster Gewaltandrohung sich gefügt habe und auch das nur, um den Rest seiner Tage der Versöhnung mit dem Himmel widmen zu können. So eingehend aber auch alle Einzelheiten geschildert werden, gegen den Sohn fällt kein Wort der Anklage.

Heinrich V. sah indessen mit wachsendem Mißbehagen, daß der Büßer in Ingelheim nicht untätig blieb und *„das dumme Volk dem Vater mehr glaubt als dem Sohne"*. Er ließ ihm daher mitteilen, daß er ihn aufzusuchen beabsichtige, doch der Kaiser *„fühlte auf diese Nachricht hin Mißtrauen"* und entwich heimlich nach Köln. Aber auch hier fühlte er sich nicht sicher. Barfuß, ein büßender Pilger, wanderte der gebrechliche Mann noch im Winter nach Aachen und von dort nach Lüttich, wo ihn Bischof Otbert und die Bürger liebevoll aufnahmen. Aber auch das gefiel dem Sohne nicht. Ostern stand vor der Tür, es mußte unter allen Umständen vermieden werden, daß der Vater das Fest womöglich mit kaiserlichen Ehren in dieser treu zu ihm haltenden Stadt beging.

Er gab daher bekannt, daß er selbst das Osterfest in Lüttich feiern würde, und schrieb gleichzeitig einen allgemeinen Reichstag dorthin aus. Mochte der Vater sehen, wo er blieb. Immerhin glaubte er das Gesicht wahren zu sollen und schrieb, er hoffe, mit ihm das Fest verbringen zu können.

Bischof Otbert und der Graf von Flandern, der Klerus und die Bürger von Lüttich, alle waren über diese unbegreifliche Härte des Königs empört. Sie drangen in Heinrich, seine erpreßte Abdankung für null und nichtig zu erklären und den Kampf gegen den Sohn und seine Spießgesellen wieder aufzunehmen. Auch aus Köln kam die gleiche Bitte. Alle waren bereit, bis zum letzten Atemzug für ihren Kaiser zu kämpfen.

Aber Heinrich wollte nicht mehr. Man vermöge ein Reich nicht mit Waffen zurückerobern, sagte er, das man mit Waffen nicht habe halten können. Er wolle seine Tage in Frieden beschließen, um mit seinem Gott versöhnt hinüberzugehen. An den Sohn schrieb er: *„Ich habe gehört, Du wolltest Ostern in Lüttich feiern. Hier hat mich der treue und fromme Bischof aufgenommen, weil sonst niemand mehr meiner früheren Wohltaten eingedenk ist. Was er an mir tut, das sollst Du ihm mit wahrhaft königlicher Gnade vergelten. Seiner Treue gegen Dich kannst Du um so sicherer sein, je treuer er sich gegen mich bezeigt. Er will mich zu Ostern hier behalten, wenn er Dich nicht beherbergen muß. Du sagst freilich, wir wollten das Fest gemeinschaftlich feiern. Auch ich möchte dies gern. Aber ich muß diejenigen meiden, die es reut, mir das Leben gelassen zu haben, als ich in ihren Händen war. Das ist auch der Grund, weshalb ich gerade hierher, an die äußerste Grenze D e i n e s Reiches, entwichen bin, damit ich hier zurückgezogen leben kann oder, wenn es der Himmel so will, die Gastfreiheit fremder Völker mir eine Zuflucht bietet. Ich bitte Dich darum, daß Du um Deines Vaters willen anderswo Ostern feierst und mich im Hause dessen, der mich* *edelmütig aufgenommen hat, als Gast leben läßt, da ich nicht mehr als Kaiser bei ihm leben kann. Gehst Du hierauf ein, so sage ich Dir von Herzen Dank; tust Du es nicht, so will ich lieber in der Fremde leben, als in dem Reich, das einst das meinige war, ein Gegenstand des Spottes sein.*"

Als der König sich nicht um diese Bitte kümmerte, vielmehr mit seinem Hof heranmarschierte, riß dem Grafen von Flandern die Geduld. Ob der Kaiser nun einverstanden war oder nicht: er legte auf der Maasbrücke einen Hinterhalt. Von allen Seiten drangen die Lütticher, „*die dem Kaiser in alter Liebe anhingen*", auf die überraschten Königlichen ein, die Brücke stürzte zusammen; wer nicht erschlagen wurde, ertrank. In höchstem Schrecken wich Heinrich V. auf Köln zurück und gab seine Absicht nun auf, in Lüttich Ostern zu feiern. Aber auch hier verschlossen die Bürger die Tore, er mußte bis „*zu dem Dorfe Bonn*" zurück, um sich in Sicherheit zu bringen. „*Welcher königlichen Person ist jemals solcher Schimpf zuteil geworden!*" schrieb Heinrichs IV. Sohn an seine Fürsten, „*nicht mich allein trifft diese Schmach, I h r seid beleidigt!*" Ein Kaiser ließe sich ersetzen, „*aber mit der fürstlichen Ehre steht und fällt das Reich!*"

Auch Heinrich IV. erließ ein Manifest, rief zu einem allgemeinen Fürstentag auf und verpflichtete sich, alle ihm von diesem aufgetragenen Schritte zu tun, um die Versöhnung mit der Kurie herbeizuführen. Noch einmal klingt wie aus früherer Zeit seine meisterliche Staatskunst auf, indem er dieselben Fürsten, die ihm wegen des Kirchenbannes das Reich genommen hatten, um Rat bittet, wie er sich davon lösen soll. Wäre es zu diesem Fürstentag gekommen, dessen Ladung schon zu einer mit Leidenschaft geführten Diskussion über das Für und Wider führte, der Kaiser hätte seine Sache doch noch zum guten Ende führen können.

Aber Heinrich V. rief statt dessen kraft seines königlichen Rechtes zum Kampf gegen das unbotmäßige Köln. Mit zwanzigtausend Mann, wie es heißt, schritt er zum Sturm. Doch die Stadt widerstand „*entschlossen wie nie zuvor*" und wies die Belagerer immer wieder blutig ab. An eine Aushungerung war nicht zu denken, da die Rheinschiffe ungehindert im Hafen der Festung ein- und ausliefen. Die umliegenden Ortschaften schlossen sich gegen die Königlichen zusammen und versteckten die Lebensmittel. Gefährliche Seuchen brachen aus, denen mit vielen andern auch Dietrich von Katlenburg, der Urheber des Zwistes, zum Opfer fiel. Schon bedrängte man den König, er solle die Belagerung aufheben und Frieden machen. Ein Fürstentag möge entscheiden, wie der Kaiser es verlangt habe.

Da überbrachte der Bischof von Münster und Heinrichs IV. getreuer Kämmerer dem Sohne Ring und Schwert des Kaisers, der „*gleichsam schlafend*" hinübergegangen war. Sie verkündeten ihm auch den letzten Willen des Sterbenden: wie er zum Zeichen seiner Verzeihung und väterlichen Liebe dem Sohn „*Ring und Schwert*" übersende, so solle er nun alle königlich belohnen, die dem Vater treu gedient haben, und dann seinem Leichnam zur Seite der Eltern im Dom von Speyer die letzte Ruhe geben.

Während im Feldlager vor Köln über diese Nachricht

„*endloser Jubel*" ausbrach und ein jeder sich an den König herandrängte, um ihn zu beglückwünschen, herrschte in Lüttich Totenklage.

Das Volk jammerte laut auf den Straßen und wallfahrtete zur bischöflichen Pfalz, des toten Kaisers Antlitz noch einmal zu schauen. Sie küßten seine „*gabenreichen Hände*" und hielten stumme Totenwacht. Als Bischof Otbert die Bahre bis zur Überführung nach Speyer in der Domkirche beisetzen lassen wollte, kam ein Eilbote des Magdeburger Erzbischofes, der kraft seines Amtes als päpstlicher Legat dem Gebannten ein christliches Begräbnis verweigerte. So brachten sie die Leiche in eine ungeweihte Kapelle, da stand sie, neun Tage, dem Fluch des Himmels preisgegeben. Nur ein unbekannter Mönch, der eben vom Heiligen Grab gekommen war, harrte Tag und Nacht bei dem Toten aus, Psalmen und fromme Sprüche singend.

Endlich zwang das Volk den Klerus, der sich gern zwingen ließ, die Bahre in die Domkirche zurückzubringen. Man sammelte Geld und mietete Priester, die nun dem toten Kaiser das feierliche Requiem hielten. Mit entblößten Schwertern stand die Totenwache der flandrischen Ritter zu Häupten des Sarges. Von morgens bis abends strömten die Menschen herbei, um durch Berührung der Bahre den letzten Segen ihres Kaisers zu empfangen. Sie nahmen die Erde unter dem Sarge fort und streuten sie über die Fluren.

Dann geleitete Erkembald, der Kämmerer, die Leiche von Lüttich nach Speyer; es war der größte Triumphzug Heinrichs IV. Aber der Sohn erfüllte den letzten Willen des Vaters nicht. Unter dem Jammer der Bürger von Speyer ward der Sarg an der Nordseite einer ungeweihten Kapelle beigesetzt, wo er fünf Jahre lang, wie auf dem Schindanger, verblieb. Dann wandelte sich die allerchristlichste Gesinnung des Apostolischen Herrn Paschalis; er sprach den Toten vom Banne los.

Heinrich V. nahm die Gelegenheit wahr, aller Welt zu beweisen, daß nur der Fluch der Kirche ihn von seinem Vater getrennt habe. Mit einem Pomp, *„wie er niemals vordem einem Kaiser zuteil geworden ist"*, ward er nun endlich im Dom von Speyer zur letzten Ruhe geleitet und alles nur Erdenkliche getan *„für das Seelenheil unseres geliebtesten Vaters, glücklichsten Angedenkens"*.

Seine Getreuen aber wußten, daß ein gütiger Gott ihn schon seit jenem Augenblick in den Armen hielt, da er friedlich schlummernd in die Ewigkeit gegangen war.

„Wenn es auch gefährlich ist, die Wahrheit zu sagen, Lügen ist ein Verbrechen", schrieb der unbekannt gebliebene Begleiter seines Lebens, *„nun endlich bist du glücklich, Kaiser Heinrich, ein stürmisches Reich hast du für ein stilles, ein vergängliches für ein ewiges eingetauscht. Jetzt erst herrschest du! Jetzt ziert dein Haupt ein Diadem, das auch dein Erbe dir nicht entreißen kann. Deshalb sollen die Tränen versiegen, wenn es möglich ist, denn dieser deiner Glückseligkeit gebührt Freude, nicht Trauer, Jubel, nicht Klage, und der Schmerz muß schweigen . . ."*

Aber während er es niederschrieb, strömten seine Tränen. „*. . . und was die Hand verzeichnet, löscht das Auge aus.*"

IX
DAS ENDE DES STREITES

*"Seht ihr? Das habt ihr von allem Elend,
das ihr seit dreißig Jahren ertragen habt.
Es ist alles Dreck gewesen!"*
*Richard von Verdun an seine Mönche
um 1111*

*"Den Investiturstreit zwischen Reich und
Kirche erstickte er, indem er den Nacken
des deutschen Stolzes mit der Kraft des
apostolischen Zornes zerschmetterte."*
Wihelm von Malmesbury, um 1123

DIE ENGLISCHE LÖSUNG

Der Tod des Kaisers war nicht allein im Feldlager Heinrichs V. „mit endlosem Jubel" begrüßt worden; auch für Rom und die Gregorianer bedeutete er den Triumph der göttlichen Sache - und eine fühlbare Erleichterung. Die eindeutige Verpflichtung seines Sohnes, auf das Investiturrecht zu verzichten -- wenigstens faßte man seine Treueschwüre so auf -, sollte nach nunmehr dreißigjährigem Kampf den Triumph des Papsttums über den deutschen König besiegeln. Schon plante Paschalis, im Anschluß an eine Treuekundgebung des französischen Königs, endlich die große Reise nach Deutschland anzutreten, an der Gregor VII. immer wieder verhindert worden war.

Aber er wurde bitter enttäuscht. Auf der Synode von Troyes, die eine Art von Unterwerfung der französischen Kirche unter die Suprematie des Heiligen Stuhles zur Folge hatte und den Keim zur innigen Zusammenarbeit späterer Jahrhunderte zwischen dem Papst und der französischen Krone legte, erschien eine Abordnung maßgebender deutscher Standesherren als königliche Gesandtschaft, um dem Heiligen Vater in herausforderndem Tone mitzuteilen, daß der deutsche König lieber sterben als auf sein Investiturrecht verzichten wolle. Verärgert und enttäuscht mußte Paschalis erkennen, daß Heinrich V., in dem er noch eben den „geliebtesten Sohn" der Kirche gesehen hatte, in die Bahnen väterlicher Politik eingelenkt war und dabei die deutschen Fürsten vollzählig auf seiner Seite hatte. Mit der bitteren Bemerkung, er fände in den Herzen der Deutschen noch nicht die notwendige Demut, gab er seine Reise auf und kehrte nach Rom zurück.

Inzwischen war die ganze Streitfrage in ein neues Licht gerückt worden. Das starke Königtum in England dachte nicht daran, sich den reformkirchlichen Bestrebungen zu beugen. Der Sohn Wilhelms des Eroberers hatte den Papst wissen lassen, daß er niemals in eine Schwächung der Kronrechte willigen würde. *„Und sollten wir, was ferne von uns sei, uns so weit erniedrigen: unsere Barone, ja das ganze Volk würde uns davonjagen!"* Diese Mitteilungen, die von einem großen Geldgeschenk begleitet waren, führten im Laufe langwieriger Verhandlungen schließlich zu einer neuartigen Lösung. Die englischen Staatstheologen spalteten den Streitkomplex in seinen materiellen und priesterlich-religiösen Kern. Man erklärte sich damit einverstanden, der Kirche und ihrem Oberhaupt das Recht zur Investierung zu überlassen, sofern die mit den Kirchenämtern verbundenen Dienstleistungen an die Krone – vor allem auch die Heerfolge – ungeschmälert aufrechterhalten blieben.

Erst die Verschärfung des ganzen Streites, wie sie noch unter Gregor VII., vornehmlich aber unter seinen Nachfolgern zutage getreten war, hatte das Verbot der Laieninvestitur auch auf die Aufhebung der kirchlichen Verpflichtungen gegen die Krone erstreckt. Gregor selbst war ursprünglich anderer Ansicht gewesen, der er mit den Worten Ausdruck gab: *„Die Dienste, die dem König als*

DIE ENGLISCHE LÖSUNG

Lehnsherrn der Bischöfe gebühren, wollen wir durchaus nicht hindern"; aber der Kampf war bald über diese „goldene Brücke" hinweggebraust, weil Heinrich IV. im starren Festhalten an seinem Königsrecht den päpstlichen Vorstoß als eine Ehrenkränkung aufgefaßt und darum für die Zergliederung in eine materielle und ideelle Seite der Investitur kein Verständnis gehabt hatte.

Die Kurie erkannte den praktischen Kern der englischen Vorschläge schnell, die bei der Machtstellung des unerreichbar fernen Inselreiches die willkommene Möglichkeit zu einem vernünftigen Ausgleich boten und das päpstliche Prestige wahrten. So wurde denn der englische Bevollmächtigte Roms, entgegen den früheren Anweisungen Urbans II., beschieden, *„von nun an auch diejenigen Kleriker zu weihen, die dem König den Vasalleneid leisten. Gott und Deine Ermahnungen mögen indessen des Königs Herz erweichen, daß er die Forderung des Lehnseides aufgebe."*

Wilhelms des Eroberers Sohn schwur nunmehr auf einem Reichstag zu London, ein Jahr nach Heinrichs IV. Tod, kein Bischof oder Abt würde künftighin aus seiner Hand Ring und Stab erhalten, wogegen Paschalis beteuern ließ, die Ableistung des Lehnseides und die Heerespflicht an den König solle kein Grund sein, einem Kleriker die Weihe zu versagen.

Heinrich V. war diesen Ereignissen mit größter Aufmerksamkeit gefolgt. Die nachgiebige Haltung des Papstes, seine mönchisch-asketische Weltauffassung, die zunehmende Unsicherheit, die er, eben noch siegessicher, angesichts der deutschen Einheit erkennen ließ, wiesen auch für die neu erstandene deutsche Krone die Möglichkeit auf, in der Richtung des englischen Kompromisses zu einer großzügigen Lösung zu kommen. Für den Ehrenstandpunkt seines Vaters hatte Heinrich ebensowenig Sinn wie die junge Generation überhaupt, die, nüchtern rechnend, ihren Vorteil betrieb. Die ganze Welt war überdies des Kampfes müde und hatte sich damit abgefunden, daß auch Gregors Forderungen auf Freiheit der Kirche ein göttliches Recht nicht abgesprochen werden konnte.

Heinrich begann seine Verhandlungen mit einer propagandistischen Einleitung. In einer großen Schrift „*Über die Investitur der Bischöfe*" ließ er seinen Standpunkt gleichsam „hundertprozentig" niederlegen. Papst und König, so hieß es hier, seien zur gemeinschaftlichen Arbeit von Gott berufen, der sie sich in Liebe und Demut zu unterziehen hätten. Im Rahmen dieser Gemeinschaftsarbeit sei es aber gelegen, daß den Königen das Investiturrecht verbliebe, wie ja auch Gregor I. es für wahr gehalten hat, als er sagte, das Königtum sei durch die Weihe am Priestertum beteiligt. Auch an die Römer richtete er eine Botschaft, in der über die mit dem Papst begonnenen Verhandlungen freimütig Bericht erstattet wurde. Er habe, so heißt es hier, dem Heiligen Vater die Frage vorgelegt, wie er sich den Fortbestand des auf die kirchlichen Dienstleistungen angewiesenen Königtums denke, wenn ihm die seit dreiundsechzig Pontifikaten zugebilligte Investitur mit allen damit verbundenen Leistungen entzogen würde.

Mit großem Geschick lenkte Adalbert von Mainz, der königliche Erzkanzler und Verhandlungsführer, durch solche Bearbeitung der Öffentlichkeit den auf seine priesterlichen Vorrechte pochenden Mönch-Papst in die von

Anfang an gewünschte Richtung. Im Vertrauen auf ihr unbestreitbares Recht zur Investitur haben die deutschen Könige seit Karl dem Großen die Kirche mit Königsgut überreichlich bedacht. Würde ihnen nun diese unentbehrliche Grundlage ihrer Herrschaft entzogen, so entfiele damit die Voraussetzung aller dieser Schenkungen. Überdies, so erklärte man zum Beweise allerchristlichster Demut, die Knechte Gottes seien nicht dazu da, die Rolle weltlicher Herren zu spielen, sondern für die Seelen der Christenheit zu sorgen.

Das leuchtete dem primitiven Paschalis durchaus ein, der nach der Verständigung mit England und Frankreich nun endlich auch den deutschen Widerstand brechen mußte. Auf das Prinzip allein kam es ja an, das der weltlichen Königsmacht das Recht zur Investitur absprach; die Höhe des Preises, um den dem König der Verzicht abgekauft werden mußte, konnte angesichts eines solchen Erfolges überhaupt nicht mehr ins Gewicht fallen. So kam es zur Festlegung des päpstlichen Standpunktes, gleichsam als einer Art von Schlußprotokoll der Verhandlungen. Es lautete:

„Die Kirchen sind mit dem Zehnten und den Geschenken der Gläubigen zufrieden; der König mag alle Güter und Rechte, die von Karl und Ludwig, von Otto und Heinrich und von seinen anderen Vorgängern der Kirche geschenkt wurden, für sich und seine Nachfolger zurückerhalten..."

Gegen diese päpstliche Zusage erklärten die Deutschen namens ihres Souveräns, auf das Investiturrecht künftighin verzichten zu wollen. Der Pakt stellte für die deutsche Krone ein ausgezeichnetes Geschäft dar, denn sie erhielt damit den gewaltigen und glänzend ausgebauten Besitz der deutschen Kirche mit allen Privilegien und Einrichtungen. Aber mehr als das: dieser Besitz steigerte nicht allein das Königsgut ins Unberechenbare, er verschaffte dem König einen gewaltigen Machtzuwachs durch die Möglichkeit der Neuvergebung an seine Getreuen. Da wog die Aufgabe des „Ehrenpunktes" leicht, um den Heinrich IV. sein Leben lang gekämpft hatte. Die Investitur hatte allen realpolitischen Inhalt verloren.

Man wurde schnell einig und verabredete die Inkraftsetzung des Vertrages anläßlich der als Bekräftigung gedachten Krönung Heinrichs V. zum römischen Kaiser im Februar 1111.

DIE KAISERKRÖNUNG

Der König war indessen mit der gesamten deutschen Streitmacht aufgebrochen, das heißt im Kreise aller seiner maßgebenden Reichsfürsten und Standesherren, also als allgemein anerkannter Herr eines geeinten Reiches. Beim Duchzug durch die Lombardei nahm er Gelegenheit, die „Base" Mathilde von Canossa aufzusuchen, um sich mit der nun schon Siebzigjährigen über die Frage ihres Nachlasses zu unterhalten. Er kam zu einem vollen Erfolg; diese unbesiegbare Vorkämpferin für die Gregorianische Sache, auf deren männlichen Charakter Heinrichs IV. Schwierigkeiten in Italien vielfach zurückzuführen waren, beugte sich widerstandslos einem Willen, der – wie sie intuitiv empfand – stärker war als der ihre. Diese frigide

Frau, die sich von ihrem ersten Gemahl losgesagt hatte, als er ihr lästig fiel, die dem jungen Welf, dem zweiten Gatten, nicht den geringsten Einfluß auf ihre mit starker Hand geführte tuscische Herrschaft eingeräumt hatte, war ja schon einem Kraftmenschen wie Gregor VII. willenlos unterlegen. Nun, da der gewalttätige Vetter Heinrich V. vor ihr stand und ihren Besitz für die salische Familie forderte, der auch sie mit Stolz angehörte, war es ebenso – sie vergaß, mit welcher Feierlichkeit die tuscischen Güter dermaleinst dem Heiligen Petrus überschrieben worden waren. Ob sie diese Schenkung nur als einen symbolischen Akt allerchristlichster Demut aufgefaßt hatte, ob sie nur für den angebeteten Gregor persönlich gemeint war: Mathilde erklärte nunmehr den salischen Vetter und deutschen König zu ihrem Erben und versprach überdies, sich bei den bevorstehenden Auseinandersetzungen mit Paschalis neutral zu verhalten, falls es zwischen dem König und ihm wider Erwarten zu Feinseligkeiten kommen sollte. Diese „mathildischen Güter" und der Widerruf der Gregor VII. verbrieften Schenkung zugunsten Heinrichs V. sollte im kommenden Jahrhundert zum Zankapfel zwischen Päpsten und Kaisern werden.

So waren alle Voraussetzungen erfüllt, um den Erfolg der deutschen Sache sicherzustellen, und Heinrich V. hielt seinen triumphalen Einzug in Rom. Der gesamte Klerus stand am Tor und geleitete den König unter Lobgesängen nach dem uralten Krönungsritus zur Peterskirche. Dort erwartete ihn Paschalis inmitten seiner Kardinäle. Unter den Klängen des Kyrie Eleison warf Heinrich sich dem Heiligen Vater zu Füßen, der ihn emporhob, um ihn in seine Vaterarme zu schließen. In innigster Eintracht zogen sie dann Hand in Hand vor den Hochaltar, während das Volk in den vorgeschriebenen Jubel ausbrach.

Hier verlas Heinrich die große Urkunde, nach der der deutsche König auf das Investiturrecht verzichtete und die alten Schenkungen an die römische Kirche erneuerte. In feierlicher Ansprache erklärte der Heilige Vater, daß dieser getreueste Sohn der Kirche der Kaiserkrone würdig sei. Beide, Papst und König, knieten nieder, während der älteste Kardinal über sie die rituellen Gebete sprach.

Nachdem Heinrich auf solche Weise seine vertraglichen Pflichten erfüllt hatte, war es nun Sache des Papstes, den Wahrspruch des Heiligen Petrus zu verkünden. Die Spitzen des italienischen und deutschen Klerus, die deutschen Großfürsten, der Adel und das Volk von Rom knieten nieder, um die päpstliche Weisheit in Demut zu vernehmen. Es war ein Augenblick allerhöchster Spannung. Niemand wußte, unter welchen Bedingungen der übermächtige König auf sein bedeutsames Recht verzichtet hatte. Lautlose Stille herrschte, als Paschalis den von den Parteien sorgsam stilisierten Wortlaut seiner großen Erklärung verlas, die folgendermaßen begann:

„Es ist sowohl nach göttlichem Gesetz wie nach den kanonischen Vorschriften untersagt, daß die Priester sich mit weltlichen Geschäften abgeben. Aber in Eurem Reiche werden die Bischöfe und Äbte so sehr von weltlichen Sorgen in Anspruch genommen, daß sie gezwungen sind, sich mit Regierungsgeschäften und Kriegsdienst allzu häufig zu befassen, denn sie haben Städte, Herzogtümer, Markgrafschaften, Münzrechte, Güter und andere zu weltlichen Geschäften gehörende Obliegenheiten von den Königen angenommen.

Daraus mußte die für die Kirche unerträgliche Sitte erwachsen, daß die gewählten Kleriker nur dann die Weihe empfangen durften, wenn sie vorher durch die Hand des Königs investiert waren. Auf diese Weise hat es sich oft ereignet, daß, teils durch die Sünde simonistischer Ketzereien, teils durch weltlichen Ehrgeiz, die Bischofssitze gewaltsam besetzt worden sind. Es sind sogar Neuinvestierungen vorgekommen, während die alten Bischöfe noch lebten. Durch diese und andere Übelstände in Unruhe versetzt, haben die Päpste glücklichen Angedenkens, unsere Vorgänger Gregor VII. und Urban II., auf ihren Konzilien jede Investitur von Laienhand verdammt und geurteilt, daß die auf solche Weise Investierten abzusetzen seien und auch die investierenden Laien aus der Kirchengemeinde auszustoßen sind, wobei sie sich auf die also lautenden kanonischen Aussprüche bezogen:

‚*Wenn ein Bischof, gestützt auf weltliche Macht, seine Kirche besitzt, so soll er verdammt sein!*'

Indem wir nun den Wahrsprüchen unserer Vorgänger folgen, haben auch wir diese durch unser Bischofskonzil bestätigt."

Nach dieser gewundenen Rechtfertigung für das erneut bestätigte Investiturverbot, der man viel eher die salische als die kuriale Diplomatie anmerkt, ging Paschalis auf den Kernpunkt über; infolgedessen, sagte er, habe die Kirche sich ihres weltlichen Gutes zu entäußern und alles an die deutsche Krone zurückzuerstatten, was ihr seit den Tagen Karls des Großen von dieser geschenkt worden ist. Künftige Gaben – also vor allem auch die ebenerst von Heinrich V. bestätigten Besitztümer der römischen Kirche! – sollen selbstverständlich unangetastet bleiben, ebenso alle privaten Überschreibungen der Gläubigen.

Die Spannung löste sich in einer von Paschalis nicht

vorhergesehenen Weise. Er hatte kaum geendet, als sich an der heiligsten Stelle der Christenheit, am Grabe des Apostelfürsten, ein Sturm der Empörung erhob. Die Versammelten, Klerus und Adel begriffen sofort die ganze Tragweite des Paktes, die dem „Bürovorsteher" Gregors VII. bislang entgangen war. Nie und nimmer wären sie hiermit einverstanden, brüllten Bischöfe und Äbte durcheinander, denn durch diesen unmöglichen Wahrspruch müsse die heilige Kirche völlig verarmen. Auch die weltlichen Herren protestierten mit wildem Geschrei, es sei undenkbar, solchem Gesetze zuzustimmen, weil es die künftige Vergebung von kirchlichen Lehen ausschließe.

Der Tumult nahm ein derartiges Ausmaß an, daß der Papst sich mit seinen Kardinälen zur Beratung zurückzog. Heinrich suchte indessen zu beschwichtigen. Er versicherte, daß die Krone den Vertrag in der loyalsten Form zur Durchführung bringen und erst nach dem Tode der jetzt lebenden Kirchenfürsten das ihr zufallende Gut einziehen werde. Den über die unübersehbare Steigerung der Königsmacht in höchste Erregung geratenen Standesherren wurde mitgeteilt, die Inkraftsetzung des Vertrages sei ausdrücklich von ihrem Einverständnis abhängig gemacht.

Endlich kehrte Paschalis mit seinen Kardinälen zurück und verkündete, nicht ohne Verlegenheit, Sankt Petrus sei zu einem anderen Entschluß gekommen; die Kirche möge ihr Eigentum also behalten. Diese schnelle Meinungsänderung verblüffte und beunruhigte die Versammlung aufs neue, denn der Heilige Vater sollte ja nach Gregor niemals irren können.

Inzwischen war es dunkel geworden und an eine Fortsetzung der Krönungsfeierlichkeiten nicht mehr zu denken; statt frommer Gesänge erfüllte Waffenlärm und das Geschrei der aufgeregten Menschen den Petersdom. Da brachen sich plötzlich Bewaffnete eine Bahn zum Hochaltar, umringten den ratlos die Hände faltenden Papst, führten ihn, wie sie sagten, *„zu seiner eigenen Sicherheit"* mitsamt den Kardinälen aus der Kirche und brachten ihn durch die von einer empörten Menge belebten Straßen Roms in das königliche Hauptquartier, die Feste Alba.

Das Unerhörte, nie Dagewesene war geschehen der deutsche König hatte den Herrn der Christenheit gefangengenommen, mochte er diesen beispiellosen Gewaltakt auch mit seiner Sorge um die Sicherheit des Heiligen Vaters zu erklären versuchen! Lange Zeit wußte man nichts über sein Geschick, bis endlich, zwei Monate nach der Gefangennahme, eine amtliche Verlautbarung erging, König und Papst seien einig geworden.

Mit welchen Mitteln diese „Einigkeit" von Heinrich V. zustande gebracht worden war, wurde nicht bekannt gegeben. Auch Paschalis hat darüber geschwiegen. Jedenfalls haben die von Heinrich dabei immer wieder gesprochenen Bibelworte: *„Ich lasse Dich nicht, Du segnest mich denn"*, eine nicht mißzuverstehende Bedeutung bei den „Verhandlungen" gehabt. Sie fanden ihren Abschluß in einem feierlichen Schwur des Papstes:

„Der Herr Paschalis wird den Herrn König Heinrich in Fragen der Investitur nicht mehr behelligen. Er wird weder ihn noch irgendeinen anderen dieserhalb zur Verantwortung ziehen. Er wird die Person des Königs niemals bannen, ihn vielmehr mit ganzer Kraft unterstützen und dafür sorgen, daß ihm seine Herrschaft

verbleibt. Er wird alles, was er vermag, dazu tun, um ihn zum Kaiser zu krönen, und diese Verpflichtungen ohne Trug und Hinterlist erfüllen . . ."

Als Gegenleistung hatte Heinrich die Versicherung abgegeben, den Heiligen Vater mit aller Kraft zu unterstützen; er wolle ihm, „*soweit es die Ehre des Kaiser- und Königtums zuläßt*", stets ein gehorsamer Sohn sein. Der Besitz der römischen Kirche, wie er sich aus den alten Schenkungen ergab, wurde neu bestätigt. Es war eine Gewaltlösung im karolingisch-ottonischen Sinne, die alle Errungenschaften der Gregorianischen Revolution außer Kraft setzte, von denen Paschalis II. eben kaum mehr als den toten Buchstaben begriff.

Die denkwürdige Romfahrt Heinrichs V. fand dann schnell ihren Abschluß durch die Kaiserkrönung, die Paschalis hastig in der von den königlichen Truppen besetzten Peterskirche vollzog. Von irgendwelcher Jubelstimmung war keine Rede mehr, Volk und Klerus von Rom hielten sich ostentativ der Feierlichkeit fern. Als sei er der leibhaftige Antichrist, wichen die Römer in scheuer Furcht vor ihrem gekrönten Herrn und atmeten erst auf, als dieser letzte Salier nun bald die Stadt verließ, um nach Deutschland zurückzukehren.

DAS KONKORDAT

War es ein Sieg? Gregors Ideen von der Freiheit der Kirche hatten sich in dem mörderischen Kampf der letzten Jahrzehnte schon zu fest in den Herzen der Menschheit verankert, als daß der brutale Gewaltakt Heinrichs sich hätte durchsetzen können. Mochte er rechtsgültig zum Kaiser gekrönt sein, niemand erkannte das „*Privileg*" des Papstes an, das man allgemein ein „*Pravileg*" (Schandbrief) nannte. Eine römische Synode setzte die Vereinbarung offiziell außer Kraft, „*weil sie um der Befreiung der Gefangenen und der heiligen Kirche willen vom Herrn Papst Paschalis durch die Gewalttätigkeit des Königs Heinrich erpreßt worden ist*". Die Gregorianischen Bischöfe sprachen über den König das Anathema, während sich der ängstliche Paschalis, seines Schwures eingedenk, im Hintergrunde hielt.

Selbst in Deutschland verlor Heinrich immer mehr an Sympathien. „*Er führt seine Sache unter dem Schein der Gottgefälligkeit*", hieß es jetzt allgemein; man erinnerte sich seiner Gewalttätigkeiten gegen den Vater und nannte ihn hinterhältig und habgierig. Ja, dieselben Chronisten, die ihn noch vor kurzem in überschwenglichen Worten gepriesen hatten, schwiegen jetzt oder stimmten in den Chor der römischen Gregorianer.

Dieser Stimmungsumschwung war nicht allein auf seine Gewalttätigkeit gegen den Papst zurückzuführen. Zügellose Habsucht, verbunden mit unmenschlicher Grausamkeit, schafften ihm immer neue Feinde. Hatte sein stets versöhnlicher und gutherziger Vater durch das tragische Zusammenwirken zweier revolutionärer Bewegungen, der fürstlichen und der päpstlichen, nicht zum Enderfolg kommen können: der nur politisch denkende, immer berechnende Sohn verdankte seine zunehmenden Schwierigkeiten einem völligen Mangel an Humanität. Unliebenswürdig, schlau und brutal, suchte er sich überall zu bereichern und überschätzte schließlich doch seine Macht. Als er die Politik aus den Anfangsjahren Heinrichs IV. wieder aufnahm und die sächsischen Burgen neu errichtete, kam es zu einer allgemeinen Revolte. Der sächsische Herzog und nachmalige Kaiser Lothar von Supplinburg, der durch Erbfolge den Besitz der Billunger, Nordheimer und Braunschweiger an sich gebracht hatte, wurde zum Mittelpunkt der neuen antisalischen Bewegung. Heinrich V. vermochte nichts gegen ihn auszurichten, seine Truppen wurden in großen Schlachten geschlagen, während er sich selbst dabei, anders als sein tapferer Vater, abseits gehalten hatte.

Sei es, daß ihm der Boden in Deutschland zu heiß wurde und er den Schwerpunkt seiner Politik nach Italien verlegen wollte: mitten in diesen inneren Wirren zog er ohne Heer nach Italien, als Mathilde von Canossa, siebenundsiebzigjährig, gestorben war. Er kam zur rechten Zeit, ihren Besitz einzuziehen; dann brach er so eilig nach Rom auf, daß der alte Paschalis in größter Hast vor seinem Peiniger zu den Normannen floh, die „*teutonische Urgewalt*" verfluchend.

Wenig später starb er; in größter Hast wählten die Gregorianer einen Franzosen, Gelasius II., zu seinem Nachfolger. Heinrich erkannte ihn nicht an und setzte von sich aus einen gefügigen Portugiesen unter dem Namen Gregor VIII., als sei es ein Hohn, auf den Apostolischen Stuhl.

Selbstverständlich erneuerte Gelasius, durch keinen Schwur gebunden, den Bann gegen den verhaßten Kaiser; die Kirchenspaltung klaffte aufs neue auf; Gregor VIII.

wurde von Heinrich wieder fallen gelassen, obwohl Gelasius II. kurze Zeit darauf starb. Schon wollte es scheinen, als stürze Verwirrung und Kampfesmüdigkeit die Christenheit in ein neues Chaos.

Da kam mit dem Papst Calixtus II. ein Mann ans Ruder, der mit ehrlichem Versöhnungswillen sich an die endgültige Schlichtung des trostlosen Streites machte. Dieser weitsichtige und vornehm denkende Franzose war ein Diplomat alter Schule und entstammte dem fränkisch-europäischen Hochadel. Sein erster Brief an Heinrich ist voll vernünftiger Vorschläge und gibt dem Kaiser zu verstehen, daß er es nicht mehr mit engstirnigen Mönchen, sondern einem Blutsverwandten zu tun habe. Der ganze Streit könne nun endlich beigelegt werden, wie sich das unter Standesgenossen gehöre, *„Die Kirche, lieber Heinrich, beansprucht nichts von deinem Recht; wir streben nicht nach der Glorie des König- und Kaisertums. Gib du Christus, was Christo gehört, und der Kaiser wird haben, was ihm gebührt."*

Endlich war der richtige Ton gefunden. Die Christenheit wollte den Frieden, der in seinen Grundlinien durch das englische Kompromiß schon seit fünfzehn Jahren vorgezeichnet schien. Man hatte sich daran zu gewöhnen begonnen, das Investiturproblem nach der materiellen und ideellen Seite zu scheiden, und deshalb neben der Verleihung von „Ring und Stab" als Zeichen der geistlichen Würde auch eine Zepterübergabe empfohlen zum Sinnbild der Belehnung mit weltlichem Besitz.

Die Hitzköpfe auf beiden Seiten, der gregorianischen und kaiserlichen, die im Kampf um die Investitur sich auf den Ehrenstandpunkt verrannt hatten, traten mehr und mehr in den Hintergrund. Unter Führung eines päpstlichen Kardinallegaten begannen direkte Besprechungen mit dem Kaiser und seinen Fürsten. Elfeinhalb Jahre nach jenem gewaltsamen Lösungsversuch in Rom kam man unter großen Schwierigkeiten endlich zum Ziel.

Am 23. September 1122 konnte das „*Wormser Konkordat*" von beiden Parteien unterzeichnet und die Versöhnung zwischen Kaiser und Papst durch die feierliche Aufhebung des Bannes über Heinrich V. besiegelt werden. Der große Staatsvertrag entsprach genau der Auffassung, die sich inzwischen durchgesetzt hatte, und erkannte die Teilung der Gewalten an.

Die Kurie bestätigte dem deutschen König das Obereigentum am Kirchengut, während der König dem Papst das Recht zur Investitur überließ. In Deutschland sollte die Krone bei den kanonischen Wahlen vertreten und berechtigt sein, in Streitigkeiten schlichtend einzugreifen; der Weihe des Erwählten hatte die königliche Belehnung mit dem Kirchengut vorauszugehen. In Italien durfte dagegen ohne Anwesenheit eines königlichen Vertreters gewählt und die Verleihung des Zepters erst nach der Weihe nachgesucht werden.

Es war eine Lösung, die, so gut es ging, beiden Parteien gerecht wurde. Die Kurie setzte ihren Anspruch auf die Ernennung oder freizügige Wahl der Kleriker durch, während dem König durch sein Zustimmungs- und Belehnungsrecht die Möglichkeit verblieb, unliebsame Persönlichkeiten von der Kirchenführung fernzuhalten. Weder Gregor VII. noch Heinrich IV. hätte diesem Kompromiß jemals zugestimmt. Aber die Zeiten hatten sich gewandelt. Die zusammengeballte Königsmacht Heinrichs III. war ebenso zergangen wie die revolutionäre Urgewalt des Mönches Hildebrand. Das Konkordat bedeutete einen Verzichtfrieden und doch einen Sieg der Kirche, wenn man die Stellung des Papsttumes zu Beginn der salischen Herrschaft dagegen verglich.

Von nun an tritt der heilige Stuhl als anerkannte Weltmacht den Königen ebenbürtig zur Seite. Sein Geist durchdringt allgegenwärtig über alle Landesgrenzen hinweg die Christenheit. Heinrich V. stirbt kinderlos an Krebs, die salische Dynastie erlischt, und das alte deutsche Königstum fällt weit zurück.

Aber dann führt es der Urenkel Heinrichs IV., **Friedrich Barbarossa**, zu hundert Jahren staufischer Kaiserherrlichkeit empor. Noch einmal leuchtet sein Stern in nie gesehenem Glanze auf, bis er verlöschend ins Meer der deutschen Träume sinkt . . .

„So stunds dazumal: Die Allergelahrtesten hielten die weltliche Obrigkeit für ein heidnisch, menschlich, ungöttlich Ding, als wär es ein gefährlicher Stand der Seligkeit. Summa, Fürsten und Herren, so gerne fromm gewesen wären, hielten ihren Stand und Amt für nichts . . . und wurden . . . rechte Pfaffen. Also war dazumal der Papst und die Geistlichkeit Alles in Allem und durch Alle wie ein Gott in der Welt, und lag die weltliche Obrigkeit im Finstern verdruckt und unbekannt . . ."

Martin Luther über den Investiturstreit, um 1520

ZEITTAFEL

1050 11. November, Geburt Heinrichs IV.
1056 Tod Heinrichs III.
1059 Hildebrand Erzkanzler.
1061 Konzil von Basel. Papst Cadalus gegen Papst Nikolaus.
1062 Heinrich IV. in Kaiserswerth geraubt.
1066 Sturz Adalberts von Bremen in Tribur.
1073 Hildebrand als Gregor VII. zum Papst gewählt. – Der sächsische Aufstand.
1075 Heinrichs IV. Sieg über die Sachsen an der Unstrut.
1076 Absetzung Gregors VII. durch Heinrich IV. – Absetzung und Bannung Heinrichs IV. durch Gregor VII. – Fürstentag in Tribur.
1077 25.–27. Januar, die Tage von Canossa. – Heinrichs IV. erste Italienfahrt. – Rudolf von Schwaben deutscher Gegenkönig.
1080 Zweite Bannung Heinrichs IV. durch Gregor VII. – Tod Rudolfs von Schwaben. – Konzil zu Brixen: Wibert zum Gegenpapst ernannt.
1081 Zweite Italienfahrt Heinrichs IV.
1084 Eroberung Roms. Heinrich IV. zum Kaiser gekrönt.
1085 Tod Gregors VII.
1088 Urban II. zum Papst erwählt.
1090 Heinrichs IV. dritte Italienfahrt.
1093 Abfall König Konrads.
1096 1. Kreuzzug.
1099 Tod Urbans II. Wahl Paschalis II. zum Papst.
1105 Abfall Heinrichs V.
1106 Fürstentag in Mainz; Abdankung Heinrichs IV. – 7. August: Tod Heinrichs IV.
1111 Heinrichs V. Italienfahrt und Kaiserkrönung. Gefangennahme Paschalis II.
1119 Papst Calixtus II.
1122 Wormser Konkordat.
1125 Tod Heinrichs V. Das salische Geschlecht erloschen.

QUELLENNACHWEISE
Auszug aus der benutzten Literatur

Der Begriff „H i s t o r i e" stellt nicht Geschichtsschreibung im hergebrachten Sinne dar, er bedeutet vielmehr eine neue Kunstform, die geschichtliche Tatsachen lebendig macht. Die Historie darf darauf verzichten, sich streng an das überlieferte Nacheinander des Geschehens zu halten; sie kann Gleichgerichtetes zusammenfassen, auch wenn es zeitlich auseinanderfällt. Niemals aber darf sie den Boden der Tatsachen verlassen und sich in unbeweisbaren Kombinationen oder gar Phantasien verlieren.

Wer Geschichte „lernen" will, muß sich an die Lehrbücher halten; die „Historie" handelt von der „gewesenen Wirklichkeit". Sie ist nicht eine Anatomie des Vergangenen, sondern sein künstlerisches Bildnis; sie muß es so bunt und lebenswahr gestalten, wie es die Kenntnis der Einzelzüge gestattet.

Diese Kenntnis ist die gleiche Grundlage für den Historienschreiber wie für den Historiker: ob sie nun zur Schilderung der Tatsachen und zur Begründung des historischen Urteils dient oder zur Verarbeitung im Raume künstlerischer Darstellung.

Der Historienschreiber hat daher in gleicher Weise wie der Historiker Rechenschaft darüber abzulegen, auf welcher Grundlage er aufgebaut hat.

Die hauptsächlichen zeitgenössischen Quellen des elften und zwölften Jahrhunderts:

Annalen und Chroniken

Annalista Saxo a. 741–1139, edente Waitz, M. G. SS VI.
Lamberti Hersfeldensis annales a. 1040–1077, ed. Hesse, M. G. SS V.

Bertholdi Annales, a. 1054-1080, M. G. SS V.
Bernoldi Chronicon, M. G. SS V.
Annales Brunwilarenses, a. 1000-1125, M. G. SS I.
Annales Wirziburgenses, a. 687-1101, M. G. SS II.
Annales Hildesheimenses cont. alt. 1041-1108, M. G. III.
Frutolfi Chronicon Universale, bekannt unter dem Namen des Abtes Ekkehard von Aura.
Annales majores Althacenses, M. G. SS IV.

Lebensbeschreibungen

Vita Anselmi episc. Lucensis auctore Bardone presb., M. G. SS XII.
Vita Bennonis II episc. Osnabrugensis auct. Norberto abb. Iburgensi, ibid.
Vita Willihelmi abb. Hirsaugiensis, ibid.
Vita Heinrici IV imperatoris, edente W. Wattenbach, ibid.
Vita Gebhardi archiep. auct. monacho Admuntensi, M. G. SS XI.
Vita Annonis archiep., edente R. Koepke, ibid.
Donizonis Vita Mathildis, M. G. SS XII.
Pauli Bernriedensis Vita Gregorii VII.

Die Streitschriften der Zeit

Liber de unitate ecclesiae conservanda, ed. Schwenkenbecher.
Deusdedit presb. card. libellus contra invasores et symoniacos et reliquos schismaticos, ed. Sackur.
Benonis aliorumque cardinalium schismaticorum contra Gregorium VII et Urbanum II scripta, ed. Francke.
Tractatus de investitura episcoporum, ed Bernheim.
Petri Damiani Liber gratissimus (ed. de Heinemann).
Gebehardi Salisburgensis archiep. epistola ad Herimannum Meetensis epic., ed. Francke.
Wenrici scholast. Trevirensis epist. sub Theodorici episc. Virdunensis nomine composita, ed. Francke.

Manegoldi ad Gebehardum Liber, ed. Francke.
Excerpta ex Widonis Osnabrugensis libro de controversia inter
  Hildebrandum et Heinricum imper., ed. de Heinemann.
Wido episc. Ferrariensis de schismate Hildebrandi.
Anselmi Lucensis episc. liber contra Wibertum, ed. Bernheim.
Bonizonis episc. Sutrini liber ad amicum, ed. Dümmler.
Decretum Wiberti vel Clementis papae (ed. Dümmler).
Benzonis episc. Albensis ad Heinricum IV imp. Libri VII, ed.
  Pertz, ibd.

(Die Streitschriften sind in drei besonderen Bänden der
Monumenta Germaniae historica in der Ausgabe der Scriptores, SS, zusammengestellt.)

Einzelnes

Ex Willelmi Malmesburiensis scriptis historicis, ed. Waitz,
  M. G. SS X.
Triumphus S. Remacli de Malmesb. coenobio, ed. Wattenbach. M. G. SS XI.
Brunonis liber de bello Saxonico, M. G. SS V.
Mon. Adami gesta Hammaburgiensis eccl. pontificum usq. ad
  a. 1072, Lappenberg edente, M. G. SS VII.
Das mittelhochdeutsche Annlolied, edente Roediger, M. G.
  Deutsche Chroniken I.

ÜBERSICHT ÜBER DIE MASSGEBENDE FACHLITERATUR

Das grundlegende Werk, das der Abfassung der vorliegenden Historie gedient hat, sind die „Jahrbücher des Deutschen Reiches unter Heinrich IV. und Heinrich V." von Gerold Meyer von Knonau. Es unterrichtet über alle Einzelheiten mit Hilfe sorgfältigster Quellenkritik.

Eine umfassende Darstellung aller Zusammenhänge der europäischen Weltpolitik und insbesondere der deutschen Kaiserzeit gibt Karl Hampe in seinen Werken „Das Hochmittelalter" und „Deutsche Kaisergeschichte im Zeitalter der Salier und Staufer". Die vorliegende Historie folgt ihm oft in enger Anlehnung.

Auch die Werke von Albert Hauck und Gfrörer bedeuten wertvolle Hilfsmittel zur Erkenntnis der Zusammenhänge. Die „Weltgeschichte" Leopolds von Ranke behandelt im siebenten Band eingehend die Geschehnisse um den Investiturstreit und macht die Verflechtung aller Geschehnisse in altmeisterlicher Darstellungskunst deutlich. Auf die „Geschichte der deutschen Kaiserzeit" Giesebrechts und die „Weltgeschichte seit der Völkerwanderung" von Theodor Lindner sei in diesem Zusammenhang ebenfalls verwiesen.

In besonders eindringlicher Form hat Hartwig Floto die Geschichte Heinrichs IV. in einem zweibändigen Werk behandelt, das, obwohl vielfach veraltet, in umfassender Weise herangezogen wurde.

Von besonderer Bedeutung ist unter der modernen Fachliteratur das quellenkritische Werk Bernhard Schmeidlers, „Kaiser Heinrich IV. und seine Helfer im Investiturstreit"; seine philologisch-historischen Untersuchungen kommen zu völlig neuen Aufschlüssen über die Umgebung Heinrichs IV. und insbesondere den Mainzer Diktator (Diplomat).

ANHANG

Die Mitteilungen über Hildebrand-Gregors Jugend in der Historie entstammen zum Teil dem englischen Werk von A. J. M a c d o n a l d , „Hildebrand", das in anregender Form eine ausgezeichnete Biographie darstellt. Über die Anfänge der Reformpartei in Rom unterrichtet Johannes D r e h m a n n in seinem Werk „Papst Leo IX. und die Simonie", über die wirtschaftlichen Verhältnisse des Zeitalters Bruno H e u s i n g e r in seinem „Servitium regis in der deutschen Kaiserzeit". Das trotz oder gerade wegen seiner Subjektivität hervorragende Werk Wilhelm P i n d e r s , „Die Kunst der deutschen Kaiserzeit", ist für die Erkenntnis der künstlerischen Bestrebungen der „salischen" Zeit die notwendige Unterlage und wurde ausgiebig benutzt. Die beste Spezialdarstellung aller Zusammenhänge, die zur Kaiserkrönung Heinrichs IV. führten, findet sich in der Dissertation von Paul S a n d e r , „Der Kampf Heinrichs IV. und Gregors VII. usw.".

Wertvolle Einzeluntersuchungen über die wichtigsten Fragen zum Investiturstreit lieferte Albert B r a c k m a n n in verschiedenen Einzelaufsätzen. Sie sind zur Erkenntnis des vielfach sehr verwickelten Geschehens unentbehrlich. Eine aufschlußreiche Geschichte über die Bestrebungen des Klosters Cluny schrieb Ernst S a c k u r „Die Cluniacenser usw."; das Werk von Carl M i r b t , „Die Publizistik im Zeitalter Gregors VII.", ist wesentlich mehr, als der Titel besagt, und kommt einer Kulturgeschichte des elften Jahrhunderts nahe. Karl Wilhelm N i t z s c h , „Geschichte des deutschen Volkes im elften und zwölften Jahrhundert", ist in seinen eigenwilligen Ansichten immer anregend, wenn auch umstritten. Die vorliegende Historie hat sich dennoch vielfach seine Auffassungen zu eigen gemacht.

Aus den wichtigsten Werken der Fachliteratur wurden die nachstehenden benutzt.

BENUTZTE LITERATUR
(Auszug)

Banniza v. Bazan, Heinrich: Die Persönlichkeit Heinrichs V. Berlin 1927.
Baxmann: Die Politik der Päpste von Gregor I. bis Gregor VII. Elberfeld 1868/69.
Beccaluvoa, Lisco: Gregorio VII Biografia e analisi di un genio politico. 1932.
Bernheim, Ernst: Zur Geschichte des Wormser Konkordates. Göttingen 1878.
— Investitur und Bischofswahl im 11. und 12. Jahrhundert. (Zt. f. Kirchengesch. VII.)
Bloch, Raissa: Verwandtschaftliche Beziehungen des sächsischen Adels zum russischen Fürstenhause im 11. Jahrhundert (Brackmann-Festschrift, Weimar 1931).
Brackmann, Albert: Zur Geschichte der Hirsauer Reformbewegung. Berlin 1928.
— Heinrich IV. als Politiker beim Ausbruch des Investiturstreites. Berlin 1927.
— Die Ursachen der geistigen und politischen Wandlungen im 11. und 12. Jahrhundert (H. Zt. 149, 1934).
— Die politische Wirkung der kluniazensischen Bewegung (H. Zt. 139, 1929).
Brandi, K.: Persönliche Äußerungen Papst Gregors VII. 1914.
Caspar, Erich: Gregor VII. in seinen Briefen (H. Zt. 130, 1; 1924).
Dammann, Albert: Der Sieg Heinrichs IV. in Canossa. 1909.
Dieckmann, Friedrich: Gottfried III., der Bucklige, Herzog von Niederlothringen und Gemahl Mathildens von Canossa. Erlangen 1885.
Dehio, Georg: Geschichte des Erzbistums Hamburg/Bremen bis zum Ausgang der Mission. Berlin 1877.
Dehnicke, P.: Die Maßnahmen Gregors VII. gegen Heinrich IV. Halle 1889.

Drehmann, Johannes: Papst Leo IX. und die Šimonie. Leipzig 1908.
Fliche, A.: Histoire du moyenâge. Paris 1929.
Floto, Hartwig: Kaiser Heinrich IV. und sein Zeitalter. Stuttgart/Hamburg 1855.
Friedrich, Hermann: Die politische Tätigkeit des Bischofs Otto I. von Bamberg. Königsberg 1881.
Friedrich, Rudolf: Studien zur Wormser Synode vom 24. Januar 1076 und ihre Vorgeschichte. Greifswald 1905.
Gerdes: Geschichte des deutschen Volkes und seiner Kultur im Mittelalter. 1891.
Gfrörer, A. Fr.: Papst Gregorius VII. und sein Zeitalter. 7 Bände. Schaffhausen 1859/61.
Giesebrecht, Wilhelm von: Geschichte der deutschen Kaiser, III. Braunschweig 1865/68.
Goldschmit, R.: Die Tage von Tribur und Canossa. Mannheim 1873.
Gregorovius, Ferdinand: Die Stadt Rom im Mittelalter. Neuausgabe. Dresden 1926.
Grimaldi, Natale: La contessa Matilda e la sua stirpe feudale. Florenz 1928.
Grund, Oscar: Die Wahl Rudolfs von Rheinfelden zum Gegenkönig. Leipzig 1870.
Grünhagen: Adalbert, Erzbischof von Bremen. Leipzig 1854.
Gundlach: Ein Diktator aus der Kanzlei Heinrichs IV. 1884.
Haller, Johannes: Canossa. Leipzig 1906.
— Das Papsttum. Idee und Wirklichkeit, I. Stuttgart/Berlin 1934.
Hampe, Karl: Heinrichs IV. Absagebrief an Gregor VII. vom Jahre 1076 (H. Zt. 138, 2; 1928).
— Das Hochmittelalter. Berlin 1932.
— Deutsche Kaisergeschichte in der Zeit der Salier und Staufer. Leipzig 1929.
Hauck, Albert: Kirchengeschichte Deutschlands, III. Leipzig 1906.
Heinemann, von: Der Patriciat der deutschen Könige. Halle 1888.
Helfenstein, Jacob: Gregors VII. Bestrebungen nach den Streitschriften seiner Zeit. 1856.

BENUTZTE LITERATUR

Heller, A. A.: Heinrich V. in seinem Verhältnis zu seinem Vater usw. 1868.
Herrmann, Max: Siegfried von Mainz. 1889.
Heusinger, Bruno: Servitium regis in der deutschen Königszeit. Berlin 1922.
Höhne, Emil: Kaiser Heinrich IV. Gütersloh 1906.
Kilian, Eugen: Itinerar Kaiser Heinrichs IV. Karlsruhe 1886.
Köstler: Die kriegerische Tätigkeit Kaiser Heinrichs IV. (Neue milit. Blätter, Band 35 und 36). Berlin 1889/90.
Knöpfler: Die Wahl Gregors VII. (Hist. Bl. f. d. kath. Deutschland; 1884).
Kumsteller, Bernhard: Der Bruch zwischen „Regnum" und „Sacerdotium" in der Auffassung Heinrichs IV. und seines Hofes. Greifswald 1912.
Kunze, Johannes: Zur Kunde des deutschen Privatlebens in der Zeit der salischen Kaiser. Berlin 1902.
Lamprecht: Deutsche Geschichte, II. Berlin 1892.
Lindner, Theodor: Anno II. der Heilige. Leipzig 1869.
— Kaiser Heinrich IV. Berlin 1881.
— Weltgeschichte seit der Völkerwanderung, II. Bd. Stuttgart und Berlin 1902.
Macdonald, A. J.: Hildebrand. London 1932.
Martens, W.: Die Besetzung des päpstlichen Stuhles unter den Kaisern Heinrich III. und IV. 1891.
— Heinrich IV. und Gregor VII. 1887.
— Gregor VII., sein Leben und Wirken. Leipzig 1894.
Meyer v. Knonau, Gerold: Die Jahrbücher des Deutschen Reiches unter Heinrich IV. und Heinrich V. Leipzig 1900 bis 1908.
Mirbt: Heinrich IV. in Canossa. (Christl. Welt; 1889.)
— Die Publizistik im Zeitalter Gregors VII. 1894.
— Die Wahl Gregors VII. Marburg 1892.
Nitzsch, K. W.: Das Deutsche Reich unter Heinrich IV. (H. Z. 45; 1881.)
— Das Zeitalter Gregors VII. und Ottos von Nordheim. Leipzig 1883.
— Geschichte des deutschen Volkes im 11. und 12. Jahrhundert. Leipzig 1883.

Ohly, Ferdinand: Königtum und Fürstentum zur Zeit Heinrichs IV. Lemgo 1889.
Overmann, Alfred, Dr.: Gräfin Mathilde von Tuscien. Innsbruck 1895.
Pannenborg, A.: Studien zur Geschichte der Herzogin Mathilde von Canossa. Göttingen 1872.
Philippi, Friedrich: Die erste Industrialisierung Deutschlands im Mittelalter. München 1909.
Pinder, Wilhelm: Die Kunst der deutschen Kaiserzeit. 1935.
Ranke, Leopold von: Weltgeschichte VII. München/Leipzig 1921.
Rosenstock, Eugen: Königshaus und Stämme in Deutschland zwischen 911 und 1250. Leipzig 1914.
Sander, Paul: Der Kampf Heinrichs IV. und Gregors VII. 1893.
Schillmann, Fritz: Der Kampf Heinrichs IV. und Gregors VII. 1912.
Schmeidler, Bernhard: Kaiser Heinrich IV. und seine Helfer im Investiturstreit. Leipzig 1927.
Schmidt, Gustav: Erzbischof Siegfried I. von Mainz. Berlin 1917.
Schneider, F.: Canossa (Zt. f. Kirchengesch. VI. 1926).
Seppelt, Franz Xaver: Das Papsttum im Frühmittelalter. Leipzig 1934.
Stern, Martin Franz: Zur Biographie des Papstes Urban II. Halle 1883.
Ullmann, Heinrich: Zum Verständnis der sächsischen Erhebung gegen Heinrich IV. Hannover 1886.
Villemain: Histoire de Grégoire VII. Paris 1874.
Voigt, Friedrich Otto: Die Klosterpolitik der salischen Kaiser und Könige. Leipzig 1888.
Wuehr, W.: Studien zu Gregors VII. Kirchenreform und Weltpolitik. 1930.

NAMEN-, ORTS- UND SACHREGISTER

Absetzung Heinrichs IV. (1105)
354–358
Absetzungsdekret Heinrichs IV.
gegen Gregor VII. (1076)
205
Adalbert, Bischof v. Bremen
(1043–1072)
77–88, 93, 98–106, 120, 132
Adelheid, Herzogin v. Savoyen
95, 97, 225, 226, 281, 320
Agnes von Poitou, zweite Gemahlin
Heinrichs III. (um 1025–1077)
24, 35, 40–47, 59, 61, 65, 66, 72,
75, 134, 135, 321
Agnes, Tochter Heinrichs IV.,
Gemahlin Friedrichs v. Hohenstaufen
270, 349
Anno, Erzbischof v. Köln
(um 1010–1075)
59, 60, 65, 67, 68, 71–77, 83–88,
93, 100–102, 106, 111–114
Anselm, Bischof v. Lucca
s. Papst Alexander II.

Bannung Heinrichs IV. (1076)
210–215
Beatrix, Markgräfin v. Tuscien
(Toskana)
145
Benno, Bischof v. Osnabrück
(um 1020–1088)
92, 124, 263, 281
Benzo, Bischof v. Alba
62, 98–101, 273, 281
Berta v. Savoyen, Gemahlin
Heinrichs IV.
95–98, 225
Berthold v. Zähringen, Herzog v.
Kärnten
43, 183

Billunger, sächs. Herzöge
(950–1106)
78, 82, 88, 106, 181
Bruno, Bischof v. Toul
s. Papst Leo IX.
Burckard, Bischof v. Halberstadt
68

Cadalus, Bischof v. Parma
s. Papst Honorius II.
Canossa, Burg bei Reggio Emilia
228–233, 319
Cluny, benedikt. Reformkloster,
gegr. 910
17, 71, 156

Damiani, Petrus (1007–1072),
Kardinal
41, 52, 55, 96, 101
Dedi, Markgraf v. Sachsen
65
Desiderius, Abt v. Monte Cassino
57, 276, 281, 286
»Dictatus papae« (Diktat des
Papstes, 1075)
189, 190

Friedrich, Abt v. Monte Cassino
s. Papst Stephan IX.
Friedrich I. Barbarossa (dt. Kaiser,
1152–1190)
383
Friedrich v. Büren (Hohenstaufen),
Herzog v. Schwaben († 1094)
270, 275
Fürstentag in Goslar
249
– in Tribur (1076)
219–223
Fürstenverschwörung (1073)
161–182

Gebhard, Bischof v. Eichstätt
s. Papst Viktor II.
Goslar, Kaiserpfalz
104, 121, 123–126, 130, 136,
143, 161
Gottfried v. Boullion, Herzog v.
Niederlothringen (um 1060–1100)
327–330
Gottfried der Bärtige, Herzog v.
Oberlothringen
25, 40, 48, 64, 103, 110
Gottfried der Bucklige, Herzog v.
Oberlothringen
143, 145, 203, 213
Gunther, Bischof v. Bamberg
46, 47

Harzburg bei Goslar
125, 154, 156, 161–163, 170
Heinrich, zweiter Sohn Heinrichs IV. (später Kaiser Heinrich V., 1099–1125)
336, 340, 342–383
Heinrich I. (dt. Kaiser, 919–936)
11, 15, 75
Heinrich II. (dt. Kaiser, 1002–1024)
15
Heinrich III. (dt. Kaiser, 1028–1056)
17, 23–26, 29, 32–35, 41, 42, 55, 71, 78
Hermann, Bischof v. Bamberg
108
Hermann v. Luxemburg-Salm
(dt. König, 1081–1088)
275, 296
Hildebrand s. Papst Gregor VII.
Hildesheim
75
Hugo, Abt v. Cluny (1049–1109)
28, 134, 187, 219, 221, 228–232, 284, 338, 340, 350, 358

Ingelheim, Kaiserpfalz
358, 359

Jerusalem
329
Juden
327, 328, 335, 336

Kaiserkrönung Heinrichs IV.
(1084)
284
– Heinrichs V. (1111)
372–378
Kaiserswerth, Kaiserpfalz
65
Knut III. d. Gr., König v. Dänemark u. England (1008–1035)
80
Köln
362
Konrad II. (dt. Kaiser, 1024–1039)
16, 17, 120
Konrad, Sohn Heinrichs IV. (als dt. König Konr. III., 1087–1101)
225, 320, 333, 334, 336
Konstantinopel
155, 156, 329
Kreuzzug (1096–1099)
155, 325–330
Krongut (Königsgut)
45, 46, 78, 87, 89–92, 122, 343

Liemar, Bischof v. Bremen
136, 150, 175
Liudolfinger, sächs. Adelsgeschlecht
(um 850–1024)
11, 78
Ludwig der Fromme (dt. Kaiser, 813–840)
13, 52
Lüttich
111–114, 359–361

»Mainzer Diplomat«
89, 127, 302, 364
Mathilde, Markgräfin v. Tuscien
(Toskana, 1046–1115)
143, 145, 204, 228–232, 280, 281,
296, 317, 319–323, 372, 380
Monte Cassino, Benediktinerkloster
57, 276

Normannen
56–58, 61, 101, 109–111, 144

Otto, Erzbischof v. Bamberg
348, 349
–, Bischof v. Regensburg
304
Otto I. d. Gr. (dt. Kaiser, 936–973)
11–16, 91
Otto III. (dt. Kaiser, 983–1002)
14, 15
Ottonianum (Staatsvertrag 962)
13, 14
Otto v. Nordheim, Herzog v. Sachsen u. Bayern (1061–1070)
42, 59, 85, 103, 128–132, 162, 169,
179, 181, 220, 268, 275

Papst Alexander II. (1061–1073)
61, 62, 96
– Benedikt IX. (1033–1045)
37
– Benedikt X. (1058–1059)
48, 49
– Calixtus II. (1119–1124)
381
– Clemens III. (1084–1100)
49, 58, 61, 62, 295, 310, 318, 319,
337
– Gelasius II. (1118–1119)
380, 381
– Gregor VI. (1045–1046)
37–39, 41

– Gregor VII. (1073–1085)
23, 30, 36–39, 48–63, 137–153
– Honorius II. (1061–1072)
61–64, 68, 70, 98
– Leo IX. (1048–1054)
30–35, 56, 80
– Nikolaus II. (1058–1061)
48, 50, 60
– Paschalis II. (1099–1118)
337–340, 346, 364, 367, 371,
373–380
– Stephan IX. (1057–1058)
47, 48
– Urban II. (1088–1099)
312–315, 317, 318, 321, 322, 324,
325, 326
– Victor II. (1055–1057)
33–35, 41
Patarener
54, 55, 121, 198
Pierleoni, Johannes
s. Papst Gregor VI.
Praxedis, Tochter Vsevolods,
zweite Gemahlin Heinrichs IV.
(um 1067–1109)
315, 316, 321–324
Priesterehe
33, 51, 53, 122, 151–153, 184, 195

Regensburg
348, 349
Remaclus, Hl.
111–114
Robert Guiskard, Herzog v. Apulien
(1015–1085)
56, 58, 145, 173, 198, 265, 271, 272,
275, 276, 278, 282, 286, 287, 296
Rudolf v. Rheinfelden,
Herzog v. Schwaben
(dt. König, 1077–1080)
43, 85, 103, 127, 135, 167, 179,
183, 215, 237–267

Sachsenkrieg
  175–182
Salier
  16, 24, 77
Siegehard, Graf v. Burghausen
  341
Siegfried, Bischof v. Mainz
  44, 95, 107, 203, 219
Simonie
  31, 51–55, 122, 123, 134, 135, 148,
  150, 184, 185, 195, 343, 344
Speyer
  92, 363

Theophanu, Gemahlin Ottos II.
  (950–991)
  15, 77
Treuga Dei (Gottesfriede 1085)
  287, 297
Tribur am Rhein
  103, 219–223
Trier
  94

Ulm, Reichstag v.
  244
Unstrut, Schlacht an der (1075)
  179

Upsala
  79

Verdun, Vertrag v. (843)
  11
Verrat Heinrichs V. (1105)
  342–383
– Konrads III. (1093)
  320–322
Vsevolod, Fürst v. Kiew
  315, 316

Welf IV., Herzog v. Bayern,
  Schwiegersohn Ottos
  v. Nordheim
  131
Wettiner, dt. Fürstengeschlecht
  77
Wibert, Erzbischof v. Ravenna,
  s. Papst Clemens III.
Widukind, Herzog der Sachsen
  (8. Jhdt.)
  12, 176, 177
Wilhelm, Bischof v. Utrecht
  213, 214
Worms
  134, 169, 220–206, 217, 303, 335
Wormser Konkordat (1122)
  382